中国很受伤

金雪军　王义中　主编

中国财政经济出版社

图书在版编目（CIP）数据

中国很受伤/金雪军，王义中主编．—北京：中国财政经济出版社，2009.9
ISBN 978－7－5095－1397－2

Ⅰ．中… Ⅱ．①金…②王… Ⅲ．国际市场－市场竞争－研究－中国 Ⅳ．F752

中国版本图书馆 CIP 数据核字（2009）第 129567 号

责任编辑：张　军　　　　　　责任校对：杨瑞琦
封面设计：耕　者　　　　　　版式设计：兰　波

中国财政经济出版社出版

URL：http：//www.cfeph.cn
E－mail：cfeph@cfeph.cn
（版权所有　翻印必究）
社址：北京市海淀区阜成路甲 28 号　邮政编码：100142
发行处电话：88190406　财经书店电话：64033436
北京财经印刷厂印刷　各地新华书店经销
787×1092 毫米　16 开　15 印张　228 000 字
2009 年 9 月第 1 版　2009 年 9 月北京第 1 次印刷
定价：30.00 元
ISBN 978－7－5095－1397－2/F·1192
（图书出现印装问题，本社负责调换）
本社质量投诉电话：010－88190744

前言

　　中国自1978年实行改革开放以来，各项建设事业取得了高速的发展。1978年至2008年，国内生产总值年均增长近9.8%，从1473亿美元增长到44016亿美元，跃居世界第三位；人均GDP从381元人民币增长到约16084元人民币；国家外汇储备从1.67亿美元增长到19460亿美元，居世界第一位。人民生活显著改善，国家财力空前提升。城镇居民人均可支配收入由1978年的343元提高到2008年的15781元，农民人均纯收入由134元提高到4761元；1978年全国财政收入只有1132.26亿元，2008年达到6.13万亿元。对外开放不断扩大，从1993年起，中国已连续15年成为吸收外商直接投资最多的发展中国家。中国经济增长速度之快令世人瞠目！经过30年的高速增长，中国已成长为当今世界最重要的经济体之一。

　　美国著名思想库布鲁金斯学会主席索尔顿曾说过，中国的崛起是"21世纪最重要的地缘政治事件"。这一说法一点都不夸张。从中国30年来平均每年都高达9%的经济增长率到中国对世界能源和商品市场的巨大影响；从中国与亚洲其他地区、国家经济的不断融合到中国在上海合作组织中所发挥的重要外交作用，人们所看到的是中国跟世界的贸易额在大幅增加，看到的是中国在处理国际问题和国际组织中所发挥的作用越来越大，中国的发展步伐实在令人吃惊。在经历了长时期的贫穷和孤立之后，中国终于在世界上找到自己的合适位置，在不久的将来就会成为世界经济强国。高盛公司对2010—2050年主要国家经济发展的预测显示中国会在2045年在GDP总量上超过美国。

 前言

2003年12月10日，温家宝总理访美期间在哈佛大学演讲中阐述了中国将走"和平崛起"的道路，这是中国官方首次向世界宣告和平崛起是中国的国家战略。在博鳌亚洲论坛2004年年会开幕式上，国家主席胡锦涛在题为《中国的发展，亚洲的机遇》的演讲中指出："中国将坚持和平发展的道路，高举和平、发展、合作的旗帜，同亚洲各国共创亚洲振兴的新局面，努力为人类和平与发展的崇高事业作出更大贡献。"

一个13亿人口的大国要实现和平崛起，决非易事。根据高盛的报告，在2050年中国虽然是世界上经济总量最大的国家但并非世界上最富裕的国家，人均GDP仍与先进发达国家有不小的差距。2008年我国GDP世界第三，并不意味着国家能力在各重要方面都世界第三。军事上，2008年我国国防开支是俄罗斯的1.65倍，但不具备俄罗斯那样的战争能力；科学上，不具备德、日、法那种重大科学原理发现能力；技术上，不具备日、德、法那样的自主创新能力；教育上，没有培养出和英、法、德、日同等水平博士的能力①。

在21世纪上半叶，中国既面临"黄金发展期"，又面对"矛盾凸显期"。说矛盾凸显，就经济和社会发展领域而言，根本性的就是三大挑战，第一个是资源特别是能源的挑战。中国人均资源占有量在全世界排在后列；同时，由于发展速度快而科技和工艺总体水平低，中国制造业的单位和总量的资源消耗包括能耗，却排在世界前列；再加上随着世界制造业向中国大规模转移，也带来一定程度的"能耗转移"。这就使得资源特别是能源短缺②。

制造业无疑是支撑中国经济高速增长的重要力量，在工业产品产量排位上，中国已经有一大批产品产量跃居世界首位，居"世界第一"的"中国制造"已达上百种之多。但"困惑"中国制造业的是低利润和高代价。更突出的是，中国在经济增长过程中制造业付出的资源环境代价过大。2006年，按现行汇率初步测算，中国GDP总量占世界的比重约5.5%，但重要能源资源消耗占世界的比重却较高。比如，能源消耗24.6亿吨标准煤，占世界的15%左右；钢材消费量为3.88亿吨，占30%；水泥消耗12.4亿吨，占54%。资源消耗高、环境压力大，突出地表明中国

---

① 阎学通："从求富到求强：调整国家发展方向"，《南方周末》，2009年4月15日。
② 郑必坚："三大战略"应对"三大挑战"，人民日报海外网络版，2005年6月22日。

"高投入、高消耗、高排放、难循环、低效率"为特征的粗放型增长方式还没有根本转变。

最难以逾越的可能是中国金融"小国"的身份①。为增强国内商业银行的竞争力,从1996年1月亚洲发展银行以1900万美元入股中国光大银行开始,2001年底开始兴起一股外资金融机构参股国内银行的浪潮。2008年5月28日,根据协议,美国银行通过增持汇金转让的建行股份至19.9%,达到银监会规定的单个外资行不能超过20%的持股上限,按照建行每股6.65元的市价,美国银行当天就获利超过250亿人民币。而美国银行最初以0.94港元获取了190亿股,获利超过千亿。关于国有银行是否被贱卖的争论,至此越演越烈。

金融"小国"身份决定着需要持有高额的外汇储备应对金融脆弱性和负外部冲击,但高额外汇储备价值的负面影响不容忽视。2007年人民币升值6.9%,当年我国有15282亿美元外汇储备,贬值1054.458亿美元。这1.5万亿美元主要用于购买美国国债。美国的一年期国库券利率平均水平为2.27%,所以收入是346.9亿美元。这样净损失为707.558亿美元,折合人民币4945亿元,分摊到13亿中国人身上是每人380元,也就是说中国13亿人2007年每人付了380元给美国政府。2008年美国的"尼米兹"级航空母舰(在"布什"号航母服役以前,该舰是最具有代表性的)花费约40亿美元。707亿美元可以造17艘航空母舰,也就是说中国2007年仅外汇储备贬值就送了17艘航空母舰给美国②。

金融"小国"身份表现为证券市场规模较小,制度建设还不完善,股市的暴涨暴跌也就在所难免。上证综合指数从2005年6月6日的998点,到2007年10月16日6124点,再到2008年10月28日的1665点。据上证所公布的数据,2008年1月14日中国股市的最高市值是34.47万亿,而9月3日2248点时,市值仅15.4万亿,7个多月损失了19万亿。加上2008年上市新股、增发、配股所增加的市值,至少损失了20万亿。这意味着13亿中国人2007年全年创造的GDP24.66万亿中的80%打水漂了。这20万亿相当于250次汶川地震所带来的损失,相当于居民存款总额的

---

① 孙立坚:"双重身份的困扰:贸易'大国'和金融'小国'",《世界经济研究》,2007年第1期。

② 张明:"美元贬值坑了多国外汇储备",《环球时报》,2008年4月。

1.3倍，相当于现存1.1万亿股大小非按8元市价全部兑现总额的2.2倍①。而在这一过程中，已经获批的QFII机构截至2008年5月已累计汇入资金98亿美元，汇出12亿美元。虽然已汇出12亿美元，但5月份时QFII在境内持有的股票市值还超过了2700亿元人民币，从以上数据可推算出，QFII自2003年进入中国资本市场以来（至2008年5月），浮盈2100亿元人民币②。

金融"小国"身份表现为人民币不是国际贸易和国际大宗商品（石油、农产品、金属等）的计价结算货币，不是国际货币，而这意味着中国在国际期货市场上丧失定价权，意味着国内企业与发达国家不对等的金融风险。2004年，中航油在新加坡豪赌石油期权，最终以亏损5.5亿美元折戟沉沙。2005年国储铜和中盛粮油分别在期铜、豆油等国际期货商品市场频频折腰，前者6.06亿美元、后者1.87亿港币。2008年，中信泰富巨亏150亿港币，中国国航又相继失手国际期货市场。

毋庸置疑，中国的制造业需要结构性调整和转型升级，但中国金融"小国"身份的转变则需置于非对称金融化过程来考虑。第二次世界大战之后到1989年冷战期间的全球贸易金融流动量难以与此后期间相提并论，20世纪90年代全球经济金融发展的重要特征就是全球化。全球化一方面带来了全球性经济增长（即双赢增长），尤其是新兴市场国家的经济高速增长；而另一方面，依附于经济全球化的金融全球化却出现了"差异化增长"，也即非对称金融全球化。它指的是在金融全球化过程中，由于金融脆弱性和风险溢价等原因，发达国家与发展中国家之间不对称的风险分散机制，在国际货币体系中的不对等地位，在金融市场功能、金融制度建设和金融资本规模上的不对称"势力"等。它意味着发达国家能够将风险分散到全球其他国家，进而导致发展中国家比发达国家要承担更大的成本和风险，还意味着发展中国家丧失金融业的主导权。

非对称金融全球化不仅是此次国际金融危机出现的重要原因，而且是伴随中国未来和平崛起为真正大国的全球制度性框架。中国"强实体、弱金融"的现实决定着中国在非对称金融全球化中的被动地位，只能成为全球金融风险的被动承担者，因而受国际金融危机影响有其必然性。从长期

---

① 李志林："大盘止跌企稳必须具备的条件"，《上海证券报》，2008年9月6日。
② 柯智华、林奇："QFII入华五年赚2100亿反思如何偷窥政策底"，《世界财经报道》，2008年5月。

目标来看("十二五"期间),中国要真正融入世界经济金融环境中,需要改变非对称金融全球化中处于被动地位现状,成为主动的金融风险分散者。如果将视野拓展到世界范围,中国金融体系的完善及风险防范问题实质上就是改变中国在非对称金融全球化中的被动地位问题。未来的中国金融体系应该具有开放性特征,能在全球范围内分散金融风险。只有这样,中国才能和平崛起为实体经济和虚拟经济协调发展的大国。

次贷危机引发的全球金融危机在全球传播使每个国家认识到必须超越国家的层面,从全球市场的层面来行动,执行规则降低金融风险。近期,胡锦涛主席、温家宝总理提倡建立公平公正包容有序的国际金融体系,已经折射出中国在非对称金融全球化中中国的被动地位和领导人的重视。由此可见,随着我国经济金融开放程度提高,要降低国际金融危机对中国经济发展的影响,要使实体经济与虚拟经济协调发展,要和平崛起为大国,这些难以仅从国家层面来解决,诉求于全球制度性框架和规则的重建,诉求于非对称金融全球化中中国的角色转换,才是最优选择。

在中国和平崛起和非对称金融全球化过程中,需要走很多弯路,交"学费"是难免的。本书重点是指出中国经济增长过程的"得与失",进而讨论其系统性或制度性原因。中国作为市场经济的后来者,"先生"对"学生"收取一定的"学费"是正常的,关键是要搞清楚这些"学费"到底有多贵,未来是否还要交,要知道什么时候中国能够参与制定"游戏规则",要明确中国在世界经济的交往中,在哪些方面吃了亏,吃了多大的亏。但鉴于所涉及的"失血"经济领域范围太广,我们只考虑、只关注制造业和金融业。我们坚信中国能够克服未来经济发展过程中的不利因素,在非对称金融全球化中进行角色转换,实现中国经济、政治和社会的协调发展。

目录

1 中国和平崛起过程中的得与失 / 1

改革开放30年来中国经济增长的动力何在？现有的"国际游戏规则"对中国的发展构成了怎样的障碍？中国发展过程中付出了怎样的学费？中国如何实现和平崛起？

中国经济增长的方式 / 1
中国经济增长的动力 / 3
两位著名经济学家的争论 / 4
利用后发优势，警惕后发劣势 / 6
中国经济增长过程中的学费 / 7
战后日本经济腾飞的经验与教训 / 11
战后德国经济迅速增长的经验 / 15
大国间的政治经济博弈 / 17
大国在国际政治经济中的话语权和定价权 / 20

2 中国制造之"困惑" / 26

中国制造业承接国际产业转移，在国际分工中的地位不断提升，在全球制造业的规模已上升至世界第三位。在光鲜的成果背后，中国制造业又忍受着怎样的痛楚，冷暖只有自知。交易的是一笔笔大宗生意，而其实质却是低利润和高代价，这无疑已经给中国制造业带来了制度性损害。

2.1 中国制造对中国经济的巨大贡献 / 27
　　中国制造业的出口规模、出口国家分布 / 27
　　中国制造对中国经济的贡献 / 29

2.2 一架美国飞机等于14亿双中国生产的袜子 / 30
　　"中国制造"——尴尬的"微笑曲线" / 31
　　中国廉价的劳动力成本 / 32
　　劳动密集型企业"出口竞赛"的经济后果 / 35
　　缺乏核心技术和自主创新能力 / 37
　　中国贴牌产品之痛——95%被品牌商拿走 / 40

2.3 中国制造的环境成本 / 44
　　中国制造的环境成本估算 / 44
　　发达国家高能耗、高污染产业转移 / 46

2.4 中国制造的贸易摩擦成本 / 48
　　绿色标准和生态标准的中国出口损失 / 48
　　反补贴、反倾销的出口损失 / 51

2.5 中国制造的能源消耗成本 / 53

2.6 原因及解决思路 / 56
　　原因 / 56
　　解决思路 / 58

3　国有资产是否被贱卖：谁被"忽悠"？　/ 65

> 近年来，海外上市逐渐成为中国企业尤其是大型国有企业走向国际市场的首选方式，然而"走出去"也让我们付出了昂贵的学费，问题是谁为学费买单。

3.1 国有大型企业海外上市 / 65
　　漂洋过海的代价 / 66

海外中国上市公司回流A股市场的背景和动机 /68

3.2 国有银行引进国外战略投资者 /69
国有银行引进国外战略投资者概况 /70
中国建设银行被贱卖了吗 /70
国有银行贱卖之争 /76

3.3 警惕国外金融机构的"阴谋" /78
唱空中国银行 /78
超低价购买中国银行的股份 /79
获得超额收益 /82

3.4 为什么中国人买不到便宜的外国货？ /82
海外投资屡战屡败 /82
海外并购遭遇尴尬 /85

3.5 警惕中国金融业控制权落入他人之手 /93

3.6 原因及解决思路 /95
原因 /96
解决思路 /99

4 被美国人"俘虏"的巨额外汇储备 /104

中国高速增长的外汇储备已成为一个比较严重的问题，这些外汇中大约70%为美国证券，一旦美元大幅贬值，这些外汇将会剩下多少？而这仅仅是美国爆发金融危机导致的吗？

4.1 美国人"偷着乐" /104
美国人高消费的"底气" /105
美元的世界"老大"地位 /107
美国发行美元，世界流动性泛滥 /110

目 录

4.2 中国人民银行是如此的无奈 / 113
　　人民币汇率升值的政治生态 / 113
　　金融业的相对软弱 / 117
　　僵硬的外汇体制 / 121

4.3 每月损失四艘航空母舰 / 123
　　都是美元贬值惹的祸 / 123
　　按外汇储备损失估算，中国每人"捐给"美国政府380元！ / 125
　　次贷危机与外汇储备6000亿美元损失！ / 126
　　高外汇储备与高货币供给量和通货膨胀 / 128

4.4 近2万亿美元外汇储备，中国应该何去何从？ / 129

5 股市震荡背后的故事 / 135

> 在短短的两三年时间里，中国股市经历了空前暴涨暴跌，中国股市到底怎么了？是什么原因使得中国的股市就像过山车一样让人感到惊心动魄？

5.1 国门外面的老虎——兴风作浪的国际游资 / 135

5.2 为什么QFII总能抄底——五年赚了2100亿元 / 142
　　总是巧合：在大盘底点批准新QFII基金 / 143
　　QFII的两面性 / 146

5.3 美国次贷危机影响中国股市几何？ / 150

5.4 2008年一年股市损失20万亿元 / 152

5.5 原因及解决思路 / 152
　　原因 / 152
　　解决思路 / 157

6 国际期货市场大宗商品交易的巨大失败 /163

> 大宗商品的国际价格从未像近几年这样的风云变幻。作为全球许多大宗商品的最大消费国和进口国，中国正在成为近年来涨价风潮的最大受害者。在付出惨重代价的同时，作为大宗商品的国际大买家中国却没有定价话语权，争取国际定价权已经成为再也无法回避、需要从国家经济安全高度来看待的问题。

6.1 谁拥有国际期货市场大宗商品的定价权？ /164
美元的霸权主义 /164
次贷危机背景下的美元 /167
人民币游离在国际货币之外 /168
中国是实体经济"大国"，虚拟经济"小国" /170
期货市场大宗商品定价权之争 /171

6.2 国际期货市场成为中国资金的"铩羽地" /173
株冶锌巨亏近15亿元 /174
中航油巨亏5.5亿美元 /175
中储棉巨亏近10亿元 /178
国储铜巨亏6.06亿美元 /181
中盛粮油巨亏1.8683亿港元 /184
中信泰富巨亏逾150亿元 /185
中国国航失手燃油期货 /187

6.3 国际油价上涨与中国经济 /189
国际油价上涨的原因 /190
国际油价上涨对中国经济的影响 /193

6.4 铁矿石涨价背后折射的游戏规则 /195
中国进口铁矿石涨价回顾 /195
铁矿石涨价对中国经济的影响 /196
铁矿石谈判体系开始动摇 /199

6.5 原因及解决思路 /201

原因 /201

巨亏背后的游戏潜规则 /203

解决思路 /205

7 非对称金融全球化、全球新型金融危机与中国的角色转换 /212

> 毋庸置疑,中国的制造业需要结构性调整和转型升级,但中国金融"小国"身份的转变则需置于非对称金融化过程来考虑。何谓非对称金融化?中国如何应对?

7.1 非对称金融全球化的概念、表现和经济后果 /213

7.2 非对称金融全球化与全球新型金融危机 /216

7.3 非对称金融全球化与中国的角色转换 /219

后 记 /223

中国和平崛起过程中的得与失

自1978年实行改革开放以来,中国的各项建设事业取得了高速的发展。1978年至2008年,中国国内生产总值年均增长近9.8%,远高于同期世界经济3.3%左右的年均增长速度。中国国内生产总值从1473亿美元增长到44016亿美元,跃居世界第三位;人均GDP从381元人民币增长到约16084元人民币;国家外汇储备从1.67亿美元增长到19460亿美元,居世界第一位。人民生活显著改善,国家财力空前提升。城镇居民人均可支配收入由1978年的343元提高到2008年的15781元,农民人均纯收入由134元提高到4761元;1978年全国财政收入只有1132.26亿元,2008年达到6.13万亿元。对外开放不断扩大,从1993年起,中国已连续15年成为吸收外商直接投资最多的发展中国家。中国经济增长速度之快令世人瞩目!经过30年的高速增长,中国已成长为当今世界最重要的经济体之一。

但是,在经济高速增长的同时,中国作为一个发展中大国,经济发展还面临诸多困难和挑战。当前,中国的经济社会发展受资源环境约束加剧,产业结构优化升级任务相当艰巨,城乡、区域发展不平衡等问题依然突出[1]。

中国经济增长的方式

经济增长在不同历史阶段具有不同的特点,中国目前的经济增长在实

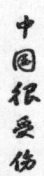

际运行中仍具有粗放型特征，制约了经济的可持续发展和国际竞争力的提高。从中国经济发展所处的阶段和现实国情看，集约型增长是经济增长方式的必然选择。当前中国经济增长方式的转变，需要克服资源供给、投资与消费结构协调、产业优化与扩大就业等难点问题，通过科技创新和体制创新，实现经济的良性增长。

在不同的经济增长阶段，经济增长方式具有各自不同的技术和制度特点。从现实国情看，中国目前仍处于经济增长的投资驱动阶段，资本密集型产业是主导产业，经济增长仍然是以资本投入作为主要驱动因素，经济效率仍然低下。中国经济增长的另一个重要背景，是当前正处于重要的经济转型期，适应于要素数量投入型增长的传统经济体制和制度安排还在顽强发生作用，客观上加大了经济增长方式转变的难度。

任何国家的工业化都经历过粗放型增长的阶段。新中国建立后的前期阶段，以大规模投资驱动为特征的粗放型增长，客观上推动了经济的快速发展，在短期内提高了人民生活水平，这是值得肯定的一面。但是不能认为，中国过去立足于资源和劳动力价格的"比较优势"发展战略既然取得了成功，就可以在现有资源条件下按同样的方式全面实现工业化。中国的资源和环境无法承受粗放型经济的持续增长。从现代经济增长的规律和中国经济发展的长远目标看，粗放型增长是没有出路的。

资本驱动的增长并不必然解决增长中的效率问题。尽管中国目前经济增长中资本要素贡献度的增长幅度，远远大于劳动力贡献度的增长幅度，但这种资本的贡献度大多来自于资本绝对投入量的增加，资本投入与产出效率却并不高。从1979年到2004年中国GDP年均增长率为9.4%，但是综合要素生产率却一直低于0.02%，远远低于发达资本主义国家的水平，这是产生经济发展中各种矛盾的主要根源。要解决制约经济增长的瓶颈问题，经济增长方式的目标选择与定位，必须立足于集约型增长方式[2]。

集约型增长与粗放型增长相对应，此消彼长，但并不排斥外延式的增长。尽管集约型增长更多地具有内涵式增长的特征，强调的是对生产要素的节约使用，强调的是"低投入、高产出"，但它本身并不排斥高技术和高效率基础上的外延式生产规模的扩大。中国底子薄、经济基础差，工业化的任务还没有实现，扩大经济规模的潜力仍很大，人民整体生活水平还要进一步提高，因此，经济发展还需要大量的基础建设和产业规模的扩张，不能忽视外延式增长在扩大经济总量和改善人民生活水平方面的重要作用。

集约型增长与科技进步相联系，但又不能简单地等同于技术创新驱动的增长，技术上的高效率并不能够完全和必然解决集约生产的问题。集约是针对生产基本要素的投入，特别是资源投入而言的，资源的有限性特别是重要生产资源的不可再生性，决定了持续增长只能走集约式的发展道路。技术创新则主要是针对产出的效率而言的。技术创新固然是集约型增长的一个前提条件，但只能解决生产要素的技术结合问题，而不能解决生产要素的社会结合问题。因而，生产因素除了一定形式的技术结合，还必须有相应的适合于生产力发展的社会结合形式，这种社会结合与经济制度因素密切相关。技术创新固然可以极大地增加生产能力和提供更多的产品，但如果经济体制和制度（如分配制度）不合理，也会影响到增长的持续和最终实现。中国作为社会主义国家，更应重视有利于转向集约型增长方式的有效制度安排，特别应重视提高劳动者掌握和发挥技术作用的生产积极性及其社会公平地位的制度保证。

集约型增长方式不仅不排斥劳动要素的地位，相反，还有助于解决劳动要素市场中存在的问题。中国是一个人口大国，劳动力资源虽然丰富，但劳动力结构却很不合理，高素质的劳动力包括高级技工严重缺乏，制约了经济效率的提高。所以，实行集约型增长的重点之一，是提高劳动者的素质和改善劳动力的结构，使之符合社会生产对劳动要素的要求。中国还处在工业化进程的中期，劳动力数量庞大与科技水平较低并存的现实，使中国在选择经济增长方式时，不能回避自身资源禀赋的特点。既要避免走过去粗放式增长的非良性循环的老路，也要避免片面强调单一因素、不符合国情的"赶超式"增长方式[2]。

中国经济增长的动力

中国经济在过去近30年间持续快速增长，资本投入增加是中国经济增长最主要的源泉，而技术进步、产业结构升级、人力资本效率提高、制度变迁等对经济增长的贡献也较强。从整体来看，我国自改革开放以来的投资增长率和净出口增长率远高于消费增长率。消费的增长速度始终都低于GDP的增长速度和投资、净出口的增长速度，说明经济的增长主要是靠投资、净出口的急速增长而拉动的，三驾马车对经济增长的贡献严重失衡。从长远来看，如果没有最终消费的配合，投资的高速增长将不利于经济的持续增长。

中国投资率非常高，而高投资率又有高储蓄率的支持。因为投资增速始终高于GDP的增速，所以未来几年中国的投资率还会有所上升。此外，基础设施方面进行了大规模投资建设，为中国的经济增长打下了坚实的基础。中国有大量工资低廉而又聪明能干的熟练工人和工程师。另一方面，中国经济有着非常高的开放度。以外贸总额比GDP计算开放度，即使美、日、欧也比中国低。因此，中国可以利用比较优势发展优势产业。巨额FDI（外国直接投资）带来了先进的技术，也给中国的企业带来了竞争压力，同时，中国企业因此而融入到世界竞争体系中。

过去25年中，我国存在单纯追求速度、过度投资的倾向。一旦投资过快，中国的各个部门之间的关系会遭到破坏。此外，中国对外依存度太高。高开放度会使中国经济容易受到外部冲击，很容易随着世界经济的周期性变化而陷入低迷。要保持中国经济的持续较快增长，最根本的还是要大力转变经济增长方式，走全面协调可持续的发展道路[3]。

两位著名经济学家的争论

长期以来，"后发优势"一直都是理论界十分热门的问题，尤其是在我国这个世界上最大的发展中国家，这一问题更是备受学者们关注的焦点。"后发优势"理论不仅在世界范围内得以验证，而且也被一些学者广泛地应用于研究国内欠发达地区经济发展途径的选择上，并取得了一定的成果和具有影响力的实际成效。相对而言，"后发劣势"的研究却略显薄弱，而对两者之间辩证关系的研究就更是少之甚少[4]。在2001年12月1日，澳大利亚莫纳什大学经济系教授杨小凯先生在天则经济研究所发表《后发劣势》的演讲，提请人们注意未来中国社会经济发展中的"后发劣势"问题，在国内外学界引起了一定反响。杨小凯的主要观点是，由于落后国家发展比较晚，为了早日追上先进国家，自然会去模仿发达国家。模仿有两种形式，一种是模仿制度，另一种是模仿技术和工业化的模式。但是由于落后国家模仿技术比较容易，模仿制度比较困难，因为改革制度总是会触犯一些既得利益者。所以落后国家往往单凭技术模仿去追求短期内取得非常好的发展，然而正由于来得太轻松，能以技术替代制度变革，落后国家会缺乏动力在根本性制度上做有利于长久发展的变革，最终可能会给长期的发展留下许多隐患，甚至导致长期发展的失败，以致优势变为劣势。杨小凯还专门列举了中国忽视制度建设所带来的一些经济和社会问题，呼吁中国政府在从事经济改革的同时，尽快开始以宪政民主为目标的制度性建设。他主张后发国家应该由难而易，在进行较易的技术模仿前，要先完成较难的制度模仿，才能克服"后发劣势"，并认为后发国家在模仿好先进国家的制度前是没有资格讲"制度创新"的。

针对杨小凯的独到见解，林毅夫教授撰文对杨小凯的中国制度方面的后发劣势说提出了全面商榷。林毅夫指出，发展中国家收入水平、技术发展水平、产业结构水平与发达国家有差距，可以利用这个技术差距，通过引进技术的方式，来加速发展中国家的技术变迁，从而使经济发展得更快。这就构成了所谓的"后发优势"的主要内容。中国是一个发展中国家，因而中国经济增长的后发优势是毋庸置疑的。林毅夫进一步指出，以私人所有权为基础、以自由民主为本质的宪政民主体制，既不是经济发展的充分条件，甚至也不是经济发展的必要条件，同时这也不符合中国目前的国情[5]。

林毅夫认为，一个后发国家并非要先实现英、美的宪政体制改革才可以避免后发劣势。一个发展中国家是否能利用和发达国家的技术差距来加速经济发展的关键在于发展战略：如果政府的政策诱导企业在发展的每一个阶段，都充分利用要素禀赋结构所决定的比较优势来选择产业，那么，后发优势就能够充分发挥，要素禀赋结构能够得到快速的提升，产业结构就会以"小步快跑"的方式稳步向发达国家接近；反之，如果试图赶超，经济中就会有各种扭曲和寻租行为，结果会是欲速不达，不仅不能实现"后发优势"，还将必然伴随各种制度扭曲即所谓"后发劣势"。林毅夫还说，"我们还没有发现世界上有哪一个后发国家，是因为先进行了共和宪政体制改革，然后经济才持续、快速发展。"

两位极具洞察力的著名经济学家的争论，引起了学术界和社会各界的广泛关注和讨论。实际上谁胜谁负并不重要，重要的是通过此次论辩带给人们以诸多启发和思考。其实，仔细阅读二人的争论文章和演讲记录，不难发现，在根本上，他们的观点似乎不那么矛盾，只是强调的侧重点不同而已。

林毅夫的"后发优势"理论主要来源于他的"比较优势发展战略"说，它指的是后发展的国家可以从先发达国家那里很快模仿到技术、不用重复先发达国家走过的弯路，这即为优势。基于此，他认为，中国改革开放尤其是东部沿海地区经济发展的奇迹,就是成功地利用了中国劳动力相对价格较低的比较优势,逐步占领了纺织服装、轻工产品、家用电器等国际市场,快速积累资金,逐步实现产业升级。但是,林毅夫并没有否认制度的重要性。林毅夫对制度的看法包括两个维度:制度是有作用的;制度是内生的。他经常强调的一个观点是:要寻找更加外生的变量,而制度不一定就是最外生的变量。也就是说,林毅夫认为,世界上不存在一个放之四海而皆准、绝对优越的制度安排,任何制度安排的有效性都是在一定的发展阶段和特定的社会、历史条件下才成立的,不能把某些制度安排的优越性绝对化。从而,他不认为存在一个可以使一个转轨经济,一步抵达理想的市场经济彼岸的简单制度变革。

再看杨小凯的观点。杨小凯"后发劣势"是说,由于后发展国家可以轻便地模仿,能够迅速发展经济,所以,后发国家会缺乏动力去改革自己的制度,从而没有动力在制度上做有利于长久发展的变革,最后可能会牺牲掉长久繁荣的可能性。从杨小凯的参与争论的文章和其他著作看,杨小凯也没有否定发展中国家可以运用较低的成本模仿发达国家先进技术的"后发者优势",他只是指出人们不能只是单纯满足于技术模仿而忽略制度建设。否则,短期的快速增长会为长期的经济发展和社会稳定埋下祸根。

由此可见,林毅夫与杨小凯均强调制度的作用,只是二人对于中国经济社会的发展的状况认识不同,林毅夫显得乐观,认为应该继续发挥比较优势,待时机成熟,制度变革将顺其自然,也就是说,制度变革应该是一个"干中学"的过程;杨小凯则表现出一些忧患意识,认为现在应该考虑制度变革,否则,后发优势将被后发劣势所替代,也就是说,制度变革应该是一个"模仿"的过程。

利用后发优势,警惕后发劣势

从中国的情况看,中国的渐进式改革被称为"摸着石头过河",实际上是"干中学"的制度创新或者变迁的方式。在改革开放的初期,这种方式起到了不可替代的重要作用,但改革开放发展到今天,应该对"摸着石头过河"有新的认识。"摸着石头过河"是在改革初期,改革的领导人和一般参与者普遍缺乏现代经济学知识的情况下的一种不得已的选择。当年提出"摸着石头过河"的说法,的确体现了改革初期改革者勇于探索的精神,在封闭的状态下和意识形态的约束下,只知道计划经济的老路不能走下去了，但应该怎样改革、往哪个方向改革，从上到下还心中无数，只能边摸索边改革，走的是与发达国家制度变迁相类似的制度率先创新的路子。这在改革初期具有必然性。

改革初期"摸着石头过河"的合理性，并不意味着现阶段及今后继续具有合理性。因为，"干中学"的制度创新方式的成本比较高。现代市场制度是一种经过几百年的演变形成的巨大而复杂的系统，要通过改革行动在很短的历史时期内把这一系统从无到有地建立起来，没有对反映这一系统运动规律的现代经济科学的深切把握，没有改革行动的自觉性，这一艰巨的历史任务是不可能顺利完成的。于是，自1992年中国确定建立市场经济体制以来，制度"模仿"发挥了基础性的重大作用。这既表现在目的上，如直接确立市场经济体制目标，建立现代企业制度；又表现在机制上，如形成市场交易规则和市场价格机制，还表现在手段上，如运用财政政策和货币政策等西方常用的调节手段进行宏观调控。同时制度"模仿"还体现在非正式制度方面，如在意识形态领域，人们的效率意识、竞争意识、公平意识，以及民主和法治意识都得以大大提高。可以说，没有制度"模仿"，不借鉴发达国家先进的制度，中国的改革开放就不可能取得今天这样的成就[6]。

所以，杨小凯与林毅夫的观点都具有其一定的合理性，当下中国市场运行有其经济、政治、法律和社会建制方面的沉疴，同样，中国也确实存在着经济增长的巨大技术潜势，且与之相谐和的制度应该也必定是内生的。然而，"后发劣势"和"后发优势"，这一对"怨家对头"，在中国的当今现实中却是我中有你，你中有我，并且会继续在中国未来经济与社会体制演化的过程中"磕磕碰碰"、"打打闹闹"。在当今中国，后发（经济）优势存在于后发（制度）劣势之中，这将是躲避不了的现实；后发优势又促逼和克服着实在的或潜在的后发劣势，这也是既存的社会格局。在未来中国经济和社会体制的演化过程中，我们应该充分利用后发优势，同时更应该警惕后发劣势！

中国经济增长过程中的学费

产业结构、市场、资金、规模、技术等，是一国现代化发展的内在要素，然而，中国经济在很大程度并不具备或并不全部具备这些优势：产业发展不均衡，产业链存在明显如基础部门那样的薄弱环节；国内市场发育不同步、秩序混乱；主体行为不端正，作为市场主体的国有企业缺乏自负盈亏的约束机制；生产经营效率不高，国有资产流失严重，在市场竞争日益激烈中举步维艰。在经济蓬勃发展的同时，经济生活和社会生活又潜伏着一些长期累积下来的发展矛盾。

国有资产大量流失

国有资产是国家以各种形式的投资及投资收益形成或依法取得的国家所有者权益，它是构成社会主义公有制的重要物质基础，是我国国民经济的重要支柱。但进入20世纪90年代以来，国有资产流失呈快速递增态势。据专家计算，每年流失近1000亿元，2007年总额已达到6000多亿元。而且国有资产还仍在以每天3.3亿元的速度继续流失，通过种种形式和渠道流进个人以及其他非国家团体的手中。国有资产流失速度之惊人，流失量之大，已形成严重制约市场经济发展的障碍，而且还在一定程度上影响了社会稳定。因此，防止国有资产流失可以说已刻不容缓。

贫富差距过大

经过30年的经济高速发展，中国"共同贫困"的局面早已消失。然而，城乡之间、地区之间以及社会各阶层之间贫富差距日益扩大。中国已从一个收入分配较为平均的国家，迅速成为贫富差距位居世界前列的国家之一。2005年中国城乡居民人均收入比达3.22:1，如果将城乡居民收入的计算方式、税赋负担、社会保障、基础设施等因素综合考虑在内，实际城乡居民收入差距远在3倍以上。中国城市居民收入差距的基尼系数已超过零点四的国际警戒线，10%的最低收入家庭财产总额占全部居民财产不到2%，而10%最高收入家庭的财产总额则占40%以上。另外，地区间的贫富差距也很大，中国东部最富省份与西部最穷省份的人均GDP差距达十多倍。显著并正在日益增大的城乡之间、地区之间以及社会各阶层之间收入差距已导致严重的收入集中化，从物质和心理上强烈地阻碍了公众对经济发展的参与度，从而妨碍了健康的经济发展。加之以惊人的南北、东西经济发展反差，由此引起的种种不可避免的矛盾，对中国经济和政治局面的稳定将产生极为深远的影响[7]。

产业规模不经济

产业规模不经济一直是制约中国经济发展的一个大问题，表现在各产

业中大量存在规模不经济的小企业。规模不经济对中国经济发展的不利影响主要表现在它影响中国工业增长的速度、效益及产业结构等方面。规模不经济延缓各产业发展及工业化进程,并造成工业技术指标远低于世界先进水平,经济效益低下。产业规模不经济往往直接影响投资规模,造成投资规模不经济,而投资规模不经济直接造成投资效益低下。

规模不经济恶化了产业结构矛盾。产业规模不经济,一方面导致资源利用效率低下,加重原材料等基础工业负担;另一方面由于采用规模不经济的投入方法,原材料工业虽然年年花费巨额投资,却仍然增长缓慢,致使原材料工业成为制约国民经济发展的瓶颈,造成国民经济产业结构严重不合理。另外,由于中国各产业发展没有建立大规模生产体制,许多产业,尤其是原材料产业的发展规模不能适应其他产业发展需要,不得不大量靠进口原材料来满足国内工业高速增长需要。

产业规模不经济制约了经济体制改革步伐。经济体制改革的一项根本任务就是要进行企业改革,而由于产业规模不经济,造成中国企业数量扩大、产业组织落后状况十分严重,增大了改革难度,使许多改革措施的出台时间和时机都需要特别慎重,从而使企业改革步伐放慢。由于规模不经济带来劳动力就业人数增加,所以改变规模不经济局面还涉及多余劳动力的安置问题,同样增大了改革难度[7]。

粗放型的经济增长,造成了资源浪费,经济整体效率下降

依靠高投资、高消耗带动的经济增长为我国经济持续发展和资源节约、环境保护带来了一系列负面效应。违背经济规则的过度投资造成了土地、淡水以及煤、电、油、运以及其他稀缺资源的高度紧张。采用大量消耗资源的增长模式使我国本来不宽裕的土地、淡水等资源瓶颈迅速绷紧。采用早期增长的粗放增长模式,使我国的稀缺资源极不经济地被耗费。

根据国家发改委的资料:2003年我国GDP只占世界GDP总量的4%,却消耗了相当于全球总产量30%的主要能源和原材料,其中石油占世界总量的7.4%、钢铁占27%、煤炭占31%、氧化铝占25%、水泥占40%。目前我国单位资源的产出水平相当于美国的1/10、日本的1/20、德国的1/6。全社会从业人员的劳动生产率,只相当于美国的1/46、日本的1/41、法国的1/34、德国的1/32。即便以购买力计算,中国单位GDP所消耗资源也远远高于世界平均水平。

据《2006中国可持续发展战略报告》对世界59个主要国家的资源绩效水平的调查排序，中国资源绩效居世界倒数第6位。我国的能源利用效率为33%，比发达国家低约10个百分点。钢、水泥、纸和纸板的单位产品综合能耗比国际先进水平高40%、45%和120%。另外，我国矿产资源的总回收率大概是30%，比国外先进水平低了20个百分点；我国建筑节能、建筑高能耗问题十分突出，建筑物能耗比国外先进水平要高50%以上。我国单位GDP的能耗是日本的7倍、美国的6倍，甚至是印度的2.8倍。由于资源利用水平低，我国废弃物排放水平大大高于发达国家，每增加单位GDP的废水排放量比发达国家高4倍，单位工业产值产生的固体废弃物比发达国家高10多倍[8]。

中国最优势的草原资源也没有得到合理利用，中国人均年消费乳制品的量只有6公斤，而欧洲为180公斤、美国240公斤、日本120公斤，印度还有80公斤。中国对草原的使用还非常粗放，饲养方式也不规范。由于市场的不合理，导致牧产品结构性的过剩，一方面是中国人均奶制品非常少，另一方面牧民却不得不倒掉大量鲜奶或者拿来喂猪喂牲口。中国草原利用效率低的另一个原因是产业链的不合理。由于牧民在整个产业链中收益太低，为了提高收入，只好超载过牧，对草场的破坏严重，为此我们付出了沉重的代价——水土流失加剧，陷入继续贫困的恶性循环。

由于我国粗放的城市建设和产业发展，特别是高能耗、高水耗、高污染和大量占用土地的重化工业的发展带来的不可再生资源浪费和环境破坏问题没有得到有效的控制，一些地方的基本生产和生活环境遭到破坏。

在我国推进工业化的过程中，环境破坏日益严重。据有关方面报告，我国主要污染物排放量已超过环境自净能力。温室效应的主要祸首二氧化碳，我国就是世界第二大排放国，而目前二氧化硫的排放已是世界第一，许多城市空气污染严重，酸雨面积已占全国面积的1/3；全国水土流失面积达3.6亿公顷，约占国土面积的38%，且每年新增1.5万平方公里；沙漠化面积达174万平方公里，占国土面积的18.2%，每年新增3436平方公里；90%以上的天然草场退化，每年增加退化草原2.5万公顷；水资源危机，作为世界21个贫水国之一的中国，全国600多座城市中，缺水的就有近400座；与日俱增的工业垃圾、生活垃圾已包围了我国2/3的城市，日污水排放量在1.3亿吨左右，七大水系一半河段严重污染。大气污染已使我国600多座城市的大气质量符合国家标准的不到1%。

纵观二氧化碳排放量的骤增、严重的水质污染、水源不足、沙漠化的扩展、沙尘暴及黄沙所带来的环境污染等等诸多问题，可以说中国的环境污染已经陷入危机状态[8]。

过度投资扭曲了经济结构，并导致银行不良资产增加和金融系统风险积累

对于像中国这样的发展中国家而言，资本是一种十分宝贵的稀缺资源，必须高度珍惜和最有效加以利用。然而随着20世纪90年代中期许多地方兴起投资驱动的"重型化"之风，这种靠过度投资拉动的增长造成了投资率的节节上升。投资率的超速提高，造成了一系列消极后果。

投资比率的不断提高在促进生产能力高速膨胀的同时，压缩了消费的比重，使我国本来存在的投资率偏高、消费率偏低的问题更加严重。这造成了产能不断增加而国内市场的最终需求不足的情况，厂商销售困难，盈利下降，只能靠出口的数量扩张支撑。目前中国经济对进出口贸易的依存度已经达到70%左右。如此之高的外贸依存度使本国经济易于受外国经济波动的影响，也容易加剧中国与外国的贸易摩擦。此次由美国次贷危机引发的经济危机，造成国外市场不景气，对我国出口产业影响巨大。

我国经济在投资率迅速增长的同时，投资效率则呈下降趋势。我国标志投资效率的指标——增量资本产出率居高不下。某些东亚国家采取投资驱动的增长模式，乃是引致1997年金融危机的一个主要原因。我国应该未雨绸缪，防止类似的危机发生[8]。

战后日本经济腾飞的经验与教训

一部国际关系史，就是新老国家兴衰变化的历史。第二次世界大战以后，日本和德国吸取了战争的教训，积极争取稳定有利的外部环境，全力发展国内经济，迅速恢复了国力，创造了世界经济奇迹。我国自改革开放30年以来，经济高速发展，取得了举世瞩目的成就，然而是同时也付出了资源、环境等方面的巨大代价，面临着这样那样的严峻的现实问题。认真吸收先行国家的经验教训，有助于我们更深刻地理解中国在崛起过程中所遭遇的各种挫折，同时也有利于继续探索更适合中国前进的道路。

第二次世界大战后日本推行经济优先、效益优先、企业优先、战略产业优先的基本国策，在经济上迅速崛起，得到世人的公认。日本拥有不足世界2%的人口、0.25%的世界面积和极为匮乏的自然资源，却创造了17%的世界财富。能够创造这样的经济奇迹，自然得益于其有利的外部条件。但最具决定性作用的是，日本选择了一条符合本国国情的经济和国家发展模式，其主要经验非常值得我们研究和借鉴[9]。

日本经济奇迹带来的启示

首先，确立贸易立国的指导思想，积极融入国际经济大环境。战后的日本社会混乱，百废待兴。经济学界就经济发展战略进行了激烈的辩论，日本首相吉田茂根据日本的具体情况、岛国特性，采纳了日本经济学家中山伊知郎提出的"贸易立国"思想，并将之作为日本政府指导经济发展的理论依据。他在主政期间多次提到日本必须投入到国际经济中去，经受国际经济风暴的考验，以实现完全的"经济自主"。可以认为，日本之所以能够很快走出第二次世界大战造成的困境，并成功进军世界市场，主要就是得益于重视国际市场，积极参与国际市场的竞争。

其次，精简人员，建立高效廉洁的政府体系。战后日本多次精简政府机构，以节约行政费用，扩大投资，发展经济。战后日本国家政治结构的一个很大的特点，就是其政府规模比较小。经过多次裁减，日本的政府规模大体上比美国和西欧发达国家小一半。小政府政策保证了政府能够以较高的行政效率执行促进经济增长型的财政计划。

再次，重视教育，把全面提高人口素质作为发展的战略选择。日本是个非常重视教育的国家，其重视教育的程度在世界上名列前茅。20世纪70年代，日本行政经费中，教育支出高达21%左右，而同时期法国为17.3%、美国为15.8%、苏联为14.9%。战后的日本处于一片废墟之中，财政极端困难，日本政府仍坚持实行义务教育的供餐制和免费提供教科书等制度，并坚持把义务教育年限从六年延长到九年。日本把国民教育放在突出地位，把功夫下在提高人的基本素质上，注重人的全面发展，构建以人为本的社会体系。正是由于平均教育程度高，日本才拥有了高质量的劳动力。日本人在谈及战后实现高速经济增长的原因时，无不强调教育的重大作用。我国应当借鉴这一经验，在毫不松懈地做好计划生育工作的同时，下大力气抓好基础教育，特别是农村的义务教育，全面提高人口素质。

最后，引进先进技术，依托技术进步。日本发展经济和生产力的最重要的一条成功经验,就是于引进国外的先进技术。通过消化进口的先进技术、产品,以商业化的眼光进行小改、小革之后,把它们重新投放到市场上去。战后日本政府和企业领导层一直把引进国外先进技术作为发展本国工业技术、赶超世界先进水平的捷径。通过引进先进技术,日本迅速改变了原来的技术面貌,缩短了同欧美的技术差距。20世纪80年代,日本的技术研究、开发已取得世界瞩目的成就。在引进技术方面,日本是一个成功的典型,可以作为后进国家发展本国科技的楷模。战后日本发展本国生产技术的实践经验表明,一个国家要想在短时间内赶上世界先进技术水平,就应该在自己原有基础上引进更先进的技术,并要始终不渝地致力于开发具有自己特点的新工艺、新产品[10]。

日本的经济泡沫及长期萧条

第二次世界大战后,日本充分利用世界科技革命成果和"后发优势",创造了长期高速增长的经济奇迹,成为仅次于美国的世界第二经济大国。此后,成功地克服第一次石油危机,在20世纪80年代中期进入"鼎盛时期"。一时间,日本经济的成功经验几乎成为全球学习和效仿的典范。但好景不长,90年代初期,日本经济在一片赞誉声中,突然泡沫崩溃,陷入十几年的长期萧条。经过艰苦的努力,2002年以来日本终于挣脱了长期萧条,整个经济步入不依赖外需和公共投资的自律性复苏轨道。日本成功的经验自然值得我们学习,但这次长期萧条所带来的教训更值得我们深思和借鉴。

20世纪80年代后期,日本股市和房地产市场异常火爆。日经平均指数由1985年12月的12977点上涨到1989年12月的38130点。1986—1990年,全国商业用地平均价格累计涨幅达67.4%,其中,东京、阪神及名古屋三大城市圈平均地价累计涨幅近1.2倍。股票、土地等资产价格的异常上升,明显脱离实体经济并超出其实际价值。过热的泡沫经济给日本经济社会造成巨大打击。

20世纪80年代后期,日本居民储蓄率居高不下,经济中逐渐出现资本过剩。再加上1985年"广场协议"后,日元开始大幅升值,日本经常项目收支顺差的继续扩大强化了日元升值预期,促使大量资金流向日本。此外,日本国内持续采取宽松货币政策以及过度扩张的财政政策。这些引起并加剧了日本的资本过剩。大量过剩资本并没有流向技术创新和实体经

济，而是集中流向股票、房地产市场，引起股价、地价暴涨。

与此同时，日本经济持续增长的欣欣向荣的景象，冲昏了日本人的头脑。日本列岛内充满了骄傲、狂躁之气，以为日本经济增长前景不可限量，伴随经济增长，股票、房地产将进一步升值。结果造成企业、民众齐上阵，全民炒股、买房、置地，形成了一股强大的投机风潮。另一方面，在暴利引诱下，企业将大量资金投入与本业无关的股票和房地产。证券公司大量承揽代客理财业务，并为赚取手续费而引诱客户频繁买卖。在土地升值的预期下，银行疏于审查，若以土地为担保，可提供等于甚至超过担保物市值的贷款，所贷得款项又被用于购买房地产，购买的房地产又作为申请贷款的担保，导致经济泡沫越吹越大。

1989年日本政府多次大幅度提高利率，采取急刹车措施，到1990年初，股市开始回落，1991年地价也开始下降。以政府实施紧缩政策为转折点，1991年初夏，泡沫经济崩溃，出现了一系列难以治愈的后遗症，如巨额不良资产、大批企业倒闭、失业率持续攀升等等。由于股市和地价等资产价格的缩水，到2001年，日本经济累计资产损失就达1330万亿日元。

日本泡沫经济崩溃后，整个经济陷入战后最严重的大萧条。金融危机、失业、消费不足和通货紧缩等各种矛盾相互交织，使整个国民经济跌入恶性循环之中。为摆脱困境，走出萧条，日本政府先后采取了稳定金融、超宽松金融政策、救助中小企业、刺激需求、扩大就业、反通缩、稳定股市、抑制日元升值、强化公司治理结构等重大举措。最后终于将经济从长期萧条中推出，在非凯恩斯主义条件下实现了经济复苏。

很显然泡沫经济崩溃是这次大萧条的直接原因，然而从深层原因来看，却是由于"制度疲劳"，即日本旧的经济体制难以适应当今经济全球化的要求，而当局又在改革上步履蹒跚，产业结构调整缓慢所致。战后日本为了完成追赶欧美的目标，制定了一系列保护国内企业，并且防止国外企业冲击日本市场的政策和规制。在政府的保护政策下，日本经济得以迅速发展，完成了追赶欧美的任务，后发效应消失。到20世纪80年代，日本的汽车、电子、机械及家电产业已成为世界上最具有竞争力的产业，当时日本已成为最完善的大量化生产的现代化社会。然而也正是在这一时期，世界文明的潮流已经从大量化生产的社会转向多样化的信息化社会，日本在追赶时期许多行之有效的保护政策和规制已经变成制约经济发展的枷锁。20世纪90年代美国以网络经济为先导，完成了产业结构调整和经济结构调整的任务，进入长期繁荣阶段，而日本却没有抓住机遇转变经济结构和产业结构，最后使经济陷入长期萧条之中。

日本经济的发展走在中国的前面。作为同样有着经济高速发展"奇迹"的经济大国，从某种意义上讲，日本的昨天就是中国的今天。过去日本曾经发生的失误也可能在我国出现，有些甚至已经出现。日本在经济发展中有过的经验教训对我国具有重大的现实借鉴意义[11]。

战后德国经济迅速增长的经验

现代德国是欧洲最重要的国家，其作为两次世界大战的策源地曾给人类带来了深重的灾难，自身也在战败后陷入经济接近崩溃的境地。然而进入 20 世纪以来，德国始终在经济方面保持了异乎寻常的活力，尤其是在第二次世界大战后短短几十年，德国经济持续高速发展。到 20 世纪 80 年代初，其综合经济实力已经仅次于美国、日本，跃居世界第三位。中德两国同属世界经济大国，其经济发展背景有相似之处。我国虽说近年来经济发展势头良好，经济实力不断增强，但同德国相比仍有一定的差距。认真汲取德国经验，对于解决我国经济发展过程中遇到的问题，保持经济较长时期的持续平稳较快发展有重要的意义。

第二次世界大战结束以后，德国一片废墟，国民经济陷入崩溃，然而德国却奇迹般地迅速摆脱困境，重新驶上快速发展的轨道，并重新屹立于世界强国之林。德国之所以能在第二次世界大战结束后极短的时间内，实现经济的迅速恢复与发展，关键在于采取了一系列行之有效的经济措施。

运用市场经济法则，加强政府对经济的宏观指导

从历史上看，自普鲁士统一大德意志国以后，德国就一直保留着较浓厚的封建残余势力，中央专制势力较强，一向排斥所谓的资本主义经济自由化。而 1933 年世界性的经济危机的爆发，使许多资本主义国家意识到，仅靠经济的市场调节无法保证经济的安全运行。因此，德国政府进一步加大了对经济的宏观指导。同时，要看到德国国家政权同垄断资本相结合，也有利于国家对经济发展的干预与调节。由政府主导的市场经济，避免了自由市场经济的缺陷，防止了经济发展的大起大落或畸型发展[12]。

加强基础工业和基础设施建设，大力发展先进制造业

第二次世界大战以后，在美国政府的大力扶持下，由德国政府担保，

德国企业向包括花旗银行在内的数十家银行不断增加贷款，大规模修缮和新建铁路、高速公路，发展航空、港口、管道运输等立体交通建设，使德国成为世界上交通最发达的国家。大力发展能源原材料工业，规划鲁尔重工业区，发展煤炭、钢铁、化工等基础产业。能源原材料工业发展为先进制造业发展提供了强力支撑。德国的汽车工业、石化工业、电子通讯设备制造业，特别是重大装备制造业发展均居世界领先水平，大大拉动了经济的快速发展。

由国家扶持大型企业集团，提高企业在国际市场上的综合竞争力

例如，在国家扶持下，德国两家大型企业在第二次世界大战后发展速度惊人：德国克鲁伯公司生产规模扩大近20倍，总资产扩大近25倍，生产领域囊括了武器、机械生产等多种产业。德国西门子公司生产规模扩大近15倍，总资产扩大近20倍，生产领域囊括了电子、电讯、电力元件生产等多种产业。而且，德国企业很注重突出其主营业务，发展主导产业；同时，德国企业还很注重多种经营，力求其副业服务于主业，相互协调，共同发展。

大力发展高新技术产业，以拉动经济快速发展

当今世界，科技进步日新月异，知识经济迅猛崛起。德国作为创新型国家，多年来坚持以市场为导向，以企业为主体，实施科技自主创新，使企业拥有更多的专利技术、自主知识产权与核心技术，打造知名品牌，提高企业的核心竞争力。他们抓住历史机遇，充分发挥其科技力量强、人口受教育水平高、职业化教育发达等优势，大力发展高新技术产业。并逐步淘汰高污染、高能耗、高原材料消耗、科技含量低、附加值低的传统工业，努力向科技含量高、附加值高、低消耗、低污染的现代化新型工业过渡。

重视资源节约和环境保护，大力发展循环经济

第二次世界大战以后，为了使经济快速复苏，德国政府也投资和发展了不少高耗能、高污染但见效快的工业企业。其中绝大多数集中在鲁尔重工业区。但到了20世纪60年代末，随着鲁尔地区的资源枯竭、环境恶化，经济增长率大幅度下降。为此，德国政府迅速调整经济发展战略，寻

找接替型产业,改变单一的以传统重工业为主的经济结构,大力发展新型工业和循环工业,用高新技术改造提升传统产业,提高能源利用率,并率先将环境保护作为一条国策。如今,鲁尔工业区不再浓烟滚滚、黑水肆虐,代之的是花园厂区、高新技术研发基地与高耸入云的CBD商务区,并逐步成为其新的经济发展模式与新的经济增长点。

成熟的市场经济体制和完善的金融保障体系

德国市场发育程度高,再加上完备的法律监督机制,使市场经济成为法制经济,建立起成熟的市场经济体制。同时,德国建立起完善的金融保障体系,为德国经济的平稳快速发展提供了可靠保障[12]。

大国间的政治经济博弈

20世纪70年代末,中国再次向世界打开了大门。大门外,是与我们一度隔绝的国际社会。在这个外面的世界,一套"他们"编制的游戏规则——国际法已丰满起来。任何一个新来者要进入这个"圈子",首先就要熟悉这些游戏规则。

30年来,中国对于国际社会这套规则的适应可以说也是从"摸着石头过河"开始,然后在加深理解和参与的基础上逐步融入了国际社会,到今天成为国际社会具有重要影响力的成员。而进入新世纪之后,随着世界政经格局的不断变化,特别是新兴国家的群体性崛起,国际法也表现出越来越多的局限性,发展中国家和不少发达国家都曾发出过对现行国际体系进行改革的呼声[13]。

西方发达国家在经济全球化趋势中,占有先发优势,主导国际"游戏规则"的制定,从中攫取巨大利益。中国作为市场经济的后来者,在全面了解国际规则的同时还必须积极参与国际"游戏规则"的制定。只有顺势而为和积极推动世界大势的发展,巧妙应对经济全球化趋势带来的各种挑战,中国和平崛起才能实现。

世界格局从根本上说是世界上各种基本力量的对比、配置及相互制衡而形成的国际关系总体框架或结构。目前的世界格局表现为"一超多强",但由于"多强"中无论是现有大国日本、欧盟还是新兴大国中国和俄罗斯,短期内其力量都不足以与美国这个惟一的超级大国相提并论,因此现有格局实际上是以美国为主导的单极格局。但是,随着"多强"的不断发展，大国的力量对比迟早会发生变化，美国的相对地位将逐步衰落，"多强"的力量将继续增长，世界格局必将走向多极化。当前世界正处于向多极格局转换的过渡时期[14]。

美国在成为世界上惟一的超级大国之后，开始推行实际上的"霸权加均势"的战略。即保证自身霸权的同时防止出现能够挑战美国领导地位的潜在威胁。这一战略的目的是实现和长期保持美国霸权下的国际和平。从理论和实际两方面来看，美国霸权下的国际体系不可能有真正的和平。因为作为霸权国家的美国在缺少制衡其霸权力量的情况下，将可以经常使用武力打击违反其意志或认为有损其利益的中小国家[15]。

中国自改革开放以来，经济高速发展，综合国力日益增强。虽然中美两国目前经济实力悬殊，GDP、军事和科技实力都相差甚远。然而美国认为，按照目前的发展趋势，中国终将成为世界性的经济军事大国，届时将不可避免地威胁到美国的"利益"。因此，美国对中国经济的发展存有遏制打压的心态。克林顿时期美国虽然把中国当做"战略伙伴"，但仍然轰炸了中国驻南斯拉夫大使馆；小布什在中美撞机事件上也是强硬和缓和参半，表明牵制和遏制中国是美国的对华长期战略。其中，扶植和支持"台独"是美国对华遏制战略的集中体现。

欧盟是一个超经济大国集团，是反对美国单极霸权的重要力量。在新的世界格局中，欧盟对美国的目标是争取平等地位。欧盟希望看到多极化趋势的发展，主张建立一个以国际法为基础、以联合国等国际机构为框架的多边主义的"世界秩序"。法、德等国不愿意亦步亦趋地跟随美国建立一个以美国为中心的单极世界，希望用联合国牵制美国的单边主义和战争政策。欧盟明确反对美国部署国家导弹防御系统，并启动欧盟防务一体化进程，因而自主倾向明显增强，美欧深层次矛盾有所发展。随着欧盟实力的上升，双方围绕欧洲安全主导权的斗争将更加激烈。欧盟的长远目标是要在全球化政治格局形成的博弈中争取成为世界第二极。

中国政府日趋成熟、负责，积极投身于国际事务，并努力加强其与经济地位相适应的政治影响力，使欧盟越来越认识到中国的重要性。欧盟通过与中国开展政治对话、经贸往来及共同应付经济全球化负面影响等事务的合作，逐步加强与密切中欧关系[14]。

随着中欧经贸关系的稳定发展，欧盟已成为中国最大的贸易伙伴、第一大技术来源地和第四大外资来源地，中国则是欧盟的第二大贸易合作伙伴。但近年来中欧间也存在着一些贸易摩擦。贸易赤字问题让欧盟备感压力。在欧盟看来，中国在经济方面是竞争者，是威胁。欧盟对华施压，希望减少对华贸易逆差，加强知识产权保护，扩大市场开放，中国在气候变化问题上和欧盟合作；中国的关切点在于欧盟承认中国的完全市场经济地位、取消对华武器禁运、支持"一个中国"，不要干涉中国内政。

日本作为第二大经济大国，正日益寻求政治大国的地位。日本曾是美国的重要冷战盟友，但他借助美国的保护伞集中了人力、物力发展本国经济，使自己成为了经济大国和美国的主要竞争对手。日本一方面继续利用美国的安全保护伞，为本国的经济发展创造有利条件，另一方面又不断试图摆脱美国的控制和影响。日本的国民性决定它不会甘心成为美国的附庸。维持地区大国地位并谋求在全球政治舞台上的发言权是日本长久以来的梦想。

随着中国经济持续增长和两国经贸关系持续发展，日本无法忽视中国的存在。对于中国的崛起，日本的选择是"重视中国"与"遏制中国"并存。一方面，中国是世界上最大的发展中国家，日本要想成为地区霸主，就不得不重视与其在多方面的合作。日本与中国在政治、经济、民间、文化各方面的交流非常广泛，中日关系的良性发展是客观必然的历史趋势。另一方面，日本又利用俄罗斯与印度牵制中国崛起。日本积极介入中俄输油管线建设计划，阻止西伯利亚石油长期稳定输入中国。通过削弱中俄战略伙伴关系，遏制中国在东亚的政治经济影响，最大限度地实现日本的地缘利益。此外，日本十分重视改善和加强与中国周边国家的关系，竭力倡导建立亚太地区多边安全机制，实际上是寻求以多种方式对中国进行"软遏制"。

同时，日本力求通过经济手段来控制东南亚经济安全命脉，扩展军事活动范围，向东南亚伸展军事触角，以军事手段干预地区事务成为其大国战略的一个重要环节。在政治和安全等新的领域加大与东盟合作的力度，确保日本在东亚事务中的地位。通过贸易、投资和贷款试图成为亚洲的领导者。

俄罗斯与美国之间关于如何看待和处理冷战后时期国际关系方面存在着不同的战略安全理念。俄罗斯认为推动世界多极化进程这一趋势客观上符合所有国家的根本利益。俄罗斯坚决反对北约东扩，反对美国企图修改反导条约，反对美国部署国家导弹防御系统和地区导弹系统。俄罗斯还主动展开外交出击，积极介入中东，以恢复和加强其在国际上的大国地位。

中俄在国际事务上的合作与经济往来日益密切，在许多问题上互相帮助。中俄两国之间共同利益的领域已经大大拓宽，支持中国稳步发展是俄罗斯国家战略利益的保障。而中俄缺乏战略缓冲的地理位置以及美国等现有大国对中俄关系的影响，决定了两国应审慎地维持战略合作伙伴关系[14]。

大国在国际政治经济中的话语权和定价权

国际定价权是指某地或者某个机构在某种商品上的定价能左右或者严重影响国际上对该商品定价的能力。掌握定价权可以使我们需要的商品以更合理的价格获得，手中的资本不会因别人的操作而贬值。在商品领域中，美国拥有大多数的商品定价权，在于美国的期货市场发展成熟，能够吸引足够的资金等各方面资源来对商品进行定价[16]。

列强环伺，国际市场定价权旁落

国际市场的定价权，如同"弱国无外交"一样是市场激烈较量的结果。在国际贸易舞台上，中国企业的声音非常微弱，基本没什么话语权。包括我们视为强势项目的低附加值产品方面，中国企业的话语权也是缺失的。我国是在国际贸易规则既定的情况下，参与到国际贸易中来的。因此，我们必须接受许多其实是少数贸易强国制订的游戏规则。在这样的意义上可以说，是少数贸易强国剥夺了我们的话语权，而且在日益激烈的竞争中，少数贸易强国仍然在试图继续剥夺我们的话语权[17]。

我国已经成为当今全球最大的制造中心和大宗商品的最大买家，但缺乏自己的国际商品定价中心，在国际商品贸易中处于不利的地位。最近这几年，在少数强国的操纵下我们多花了不少冤枉钱。几年前中国进口的大豆在船运到港之前，有人在CBOT（芝加哥商品交易所）大幅拉升大豆价格，到岸的大豆几乎全部赔钱，导致我们大豆产业链受到了严重的打击；日本等国操纵铁矿石的疯涨，又使我们的钢铁企业的利润大大压缩；国际原油价格在少数国家的操纵下也疯狂上涨。"世界工厂"的中国需求论给了卖方更多理由涨价。反观中国大量出口的稀土、焦炭等资源，在价格上也长期受制于人。无论是作为产出大国还是消费大国，我们似乎在很多国际资源性产品上都失落了定价权。

作为全球诸多大宗商品的最大消费国或进口国，在付出惨重代价的同时，争取国际定价权和话语权已经成为刻不容缓、需要引起高度重视的问题。中国企业处于一种无可奈何、被动接受高价的现状，从国际市场的定价惯例来看，中国在国际定价权和话语权方面表现得还很弱，这也正是中国成为大宗商品涨价中最大受害者的根本原因。我们要正视目前我们在国际资本运作市场的地位，那就是定价权不在我们手中。而在前期的参与过程中，可以说，我们已交了数额不菲的学费[16]。

中国外贸大而不强的尴尬，正是体现在国际市场定价权和国际贸易话语权方面的无力。这方面的典型例子就是，中国作为世界上最大的铁矿石进口国，钢产量比美、日、俄的总和还多，长期以来却在铁矿石价格谈判上受制于人。虽然自2005年来铁矿石进口商"抱团"参加过三次直接谈判，但迄今仍处于弱势地位，定价权仍掌控在日本、印度、澳洲等国际巨头手中。

更为明显的例子则是，作为稀土等初级资源和纺织品、玩具等劳动和资本密集型产品的最大出口国，中国也经常饱受贸易规则惩罚之苦，更是各种贸易壁垒的最大受害者。过去是关税、配额、许可证、反倾销和反补贴等传统贸易壁垒纷至沓来，近来则是质量、安全、环保、劳工等非关税技术壁垒层出不穷。中国这个出口"老大"动辄得咎，穷于应付，承受巨额损失是家常便饭。

从世贸大国到世贸强国，从贸易规则的"门外汉"到服从者再到话语主导权，中国无疑还有很长的路要走，但既然已经具备了不俗的贸易实力，那就应加强其他方面的整合，摆脱目前被动应付的尴尬局面，进而谋求应有的主动[18]。

当今世界的真正权力是一个国家或者是国际经济组织对商品的定价能力。中国没有国际"商品定价权"，对中国国际贸易造成了巨大影响。这种影响已经从中国的商品期货市场渗透到资本市场。夺取商品的全球定价权，已经成为强国战略。这不仅事关中国经济的持续健康成长，而且随着中国的物价传导机制日益畅通以及中国经济全球化的深入，大宗商品的定价权必将制约着中国的资本市场的估值，并严重影响着中国的金融安全。

在国际商务谈判中，拥有国际定价权的一方，在谈判中占有相当的主动；同时，定价权和话语权也是一个国家实权和企业实权的综合表现。目前中国正在向全球化全面冲刺，资本市场、货币市场、商品市场都将随着人民币的可自由兑换进程而敞开怀抱,如果在这个过程中,中国金融机构和金融市场在商品定价权没有一席之地,中国金融市场最终将成为国际投机资金的影子市场[19]。

国际金融市场改革困难重重

包括中国在内的新兴经济体在构建国际货币体系中正在谋求与经济实力相称的经济话语权,但构建国际金融新秩序无疑是一场残酷的博弈。新兴经济体要提升在国际金融体系中的话语权,既要看自身的实力成长,还取决于主要发达国家尤其是美国的意愿。而主要发达国家基于各自利益的考虑,不会轻易让新兴经济体与自己平起平坐。

2008年以来的金融危机暴露了现行国际货币金融体系的弱点,但同时也为改革不合理的国际金融秩序提供了契机。然而,以美国、欧洲和新兴经济体为代表的不同国家却各有主张,各方之间鸿沟颇深,而且对改革的目标也莫衷一是。

欧盟主张全面改革现行世界金融体系,重建国际金融秩序。把加强全球金融监管和改革国际金融机构视为伦敦峰会的重中之重。欧盟主张,所有可能引发系统性风险的金融市场、金融产品和市场参与者无一例外都必须受到适当的监管和监督。与此同时,欧盟希望强化国际货币基金组织的监督职能,使之成为全球金融市场的预警系统,负责监测全球金融市场上的系统性风险,并且支持对国际货币基金组织等国际金融机构实施改革。以新兴经济体为代表的发展中国家则希望打破现行国际金融体系长期由发达国家主导的不公平局面,在改革国际金融体系的过程中扩大自身发言权。有着"金砖四国"之称的中国、巴西、俄罗斯和印度一致呼吁改革国际货币基金组织等国际金融机构,且改革进程必须充分反映全球经济的变化,保证新兴和发展中国家拥有更大的发言权和地位。所有金融活动必须置于充分的监管之下,国际货币基金组织必须强化其监控能力,而实现这一目标的关键在于更加重视对全体成员国的公平监控,尤其是重视对那些有着巨额跨国资金流动、拥有主要国际金融中心的发达国家的监控[20]。

然而,无论是欧盟的国际金融改革构想,还是新兴经济体的主张,势必冲击现有的美元体系,而对长期处于占优策略独享"铸币税特权"的美国来说,放弃美元霸权意味着出让超级大国地位,这是美国政府和相关利益集团断难接受的。另一方面,在国际货币体系改革愿望强烈的亚洲国家和地区，其国际交易目前仍主要以美元支付，尽管这反映了大多数货币都还不能充分自由兑换的缺陷，但更反映出亚洲国家和地区相互之间的贸易和交易都偏好美元，而不是亚洲自己的货币。因此，国际货币体系在未来一段时期有可能出现欧元和美元争夺主导权，日元和人民币伺机出击的局面。

此外，就主张改革的欧亚主要经济体来说，尽管他们关于国际金融与货币体系改革的主张有一致之处，但彼此利益并非完全契合。由于份额和投票权的分配是国际货币基金组织决策机制的基础，其设计一直都遵循着基于经济规模的分配原则，这使得包括欧洲主要大国在内的发达国家在决策机制中占据了主导地位。因此，新兴经济体和发展中国家多年以来一直要求改革国际货币基金组织的治理框架，包括要求重新审核基金份额、扩大基础投票权、增加发展中国家投票权比重和话语权、废止少数发达国家事实上的否定权等。呼吁在设计份额和投票权及其分配的过程中，除了反映已有经济规模的总量指标，还应前瞻性地考虑能够反映经济发展速度和质量的指标，从而保证制度设计的前瞻性和动态的公正性，体现发展中国家的经济增长潜力及相应的话语权。而从目前的情况来看，以法国为代表的欧洲大国尽管也要求改革国际金融与货币体系，但他们本身也是既有国际金融体系的受益者，因此他们对全球金融危机的反思，他们所提出的改革主张，主要目的是要加强国际金融的稳定，以保护本国的利益。

因此，新兴经济体在国际金融体系中的话语权的提升不仅取决于发达国家和自身经济实力的消长，更要看他们的实力成长能否改变世界经济力量的对比，能否打破既有世界经济规则。不如此，只能说明他们的实力成长仍处于量变阶段，质变的要件暂时不具备。只有当新兴经济体和发展中国家的实力成长足以改变世界经济力量的对比时，重建有利于世界经济稳定发展的国际金融秩序才有现实可能性。中国在推动新兴经济体谋取金融话语权的过程中，既要积极寻求与欧洲和日本的利益交汇点，有效整合新兴经济体的力量与诉求，更要提防美国的离间乃至赤裸裸的干涉。美国也许可以容忍欧元与美元并驾齐驱，但绝对难以接受人民币与其平起平坐。必要的时候，美国会联合欧洲和日本对人民币采取集体隔离的措施，人民币再次成为打压对象不是没有可能的。而且，即使发达国家允许人民币出线，实战经验欠缺与免疫能力较低的中国金融业也可能遭受国际资本的恶意冲击，我们对此须有足够的思想准备[21]。

参考资料：

[1] 江金权主编：《"中国模式"研究——中国经济发展道路解析》，人民出版社2007年版。

[2] 卫兴华、侯为民："中国经济增长方式的选择与转换途径"，《经济研究》，2007年第7期。

[3] 余永定："五大因素推动中国经济快速增长"，《上海证券报》，2005年4月29日。

[4] 赵宇新、耿玉德："发展中国家和地区"后发优势"与"后发劣势"辩证关系及战略选择分析"，《商业研究》，2007年第12期。

[5] 韦森："后发劣势VS后发优势——评林毅夫与杨小凯争论"，《新财经》，2002年第11期。

[6] 刘正山："制度创新：模仿与干中学的权衡——评杨小凯与林毅夫之争"，《经济学消息报》，2008年31期。

[7] 同 [1]。

[8] 吴敬琏主编：《中国增长模式抉择》，上海远东出版社2006年版。

[9] 王永辉："日本的发展经验带给我们的启示"，2007年12月18日，中国选举与治理网。

[10] 江西元、夏立平主编：《中国和平崛起》，中国社会科学出版社2004年版。

[11] 张季风主编：《挣脱萧条：1990—2006年的日本经济》，社会科学文献出版社2006年版。

[12] 叶旭延："从德国经济增长经验看中国现代化发展之路"，《经济论坛》，2006年22期。

[13] 辛省志："中国要积极参与制定各项国际游戏规则"，2009年1月22日，新华网—环球。

[14] 宋玉华、江振林主编：《新兴大国——历史性崛起的博弈与前景》，人民出版社2004年版。

[15] 江西元、夏立平主编：《中国和平崛起》，中国社会科学出版社2004年版。

[16] 刘燕君："中国企业的国际定价权和话语权"，2008年7月26日，价值中国网。

[17] 谭雄伟："是谁剥夺了我们的国际市场定价权"，《广州日报》，2005年11月1日。

[18] 张智新："中国贸易大国的话语权尴尬"，《联合早报》，2007年8月25日。

［19］李国旺："定价权与强国梦",《上海证券报》,2006年6月9日。

［20］尚军、谢栋风："G20峰会各方'亮剑'",2009年4月1日,新华网。

［21］章玉贵："新兴经济体能否如愿扩大金融话语权",《上海证券报》,2008年10月31日。

2 中国制造之"困惑"

商务部副部长魏建国在"亚洲制造业论坛"上表示:中国制造业承接国际产业转移,在国际分工中的地位不断提升,已具备较好的产业基础,目前中国在全球制造业的规模已上升至世界第三位。

改革开放30年以来,中国制造业①得到了长足的发展,建立起了雄厚的基础。尤其是近十年,"中国制造"已经闻名全球,在我国的经济体系中有着举足轻重的地位。中国经济的欣欣向荣,"中国制造"的强势崛起,已经使世界感受到了"中国制造"的存在和无比强大的力量!中国制造业在不少行业中已经拥有了比较强大的国际竞争力。据相关统计,在工业产品产量排位上,中国也已经有一大批产品产量跃居世界首位,居"世界第一"的"中国制造"已达上百种之多[1]。

当然,中国制造业持续高速发展不单单表现在其产量的增加和投入、产出的增长,更表现为中国制造业在国际上的地位和竞争力的快速提升。"中国制造"在国际上的影响力已经不可小觑。1980年时,中国制造业增加值仅占世界的1.5%,处在世界制造业10强之外;再看现在,中国制造业在全球中的份额已经达到10%以上,排名世界第三,仅次于美国和日本[2]。

---

① 制造业是指对制造资源(物料、能源、设备、工具、资金、技术、信息和人力等),按照市场要求,通过制造过程,转化为可供人们使用和利用的工业品与生活消费品的行业,包括扣除采掘业、公用业(电、煤气、自来水)后的所有30个行业。

2 中国制造之"困惑"

随着在国际上地位不断攀升，中国制造业对外贸易的发展欣欣向荣。改革开放以来，中国制造业贸易规模不断扩大，已经形成相当可观的产业体系。并且，中国制造业企业依旧保持较高的增长势头，制造业的企业规模不断扩大，出口国家不断拓展，贸易竞争力持续增强。

然而，在这些光鲜的成果背后，中国制造业又忍受着怎样的痛楚，冷暖只有自知。交易的是一笔笔大宗生意，而其实质却是低利润和高代价，这无疑已经给中国制造业带来了丝丝寒意。

2.1 中国制造对中国经济的巨大贡献

中国制造业的出口规模、出口国家分布

制成品进出口规模持续扩大

1980年到2006年，我国工业制成品进出口贸易额从220.7亿美元上升到15203.5亿美元，增长了67.9倍，年均增长速度达17.7%。其中，出口贸易额从90.1亿美元增长到9160.2亿美元，增长了100倍，年均增速达19.4%。从国际上的比较来看，中国制成品的出口增长速度远远高于同期的世界平均水平，也明显高于进出口相对增速较高的其他东南亚国家。

同时，工业制成品进出口占我国规模以上工业销售收入的比重也由1980年的7.4%上升到了2006年的38.6%，提高了31.2个百分点。其中，出口销售收入的比重由3%上升到23.3%，提高了20.3个百分点[3]。

这些数据形象地说明，我国工业制成品进出口的规模正不断扩大，而且它对我国的制造业甚至是我国经济的高速发展也起着极为重要的作用。

制成品出口占国际市场的份额大幅增加

有关数据显示，中国制成品出口占世界制造业贸易的比重在1990年时仅为1.9%，而2000年已经提高到4.3%。2007年，我国制成品出口占世界市场的份额更是上升到了8%左右，某些商品尤其畅销国际市场，且举足轻重。能源、化工、建材、纺织、家电、电子等十几个行业百余种产品产量位居世界第一。例如，我国摩托车出口占世界产量的43%、电脑键盘占39%、家用空调占32%、洗衣机占26%、彩电占23%。其中，以珠三角、长三角为代表的地区已成为中国承接世界制造业向外转移的重要基地[4]。

而且，在同样是工业大国的美、欧、日三大市场上，我国制成品的出口份额也在迅速上升。其中，纺织、服装、办公和通信设备等产品所占的份额相对更高。而且，虽然目前出口份额较高的仍是低技术产品，但我国的高技术产品出口份额的上升速度也正在明显加快[5]。

东莞制造，走遍全球

广东的东莞就是当今世界新崛起的电脑资讯产品的重要生产基地，占全球市场的相当份额。其中，电脑磁头、电脑机箱占全球40%；敷铜板、电脑驱动器占全球30%；高级交流电容器占全球25%；电脑扫描仪、微型马达占全球20%；电脑主板占全球15%；电脑整机所需零配件95%以上可在东莞配齐。

齐全的配套企业使东莞成为全球电脑商的采购基地，在电脑业已形成了"东莞制造，走遍全球"的美誉[6]。

制成品出口国家分布概况

的确，我国改革开放后20多年来的发展，已经使"中国制造"的产品遍布世界的各个角落，无论是在经济发达的北美和西欧，还是在相对偏僻落后的中南非洲和南亚，附有中国制造标签的商品随处可见。

在美国，"中国制造"与美国人的日常生活已经密不可分，从毛巾牙刷等生活用品到彩电冰箱等家用电器，"中国制造"一应俱全。甚至连国外传统节日圣诞节所掀起的购物热潮的序幕也是由充满着"中国制造"的美国购物中心里的抢购拉开的。在华盛顿、纽约、洛杉矶和旧金山等美国大城市，服装、鞋子、箱包、玩具、电器等，绝大多数都标有"中国制造"字样。不仅如此，许多世界名牌服装、皮鞋也是"中国制造"。尤其是这些年，中国制造品的质量和档次大幅提高，许多产品已进入高档商场。

在加拿大，"中国制造"也越来越多。在渥太华的繁华市中心，在各

主流社会商店,从工艺品、丝绸、陶器到水果、海鲜等食品,中国产品应有尽有。

在欧洲,尽管"中国制造"屡遭反倾销措施以及各类壁垒,使其进入市场有了一些障碍,但"中国制造"仍备受欧洲人的青睐。除了一般的商品,一些科技含量较高的中国产品也逐渐进入千家万户。海尔等厂家都在欧洲设立了办事处,以拓展市场空间。它们的质量也逐步得到了消费者的认可。

在东南亚国家,中国商品同样相当风靡。中国制造的中高档家用电器被众多消费者所认可。而在更多的发展中国家,中国制造的产品更因为物美价廉而颇受欢迎。中国商品在这些国家地区以五金百货、文具用品居多,价格便宜,质量过硬,深受好评[7]。

可以说,"中国制造"已经遍布全球,渗透到了生活的各个角落,成为世界公民生活中不可缺少的消费品。

中国制造对中国经济的贡献

从历史的发展轨迹来看,每个时期的经济强国的兴衰都印证了其制造业的兴衰。发展制造业始终是振兴国家经济的最佳路径,谁抓住了制造业谁就抢得了先机,就能在国际竞争中领导群雄。世界工业强国无一不是装备制造业的强国,在实现工业化的进程中,英国、美国、日本以及后来的东亚"四小龙",都无一例外地以制造业作为其发展的开路先锋。比如,信息技术和知识经济发达的美国,不但没有放松过对其制造业的发展,更是利用先进技术不断将其提升。有资料显示,美国制造业对GDP的直接贡献率始终大于20%,拉动其他产业30%,拉高增长率40%。近十年来美国能保持比较高的经济增长,主要也是依靠计算机、通讯、航空、航天、医药等高技术制造业的复兴拉动。而日本政府更将振兴制造业的基础技术纳入国家基本法[8]。

如今,世界经济一体化也将这个机会带给了中国。我国工业、农业、国防和科学技术的现代化,人民生活水平的提高,没有一样离得开制造业的发展。

从近年来我国的经济数据中可以看到,20世纪90年代以来,中国经济的持续增长的确在很大程度上依赖于制造业的迅猛发展,制造业各项经济指标在整个工业和国民经济中的比重均在不断提高,已成为经济持续快速发展的主要拉动力量。

首先，就目前而言，制造业是中国国民经济的物质基础和产业主体。在我国，第二产业是国家物质财富的创造主体，而制造业在第二产业中的比重非常大，因此制造业是我国国民生产总值的主要组成部分。近几年来，第二产业的增加值在我国国内生产总值中所占的比重基本维持在40%以上，其中制造业增加值的比重就高达30%以上[9]。

其次，制造业作为我国产品出口的主体，其出口一直维持在80%以上，近年来更是突破了90%的比重，为我国创造了近75%的外汇收入[10]。

再次，制造业也成为了我国政府运作的主要支持力量。当前，我国财政收入的近一半都来自于制造业，制造业已成为我国当之无愧的"经济大厦的基石"。

另外，制造业还吸收了接近一半的劳动力，是我国劳动就业的主要部门，是解决中国就业问题的主要产业领域。我国的国情决定了我国就业压力非常巨大，下岗职工需要再就业，农村大量劳动力需要转移，加上城市新增就业人口也急需岗位。而制造业则能吸收将近一半的劳动力人口，制造业的从业人员更是占到了工业从业人员的90%左右。这在极大程度上缓解了我国民众的就业压力。

而且，制造业还有着其他产业无可比拟的带动效应。因此，在今后相当长的一段时间内，我国经济的增长还会主要依靠于制造业。它的发展以及由此带动的其他产业的发展，将成为中国增加就业的重要途径，在提高人民生活水平、实现全民共同富裕方面发挥重大作用[11]。

可见，随着发达国家制造业向我国的梯度转移，加之我国在市场潜力、劳动力价格和人才资源等方面的比较优势，我们只要抓住了这个机遇大力发展制造业，加快产业升级，则可以让制造业在我国的经济发展中发挥更大的作用，创造更多的外汇收入，为国家财政提供更强大的援助，并帮助解决我国的就业问题。

2.2　一架美国飞机等于14亿双中国生产的袜子

一架美国飞机的利润＝14亿双中国生产的袜子的利润
中国出口80亿件服装才支付得起一架欧洲空客或美国波音客机的进口价格

14亿双袜子、80亿件衣服,量很大,生产速度很快,但含金量不高;一架飞机,看起来数量不多,研发生产过程漫长,却含金量惊人。

不可否认,中国制造,包括袜子、服装在内的低端贸易品多数是赚量不赚质的,甚至是"赔钱赚吆喝"。而且,被诉诸低价倾销的贸易摩擦也随之频频发生,让"中国制造"成了一些西方国家指责贸易失衡的代名词[12]。

"中国制造"——尴尬的"微笑曲线"

如果说"微笑曲线"① 可以形象地代表目前世界分工体系的总体格局,那么现在处于"微笑曲线"中低端的中国制造业的地位定位是显而易见的。

按照"微笑曲线"模式的表示,非劳动密集型生产过程附加值高,利润空间大,而劳动密集型的生产过程附加值低,利润空间小。非劳动密集型的生产过程的核心由少数国家控制,而多数国家在模块化生产中参与的是劳动密集型的生产过程。

在"微笑曲线"左端,研发能力与创新能力是企业发挥其技术强势地位的依据。中国目前技术创新能力不高,关键核心技术大多依赖国外,缺乏对引进技术的系统集成和综合创新的能力。在此之下,是制造业中重要核心零部件的生产环节。由于创新能力低,我国制造业中大部分不从事重要核心零部件的生产,主要产品的重要零部件基本依赖进口。而在"微笑曲线"右端的是销售与售后服务。在一些附加值稍高的制造产品中,我们这方面也不占有优势,它们大多由跨国公司控制。相比较而言,中国企业的供应链管理方式较为落后,跨国经营能力更是不强。因此,中国能够参与国际分工的部分主要限于劳动密集型生产过程,且主要以加工贸易为

---

① "微笑曲线"模型是由中国台湾地区资讯界名人宏碁集团总裁施振荣提出的,用来形象地表述和解释一个国家或地区的制造业在全球制造业产业链中的地位与收益之间的关系问题和继续发展问题。

所谓"微笑曲线",是将附加价值按照制造工序的流程加以表示,上游的核心技术和下游的售后服务等属于非劳动密集型的生产过程,因此附加值高,利润空间最大;而中下游的组装、加工等属于劳动密集型的生产过程,因此附加值低,利润空间也最小。

当时,施振荣利用"微笑曲线"对台湾制造业在全球中的地位以及未来发展方向进行分析,认为台湾长期以来一直处于全球制造业的中端,承担着替国际知名公司"打工"的角色。在全球制造业体系中,既没有上游的设计研发能力,也没有下游的行销服务能力,因此他认为台湾未来的制造业之路应该努力向上游和下游发展,称之为"从缸底往两端爬"。

主，中国以贴牌生产为主的制造业只能处于利润空间小的"微笑曲线"底端。

现在，中国以加工贸易为主的劳动密集型生产过程与当初日本以加工贸易为中心的时期不同。冷战体制结束以后，经济全球化步伐加快，获得廉价劳动力已经不再像过去那样困难，加之劳动密集型的发展中国家间的竞争，处于产业链最低部分的劳动密集型生产过程能够获得的利润进一步缩小。这样，"微笑曲线"的谷底就会日益加深。对中国而言，在劳动力具有优势的这一段时间中，以本国的劳动力与发达国家技术交换时的相对价格（即贸易条件）也将处于越来越不利的境地[13]。

中国这种以低端贸易品为主体的外贸销售结构的形成有其自身的原因：中国廉价劳动力成本是中国对外贸易中所拥有的比较优势①，这决定了中国选择劳动密集型产品进行生产和出口；东南亚地区的发展中国家劳动密集型产业的"出口竞争"又使得各国从中能获得的利润更趋微薄；而这一切背后的深层原因，则在于我国核心技术的缺乏和自主创新能力的不足，从而导致中国在高端产品生产方面的有心无力，只能依靠量的增加以博取微利。

中国廉价的劳动力成本

在现阶段的国际产业转移和生产分工格局中，我国发展较快的仍是那些技术含量较低而劳动密集度较高的产业和产品。根据新华在线的相关外贸数据显示，我国整个劳动密集型产品在制成品出口中的比重估计能达到60%以上。可见，整个劳动密集型产品在我国制成品出口中依然起着主要的带动和支撑作用。劳动密集型产业的飞速发展，其中一个重要的原因就是我们所依靠的仍是劳动力成本廉价的比较优势。中国制造业劳动力的平均工资水平仅为美国的1/50，欧洲的1/40，日韩的1/35。但是，这样的产业结构也决定了我国能从"中国制造"中获得的只能是薄利[14]。

---

① "比较优势"是指：如果一个国家在本国生产一种产品的机会成本低于在其他国家生产该产品的机会成本的话，则这个国家在生产该种产品上就拥有比较优势。其核心内容就是"两利取重，两害取轻"。由于在两国间，劳动生产率的差距并不是在任何商品上都相等。因此，对于处于绝对优势的国家，应集中力量生产优势较大的商品，而处于绝对劣势的国家，则应集中力量生产劣势较小的商品，然后通过国际贸易，互相交换，各取所需。

直接损失:不挣钱的"中国制造"

中国低廉的劳动力成本,成为了中国制造低价商品的主要支撑力量。为此,许多国际上的知名品牌都将生产订单交给中国企业做。比如,耐克公司就把60%以上的运动鞋生产放在了中国。然而,低廉的劳动力成本虽为中国带来了大量生产订单,但执行这些订单的中国生产厂家最终究竟能赚多少钱呢?

有人算过这样一笔账:美国市场上销售的一种儿童玩具,零售价为100美元。这种玩具的设计商和经销商都是美国公司,生产商是中国企业。玩具设计定型后,美国公司将订单下给一家香港贸易公司,每件价格为50美元;香港贸易公司转手将订单交给中国一家外贸公司,每件价格为22美元;这家外贸公司再向广东和江苏的两家工厂订货,每件价格15美元;包括人工和原材料,工厂的生产成本是12美元;美国公司拿到玩具后,以每件82美元的价格卖给商场。粗略计算下来,中国生产企业的毛利润是每件3美元,中国外贸公司的毛利润是每件7美元,香港贸易公司的毛利28美元,美国公司的毛利32美元,商场的毛利是18美元。

在这个链条中,中国内地的生产商和外贸公司总共才获得了10美元,只有商品零售价的10%,而其余绝大部分的利润都被品牌商获得。

不仅如此,近年来,不少中国厂商为能保住美国市场,大都采取了先付货、后交钱的方式。有的美国零售商和中间商在交货半年后才付款,甚至在产品售出之后才付钱,等于是把库存转给了生产者承担[15]。

由此看来,中国由于劳动力廉价所吸引来的产业优势并没有给中国制造企业带来丰厚的利润,反倒给他国作了嫁衣裳。

间接损失:廉价劳动力背后的经济发展缺陷

(1)劳动力成本低不等于单位劳动力成本低①。一国的产业竞争力并不仅仅取决于工资水平,即劳动力价格或者说劳动力成本。在判断竞争力的时候,我们必须综合劳动生产率因素加以考虑。在那些工资相对较低而生产率相对较高的国家,其劳动力成本和单位劳动力成本都较低,竞争力

---

① 劳动力成本是指一名员工在企业工作企业为他出的费用如工资、保险等,即劳动力的价格。而单位劳动力价格是指,劳动力成本除以劳动力工作时间后的值,即单位时间上劳动力所获得的报酬。

相对很强；而在工资很低但生产率更低的国家，虽然劳动力成本低，但单位劳动力成本就相对较高，竞争力就相对较弱。虽然中国的工资水平只有美国的2.1%，但是劳动生产率也只有其2.7%。如果再将中国在资本成本、基础设施和法律制度等方面存在的不利因素加入考虑范围之内，那么中国在国际竞争中的优势将进一步弱化。同时，我们必须看到，发达国家劳动力成本高是因为其生产率水平高，国际竞争力强。而发展中国家则由于生产率水平低，国际竞争力弱，工资水平自然也就偏低。这样说来，中国与发达国家相比，仍明显处于非常不利的境地。

（2）劳动力成本低造成与产业结构优化升级的矛盾。我国的产业结构目前急需升级。不仅三大产业的结构不合理，而且单从制造业内部结构来看，我国消费品制造业，即劳动密集型产业的份额明显高于世界平均水平，而资本品制造业，即技术密集型产业的份额却低于世界平均水平，其水平与发达国家相比更是相距甚远。

若中国进行产业优化升级，势必将会遇到"劳动力成本优势"带来的阻力。因为在参与国际市场竞争的时候，中国只能按照"比较优势"专注于劳动密集型产品的生产。而且由于中国拥有丰富的剩余劳动力，在相当长的一段时间内还不会出现工资水平上升的压力，因此劳动密集型产品在可见的将来仍能维持其竞争力。在这种状况下，中国企业会追求"劳动投入的扩大"而非"生产率的提高"，因此低工资也可能会成为延缓产业升级的原因。

（3）劳动力价格低制约消费力，影响国民生活水平提升。对于居民的消费能力而言，家庭收入无疑是一个非常关键的决定因素。一般而言，人们挣得多，花得也多。经济学的相关研究已经证实了消费与收入之间的稳定的函数关系。那么不难看到，如果劳动力成本低，也就意味着劳动力工资收入低，自然消费力也不会太强。另一方面，低收入居民在获得工资收入后，出于对未来收入变化的不确定性预期，在工资有所增长的情况下，更会选择增加储蓄，而非消费。因此，我国表现出来的现象往往是消费增长远远比不上工资收入的增长速度。

可见，劳动力价格低，工资收入低，不但影响着居民的即期消费，而且还从心理上影响居民预期消费活动，严重阻碍着我国人民生活水平的提高和改善[16]。

廉价劳动力这一"比较优势"虽然给我国的制造业带来了欣欣向荣的

景象，但潜在危机却也不容忽视。想要提高竞争力，也许我们更应该寻求突破点，走出劳动密集型产业的圈子。但是，一般经验显示，随着一国经济实力的加强，生活水平的提高，会引起工资收入的增加，劳动力成本的提高，美国、日本等都是如此。但是，我国虽然经济持续多年快速增长，但由于人口众多，劳动力资源过于丰富，人均生活水平处于落后水平，从而导致了中国工资长期处于较低水平。而且，我国的二元经济结构和地区差异使这种低成本优势有望保持更长的时间。我国庞大的农村剩余劳动力以及每年新增的就业人口，造成了我国劳动力市场长期的供大于求，劳动力就业非常激烈，使得中国制造业的工资水平在相对较长的时间内很难有提高。劳动力资源丰富、价格低廉的状况将长期存在[17]。

劳动密集型企业"出口竞赛"的经济后果

在亚洲的生产体系中，各国经济发展水平与生产力发展状况有很大的差异。但是，除了一些新兴国家和地区经济发展水平较高以外，大多数亚洲国家经济水平不高，在资本和技术方面不具有优势，其优势主要是廉价的劳动力，表现在产业方面的优势就是劳动密集型产业，而不是资本密集型和技术密集型产业。中国的经济虽然有了很大的发展，但究其本质，也仍然属于这种类型的国家。

对于在劳动密集型产业上有优势的国家，为了利用这一优势，通常就会忽视对国际市场的整体把握，企业在进行产品选择时，往往会看什么好卖就生产什么。这种状况就导致了在亚洲生产体系中，中国与亚洲其他发展中国家共同依赖于同一个大市场，产业结构和出口产品都有很多雷同之处，形成了一种直接竞争关系。

如在纺织品方面，中国占据了全球纺织品加工能力的1/3，出口能力的1/4。没有任何一个国家具有中国如此长的纺织品产业链：从种棉花到高档女士服装；从原材料加工、纺织印染到裁剪缝加工，中国已经形成了一条非常完整的产业链。但是，在亚洲其他一些国家，纺织品也同样是它们具有比较优势的产业，只是其优势明显弱于中国。这导致中国的强势优势抢占了其他亚洲经济体优势产业和产品在国际市场上的份额，使得一些国家的产品退出市场。

无疑，中国给亚洲尤其给那些依赖出口劳动密集型制造业产品的国家带来了压力。例如从2000年起到现在，中国对美国的贸易盈余在增长，而日本、韩国、印度尼西亚、马来西亚、菲律宾和泰国等对美贸易盈余有所减少。但同样，由于劳动密集型产业的进入门槛较低，近些年越南、泰国、菲律宾等国的企业也逐渐加入到这些相关产业的生产活动中。这种同质化的产品之间必然会导致激烈的价格战，致使所有的企业都在一个狭窄的链条上进行激烈的争夺，进一步加剧了价格竞争，利润空间必然会进一步缩小。

以中国与东盟之间的关系为例。近年来，中国与东盟的政治互信正不断增强，相互间的经济交往也日益密切，两者合作越来越富有成效。东盟已成为中国第五大贸易伙伴，而中国也成为东盟的第六大贸易伙伴，双方合作不断深化。

但是，中国与东盟之间的经济竞争关系却一直是影响双方合作的一个重要障碍，也一直是政治家和学者们争论的一个热点话题。从"中国贸易出口量大是否会减少东盟国家的出口"到"中国是否在抢东盟的外国直接投资"，从"东南亚金融危机是否源于中国1994年的汇率调整"到现在的"人民币升值论"，都涉及两者之间的竞争问题。

中国与东盟拥有相似的资源禀赋以及相似的历史背景。因此，双方也采用了相似的以外贸出口为特征的工业化策略，中国与东盟的竞争具有很大的同质性。由于中国与东盟都是经济增长迅速的发展中国家，在产品结构方面，两者的制成品比重均在下降，而半成品的比重则在上升，中国与东盟之间的贸易同时有先进与落后两种特征，即产品种类高级化与实质的低层次并存。所谓商品种类高级化是指中国与东盟的贸易商品种类中自然资源及原料的比重在不断下降，而工业制成品的比重在不断上升。而所谓的实质上的低层次是指双方的贸易商品中半成品的比重较高。

而且在发展过程中中国与东盟又均吸收了许多外国直接投资，从而导致了不但双方出口的产品种类很相似，而且主要出口市场重合，即都以美、日、欧等为主。如在美国市场，中国和东盟都是服装和电子产品的主要出口商；在日本和欧盟市场，中国和东盟也同样是电子产品的主要出口商。同时，中国与东盟其他发展中国家在竞争第三国市场时，还会互相挤占双方的内部市场，形成内域竞争，使对方的优势产业和支柱产业受到一定的冲击，甚至被边缘化，从而加剧双方之间的贸易摩擦。双方之间形成了非常激烈的竞争关系，而这种竞争实际上是一种低技术含量产品的价格竞争。这种竞争非但不能提高效率，反而会对效率产生负面影响，导致出

口产品价格下降,进而使得贸易条件恶化。

这种同质产品竞争,直接导致本来就不高的利润,在各国相互追逐的低水平竞争下,进一步趋薄,使得各国国内企业的效益下降,从而进一步影响到企业可用资金的累积,进而导致可用于科研、技术改造、产品创新的资金减少,产品技术含量得不到提高,缺乏特色的问题也无法解决。最后为了扩大出口,企业不得不仍旧采用价格竞争的方式。由此各国在国外市场的低水平竞争更加激烈,双方贸易条件都更加恶化。

但是,中国与其他亚洲发展中国家的这种同质竞争在一定的时间内还将被延续,激烈的竞争会进一步削弱各方的利润率。中国需要的是及时从根本上解决问题,调整制造产业结构,提高自身的竞争层面,向发展技术密集型产业的方向努力[18]。

缺乏核心技术和自主创新能力

举世瞩目的长江三峡工程左岸电站首批14台70万kW水轮发电机组国际招标采购决标,中标总价7.4亿美元。关键机组竟没有一个是中国企业的,这在当时引起了许多中国人的感叹[19]。

"中国制造"繁荣景象的背后,缺乏核心技术和自主创新能力这个严峻的事实无疑是国人心中无法排遣的痛。我国钢铁、有色金属、电力、机械、石油化工、煤炭、建材等传统工业的技术水平与国际先进水平差距非常大,多数大中型企业关键技术的开发与应用能力相对不足,国际先进技术装备仅占1/10,机械产品达到当代国际水平的不到5%,不少高技术产品及部分高附加值产品仍需进口[20]。

我国这种劳动密集型产业的发展,所提供的仅仅是廉价的土地、劳动力和巨大的市场,而关键的设备、技术则基本上都掌握在他人手中。于是,没有核心技术和品牌,只能进行简单的加工组装,其技术含量和附加值都不高,从而产业发展层次和技术水平低,很多产品生产只能处于产业链条的底端环节。特别是在包括高新技术产业在内的技术密集型产业发展过程中,这个问题更加突出。我国高新技术产品的出口虽然增长很快,但"三资"企业在出口中占了80%左右,加工贸易占了90%左右,核心技术基本上为外资企业所控制,使用的品牌也主要是跨国公司的品牌[21]。

中国七万茶厂不敌一家"立顿"[22]

传媒报道：中国作为茶叶的发源地，却没有在国际上叫得响的茶品牌。由于缺乏品牌效应，七万家中国茶厂在总体实力上竟难敌一家英国立顿，立顿茶业年产值相当于中国茶业年产值的七成。

中国具有悠久的产茶历史，"茶为国饮"，不仅名茶林立，而且茶叶产量高居世界第一。与中国茶现状产生强烈对比的是，英国不产茶，但"英国立顿茶"却无人不知，在当今世界的三大饮料中，茶叶品牌首推英国立顿。

与此同时，茶叶成本高，但价格低廉，产品质量不稳定等因素也影响着中国茶的国际形象。目前，中国出口茶叶在国际市场上每公斤仅值2美元左右，平均茶价比印度低四成，比斯里兰卡低六成多，甚至比肯尼亚的茶叶价格还要低20%。

七万中国茶厂，不抵一家立顿的事例让人深思。"商场如战场"，品牌是招牌。这又一次以翔实的事例和数字告诉我们，品牌是一种公信力，也是一种软实力，在发展经济中千万不可小视。对品牌的认识不足，是一种愚昧和落后，落后不仅要挨打，而且有时还会挨宰。所有这些，都是痛楚和苦涩的，是有警示和教训的。

在核心技术缺乏、自主创新能力不足的条件下，我国不少制造行业都必须在技术上受制于人，我国对外技术依存度超过50%，生产和销售都受到知识产权问题的制约和影响。这些年工业产品新开发的技术有70%属于外援性技术。2006年全国人大组织的《专利法》执法检查中发现，尽管我们在专利申请上已经取得了很大进步，但还有99%的企业连一件专利都没有，大量的企业还是依靠利用外国技术或我国其他企业所开发的技术[23]。

我国在计算机、通信设备乃至彩电、空调、微波炉等主要产品生产领域都没有掌握核心技术。从软件、材料、元器件、集成电路、专用设备到最终产品，关键部分大多数依靠进口。例如，在DVD57项关键技术中，我国企业掌握的只有9项，还都是非核心技术[24]。再比如，神龙富康、东风雪铁龙都是中国制造，但是外国人从来没有把技术教给中国人，更换一个螺丝钉还要交给外国商家，全部技术细节控制在合资企业里面，中国

制造不可能孵化中国技术。这种状况严重影响了我国制造业发展水平和国际地位的提高。

不掌握核心技术，没有形成核心竞争力，我国的制造业就不能摆脱"打小工挣小钱"的现状，贴牌生产完全不足以使我国同国际上的制造业巨头成为平等的竞争对手，拥有同样的话语权。纵观历史，从英国到美国再到日本，世界制造中心的三次转移无不伴随着相应的技术革命，而不带有技术的转移，只能算是一节产品链条的转移[25]。

缺乏自主知识产权，同样使得我国制造企业不得不付出高昂的代价去购买国外技术。例如，尽管科技含量较高的手提电脑和手机的出口仍然是我国出口额最大的两个产业，但由于缺乏核心技术，我国每年也不得不将手机售价的20%、计算机售价的30%支付给国外专利持有者[26]。而且，在缺乏自主创新风气的大环境下，我国的国民经济和高技术产业所需的装备已经形成了一种进口依赖。全社会固定资产投资中，设备投资的2/3依赖于进口，如光纤制造装备的100%，集成电路芯片制造设备的85%，石油化工装备的80%，轿车工业设备、数控机床、纺织机械、胶印设备的70%都被进口产品占领[27]。这无疑降低了我国的盈利能力和竞争能力，使得我国很容易便陷入了"技术落后—技术引进—技术再落后—技术再引进"的恶性循环。

与此同时，我国不得不面临国外企业以侵犯知识产权为由的诉讼。例如，2002年6C联盟（时代华纳、日立、IBM、松下、三菱、东芝）就以侵权为由，对我国DVD生产商提出上诉，导致生产商赔付了230亿元人民币的巨额赔款[28]。现在，中国每生产1台DVD就要缴纳20多美元的专利费（占产品总价的1/4—1/3），大幅增加了DVD的制造成本。再扣除经销商利润、零售税和流通税费，生产商几乎已经无利可图。因此也就发生了我国DVD生产商锐减的状况[29]。

也许缺乏核心技术是我国传统产业的历史遗留问题，但自主创新能力的匮乏却是我国无力改变现状的关键原因所在。我国企业要在竞争中具有竞争力，技术要取得进步，最重要的是要靠自主创新，实现核心技术上的独立。

但在现实中，政府的创新热情往往高于企业，企业创新的核心作用发挥得不是很充分，创新的主动性不是很强。我国以企业为主的技术创新体系建设尚不完善，创新成果转换缓慢，消化吸收能力不强，缺乏对引进技术的系统集成和综合创新。而且技术开发与创新经费投入低，一般用于研发的资金仅占国内生产总值中一个非常小的部分。据国家统计局资料显示：我国2/3的大中型企业没有自己的研发机构，3/4的企业没有科研开发活动，完全依靠照抄或模仿别人的产品。发达国家大企业的研发费用一般不低于销售收入的5%，而我国对研发比较重视的大型企业的研发费用也只占销售收入的1.5%[30]。这些问题的存在大大制约了我国制造企业技术创新能力的提高，降低了我国参与国际竞争的能力。

我们必须意识到，"中国制造"不能永远停留在全球产业链的最底端，忍受利润日渐减少的痛楚，"中国制造"必须寻找到价格优势之外的竞争力，而能改变该现状的关键便在于对核心技术的掌握和自主创新能力的提升。

中国贴牌产品之痛——95%被品牌商拿走

广东东菱凯琴集团有限公司中国区域总经理沈关学曾指出，在欧美服装市场上的中国制造产品，"珠三角"生产的一件T恤衫售价50元，贴上法国巴黎时装名牌后，可以卖到1000元。95%的利润都在品牌商手里！

说到中国制造业缺乏核心技术和自主创新能力，其中最主要的一个现象便是中国的贴牌生产①。

中国贴牌生产概况

近年来，贴牌生产方式在我国已十分普遍，成为中小企业成长的选择。广东格兰仕作为全球最大的微波炉制造商，有六成产品贴的是国外品牌的商标，四川长虹也在为美国通用电器贴牌加工空调……从1978年全国首家来料加工厂在广东东莞建立，到1983—1989年香港制造业大幅度向内地转移，再到如今外商定牌生产企业在全国遍地开花，我国轻工行业已普遍采用贴牌生产方式[31]。

由于没有世界知名品牌，我国出口产品是以低价策略进入国际市场

---

① 贴牌生产（OEM）是指一家厂商根据另一家厂商的要求，为其生产产品并贴上对方的商标（即受委托厂商只负责生产环节）。委托厂商拥有自己的品牌或技术，或拥有自己的市场，而被委托方则具有规模生产和低成本的优势。贴牌生产给被委托方带来的好处是：分摊了固定成本，降低了运营成本；利用过剩的生产能力，安置更多的富余劳动力；绕开贸易壁垒，进入国际市场等。

的,并且以加工贸易为主,接受外商定牌加工业务。据统计,我国出口产品的80%以上是依靠"贴牌"生产的。虽然我国有世界级的产品产量,却没有世界级的品牌,因此只能为他人做嫁衣裳。比如,我国服装业的产品出口量一直稳居世界第一,但却以中低档产品为主,并没有世界名牌,因此只能是世界级的加工场所。加工贸易在我国服装出口中占据了50%以上的份额。再如,我国的彩电出口也居世界第一,但即使是长虹、TCL等这些在国内具有相当威望的品牌,其出口产品也有89%需要贴上国外的牌子[32]。

如今国内企业的贴牌生产现象已经非常普遍,几乎涉及所有的生产行业,其中最突出的是电子、家电、化妆品、五金、照明、玩具、服装、汽车、酒类和食品等。中国很多知名品牌也都纷纷利用自己的品牌做很多OEM产品,来发挥自身品牌的最大效应,借此进一步提升自己的品牌知名度。

贴牌生产在我国能拥有如此庞大的市场也是不无缘由的。首先,中国人力资源丰富,且劳动力廉价,这为大规模生产贴牌产品提供了人力资本的成本优势。而且,中国的生产制造能力很强,一旦形成这种大规模生产能力,适应了OEM市场运作规则,中国这个OEM生产基地对于外国厂商而言是具有非常强的吸引力的[33]。

贴牌生产背后的危机

大规模换回的仅是低利润。中国贴牌生产的大规模发展,为中国赢来了"世界工厂"的美誉。然而,中国贴牌生产企业虽然是著名品牌的"生产车间",反映的却是企业长期缺乏自主创新能力和核心技术的实质。在贴牌生产过程中,巨额利润一般都被拥有核心技术的名牌企业所截取,而贴牌企业只能从这份利润中捞得一份残羹,形成了规模与利润极度反差的窘迫局面。

贴牌生产本身风险四伏。贴牌生产方式本身存在的风险也不容忽视。如贴牌生产企业自身的管理控制难度加大;合作双方的心理问题日益突出;合作双方的产品标准、等级的差异,使消费者对产品产生疑虑等。同时,跨国公司也会不断提出近于苛刻的质量、交货期、可靠性、生态、环境、安全和劳动保障等标准,来打压"中国制造",使得中国贴牌生产企业的利润空间变得更小。

创新意识的不断削弱。中国贴牌生产的现实中更为严峻的事实是，贴牌生产冲淡了我们的创新意识，使我们养成了一种惰性：从产品贴牌走向产业贴牌，从产业贴牌走向经济贴牌，从而导致整个民族创新意识匮乏[35]。

格兰仕的困境："世界生产车间"的劣根[36]

20世纪90年代初，格兰仕选择了以加工为主的"橄榄型"企业战略，与跨国公司的"哑铃型"战略进行对接。因此，在国际分工上，格兰仕一直专注于自己擅长而且有能力进入的中间生产环节，舍弃无力顾及的高端且盈利丰厚的研发、营销环节。

格兰仕通过"以工抵价"的方式，低成本地引进了国外生产线，使微波炉行业的国际巨头轻松地解决了不断降低生产成本同时提高产量的难题，而且不用承担制造部门的营运费用。格兰仕通过与世界名牌、主流渠道建立利益共同体，利用对方的品牌和销售网络，销售自己加工的产品，迅速提升了产品占有率，树立了"微波炉制造大王"的市场形象。目前，格兰仕垄断了国内70%左右的微波炉市场，占领了国际市场40%以上的份额。

但与此相形见绌的是，格兰仕并没有从中获得巨额利润。据统计，在类似微波炉的高度竞争性市场，利润的分配比例一般是制造商占5%—10%，物流商占15%左右，自有品牌产品的销售商占70%—80%。

格兰仕认识到了这一点，于是从1998年开始，在产品研发方面投入巨资，至2005年共投入了约15亿元，占同期销售总额的2.5%和同期利润总额的60%。

研发投入虽然对其利润率的提升起到了一定作用，但因为自主研发启动太迟，受行业发展趋势的制约，无法从根本上扭转颓势。尤其是自2000年以来，格兰仕每年的技术投入保持在全年销售额3%的水平。由于微波炉的利润太薄，以中低端产品每台平均单价500元左右计算，利润只有20—30元。每年研发费用分摊在每台微波炉的成本已经与单台利润额接近，这种盈利能力使格兰仕根本无法长期坚持研发投入，只好通过股份出让的方式引进装备和技术，开始进入空调行业。

> 格兰仕贴牌生产的失误在于：其一，纯粹的价格战略是一条不归路。低成本扩张是"苦行僧"式的运作模式。原以为规模就是利润，格兰仕在国内首先发起的价格战却酿成了丧失垄断利润的苦果。价格优势并不能成为竞争的长久核心优势，而且低价战略不可逆，谁先启动此战略，一旦自身提价，潜在的进入者很容易快速切入市场。其二，通过贴牌生产不能获得一流尖端技术。格兰仕"产能规模国际化"的一个弱点在于，其受让的只能是非尖端技术，否则会遇到输出国政府的干涉。其三，格兰仕进入空调行业采取与此前相似的"格兰仕模式"，但市场已发生变化。竞争对手也有能力将价格压低。尽管格兰仕希望以"卖苦力"的方式引进国外生产线，节省初始固定资产的大笔投资，但对于已进入国内市场而且颇有经营能力的国外空调商而言，并不愿看到出现"价格屠夫"式的对手。其四，格兰仕没有及时提高本身的自主研发能力。格兰仕对于自己的二、三流研发技术过于自信，认为其他企业规模小、资金不足，无法在研发上有所建树，超越不了自己，这使得格兰仕在一定程度上丧失了提高自主研发能力的时机。

贴牌生产的劣势

（1）不同的企业战略决定了严重畸形的不平等利润分配，造成的后果便是两极分化加剧。跨国公司只负责产品研发和销售服务却能获取大部分利润，而贴牌生产企业只能做利润率极低的生产环节。

（2）跨国公司的独资化趋势表明贴牌生产核心技术的不可获得性。企业的核心竞争力是技术，尤其是尖端和核心技术。贴牌企业由于跨国公司严密的技术锁定是不可能获得一流技术的，而所获得的二、三流技术也无法拥有自主使用权。

（3）贴牌所带来的影响会扩大到整个国家的创新氛围。贴牌技术的过度依赖和引进，使国内企业失去了自主创新的动力。以发明专利申请量和企业专利申请量为例，我国国内的专利申请大多为实用新型外观设计。有70%以上的国有大中型企业、95%以上的中小型企业尚无一件专利申请。

（4）粗放式贴牌生产造成的资源过分消耗、环境污染问题同样不容忽视。比如，服装行业的贴牌生产现象非常普遍，水污染尤其严重。而通过资源的过度消耗所换来的利润的大头却仍被国外企业所占有。

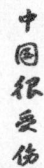

中国贴牌生产的利润构成

一个鼠标，在美国市场销售价是24美元，其中渠道商赚8美元，品牌商赚10美元，而OEM厂商只能赚0.3美元。

利润是衡量一个国家是否已经成为制造强国的重要标志之一。而制造业的利润又主要来自于品牌价值、核心技术、知识产权、设计、高技术零部件、物流等环节。拿硅谷、中国台湾新竹和东莞之间的产业分工来看三者间的利润分配，其利润率便是按25%、15%、5%的比率递减的。这其中的差距就在于对品牌和技术的掌控[37]。

看中国制造业，目前仍处于来料加工、贴牌生产的阶段，生产附加值低，并且耗能成本很高，这导致了中国贴牌生产所能获取的利润率非常低。我国厂商所获得的外汇收入一般仅为加工贸易出口额的20%左右，而外商却获取了加工贸易利润的绝大部分。从这种意义上来说，我国的出口企业很多只是"世界加工厂"的一个车间。以我国个人计算机产业为例，一台计算机所产生的全部利润中，至少有3/4被开发软件、设计芯片、持有品牌和经营整机的各家美国公司收入囊中，只有不到5%的利润为中国的电脑装配企业所获得[38]。

贴牌生产已成为外商攫取经济利润的新途径！

2.3 中国制造的环境成本

中国制造的环境成本估算

近年来，环境问题已成为人们所关注的焦点问题之一。我国长期以来的经济发展是粗放型的经营方式，中国的制造业中有相当一部分是对环境有污染的行业，单纯的劳动力成本低廉完全不能掩盖生态环境成本的昂贵。

中国产业急于追求经济利益，把发展生产力建立在不合理地向自然索取的基础上，取之于自然过多，挥霍过度，对环境的保护意识和环境的保护能力都不强，对自然资源的补偿普遍不足，使得生态平衡被破坏，环境

2 中国制造之"困惑"

日益恶化。而中国企业又往往不会给予环境应有的重视,对于国家相关法律法规经常置若罔闻。与此同时,许多地方政府出于对地方企业产值、利润等政绩的追求,往往也不对企业环境污染的行为进行严格管制,起不到非常有效地对环境保护的监督管理作用。同时,许多发达国家通过产业升级,将环境污染性的企业转移向中国,更是加重了中国的环境成本负担。

我国生态环境的发展成本

由于中国的自然基础和地理特点(65%以上为山地丘废,1/3的国土面积是干旱或荒漠地区,17%构成了世界屋脊,水土流失面积多达400万平方公里),生态环境先天脆弱。

世界发展银行在一份专门报告中指出:"中国单位国内生产总值的能源消耗为印度的1.8倍,约为日本的5.0倍。如果中国利用能源的效率达到目前发达国家的水平,在不增加能量投入的情况下,可以满足国民生产总值再增加一倍的要求。由此,将大大减缓中国生态环境的压力。"

毋庸质疑,我国的经济发展的生态环境及能源成本并没有如同劳动力成本一样的优势,相反,是个劣势,但这一点好像并没有引起太多人的关注。

环境破坏的代价

虽然我国生态环境成本高昂,但我国企业在生产过程中只将劳动力价格计入成本,有意或无意忽略掉生产的环境成本和代价。事实上,环境成本在制造业中占据了极为巨大的一部分。

从我国生态和环境的总体状况来看,沙漠化扩展、草地退化、水资源短缺、水土流失的加剧,说明生态和环境为维持经济增长的负荷,已经达到或超过了极限。多年来,我国的经济发展一直没有摆脱高投入、高消耗、重污染、低产出的模式。

从我国的水资源状况来看,我国水资源面临水体污染、水资源缺乏和洪涝灾害3个严重的问题。长江、黄河等主要水系均受到污染。长江三角洲、珠江三角洲和沿海城市工厂林立,全世界的许多大公司都设立了生产和加工的基地。虽然这里是中国经济最具活力的地区,但这里也恰恰是水污染最严重的地区,水环境的恶化已经严重影响到人民的生活,危及人民的健康,带来了严重的灾难[39]。据测算,仅川、渝、鄂每年直接排入长江的污水就高达3.3亿吨。并且，我国460多个城市，213个以上是缺水的。但同时，每年我国又会频繁遭受洪涝灾害的袭击。

从大气污染来看，我国由于能源选择以及利用效率上的问题，以煤烟型为主的大气污染非常严重。二氧化碳排放量的70%，二氧化硫排放量的90%，氮氧化物排放量的2/3都来自于燃煤。如果不采取措施我国到2020年的二氧化碳排放将要占到全球的17.2%。而由此导致的酸雨覆盖面积也高达我国国土面积的30%[40]。再从固体废物污染来看，我国城市生活垃圾泛滥，垃圾围城现象非常严重，白色污染亟待治理。

如果把这些环境成本计入制造业产品的成本当中，我国的劳动力成本优势的力量就将被大幅度削弱，"中国制造"生产成本低廉一说便会不复存在。

任何一个有社会责任感的企业或经济实体，绝不能以牺牲社会、环境及子孙后代的利益来谋求一时的发展，因而在考虑成本时也绝不应该只以低廉的劳动力为选择因素，而更应该将环境因素纳入重点考虑范围之内[41]。

发达国家高能耗、高污染产业转移

据新华社报导：近年来，一些发达国家为减小本国的环境压力，从能耗、环保、税收等方面对高耗能项目进行限制，加上《京都议定书》生效后，这些国家为完成减排温室效应气体的任务，越来越多地将此类产业向发展中国家转移。而我国由于缺乏严格的产业准入限制，正逐渐成为世界高耗能产业转移的中心之一。

进入21世纪以来，经济全球化的步伐以新的方式加快，商品、劳务、资本和人员都以越来越大的规模、越来越快的速度以及越来越低的成本在空间上进行跨越。经济全球化已经使各国的经济越来越紧密地联系在了一起，各国的生产、贸易、金融、科技、研究与开发等活动都日益融为一体，生产要素开始在全球范围内进行配置。

在这个过程中，占有优势地位的发达国家则拥有更多的话语权，它们真正掌控着经济全球化的主动权，制定着全球经济活动的规则，对经济全球化起着主导作用。而相对的，发展中国家更多地是被动地参与到了经济全球化之中，承受着发达国家产业转移所带来的更重的社会成本。

发达国家在这个经济全球化的过程中，在世界范围内对其产业结构进行战略调整，使其资本、市场、利润和就业都往高科技与新产业转移。而制造业的发展则要消耗能源,更会对环境产生不良影响。因此,许多发达国家在进行制造业产业链转移的过程中,开始将污染严重、耗能量高的企业迁往中国等发展中国家。而通过牺牲环境和能源来换取制造业的发展,对于我国而言,其代价是巨大的[42]。

近年来发达国家的高污染产业转移是世人耳闻目睹的现实。据有关人士统计表明:20世纪60年代以来,日本已将60%以上的高污染产业转移到东南亚国家和拉美国家,美国也将39%以上的高污染、高消耗的产业转移到其他国家[43]。

日本——由重化学工业向知识集约型产业结构调整

日本在第二次世界大战期间受到重大破坏以后,国家通过政策导向,使得重化学工业成为其最初产业结构的重点,获得了迅速发展,并保持在了发达国家的最高水平。但是,20世纪70年代以后世界出现的石油危机给日本经济又带来了很大的冲击。日本也因此深感其经济发展受资源、能源条件限制太大,只有调整产业结构,才能保证经济的平稳增长。于是,日本政府将其产业结构从以劳动密集型的粗放经营结构向知识密集型结构进行调整,而将这些消耗大量资源和能源为前提的产业转移至其他发展中国家。

美国——实现全球范围内资源配置,控制技术制高点

在经济全球化的过程中,美国所采取的典型形式就是以美国的跨国公司为主导的全球范围内的资源配置。它们以信息革命为手段,进行了大改造,大大提高了生产率和国际竞争力。在此基础上,美国从贸易、投资、金融等各个方面大举向全球扩张,利用其雄厚的经济和技术实力,在全球范围内进行产业布局和资源配置,将他国变为自己的生产空间。利用他国的资源和能源,实现自己的利润增长[44]。

近年来,在日本、美国以及欧洲等一些发达国家里,高污染产业的产出比值逐年下降,高污染产业产品的消费比率却有上升,高污染产品的进口比例上升幅度较大。而在同一时期,亚洲和拉丁美洲等发展中国家的高污染产品的生产在不断上升,消费和产出比例基本上平稳下降。由此不难看出,高污染产业正在逐渐从发达国家中退出,并且通过自由贸易向发展中国家转移。中国作为发展中国家,在发达国家高污染产业转移中也未能幸免[45]。

而且，在有些情况下，发达国家的产业转移还会带来周边产业的高能耗和高污染。比如，虽然一些地方在引进国外高耗能产业项目时，本地生产并不会过度消耗能源或者造成严重污染。但从国家全局看，此类产业在其中上游原材料开采和生产过程中却需要耗费大量能源、破坏环境，这就意味着它是在将高能耗和高污染转嫁到别的地区，以此换取本地经济的发展。更为严重的是，这还对一些涉及关键资源和技术的自主产业构成威胁，使国家在部分稀有资源上的控制能力大为下降[46]。

在这个发达国家不断进行产业结构调整的过程中，传统意义上的研发、生产、销售统一于同一空间的格局，被替换为在全球范围内按比较优势原则相互分离的新格局。发达国家开始成为间接的制造国，诸如美国、日本、欧盟等日益变成了掌控核心技术和销售这两个利润高端的"脑力国家"，而中国等发展中国家则成为了提供生产要素、加工制造商品、承受环境污染的"体力国家"[47]。

2.4 中国制造的贸易摩擦成本

绿色标准和生态标准的中国出口损失

绿色标准和生态标准即出口贸易中的相关环境标准，是各国为了保持人与自然的和谐发展，实现可持续发展的长远目标，通过法律法规的形式制定的保护环境、减少和限制生产污染的相关标准与规定。比如，美国禁止进口产品采用不可降解的泡沫塑料包装，以减少白色污染。再比如，各国都规定了汽车尾气排放标准，以减少对空气的污染。

> **"绿色标准"的历史[48]**
>
> "绿色标准"的出现始自20世纪70年代末。那正是臭氧层破坏、温室效应、酸雨、水体污染、森林破坏、水土流失、土地荒漠化、野生动植物大量灭绝等前所未有的生态灾难开始严重地危及地球——人类自身的生存土壤和发展空间之时。人们痛定思痛，以1972年斯德哥尔摩人类环境会议为转折点，对自身行为方式进行了深刻的反思，开始把关注环境、保护地球当作自己最重要的行为之一。

2 中国制造之"困惑"

> 德国、荷兰、挪威、奥地利、法国、日本、美国等发达国家相继作出严格的规定,禁止纺织品使用过量的甲醛、重金属和含偶氮染料,接着又相继对农产品中的农药残余量和微生物含量作出严格限制。
>
> 之后,工业发达国家和许多国际组织,又相继对陶瓷用品含铅量、皮革的PCP残留量,烟草等食品中的有机氯、有机磷含量,机电产品、玩具的安全性指标,汽油含铅量指标,汽车排放标准,包装物可回收性指标,保护臭氧层的受控物质(如氟利昂)等进行了明确规定,颁布了一系列指标和标准。
>
> 1987年联合国发表的《共同的行动》宣言和1992年里约热内卢会议,再次加速了这一进程,直接鼓动发达国家不断制定和实施了一系列进口产品的"绿色"环保法规。如1992年5月欧共体正式实施"生态标签"制度;1993年7月正式推出"欧洲环境标志";1995年4月,由发达国家控制的国际标准化组织,开始实施《国际环境标准督查标准制度》等。

制造业作为工业的主要部分,所带来的环境污染是值得关注的。因此,为了达到进口国所给出的绿色标准和生态标准,出口国企业就应当最有效地利用资源,最低限度地产生废弃物等各种污染。为了达到这个目的,相关企业必须减少其生产过程中产生的污染,这意味着企业得有相关技术的投入,以更勤俭的工艺制造绿色产品,这也就需要付出相应的成本。这一成本构成了产品生产成本的重要一部分[49]。

但是,中国相关制造业企业由于本身的环保意识薄弱,对相关政策的熟悉度不足,加之相关技术的缺乏,并且由于与发达国家处在不同的经济发展阶段,我国对衣、食、住、行的质量和生活用品安全与卫生的要求,和发达国家相比存在着相当大的差异,因此,我国的产品经常出现难以满足进口国绿色标准和生态标准的状况。有的企业走的是以牺牲环境换取利润的增长,甘愿沦为发达国家的"垃圾场";而有的企业虽然对环境有所重视,但终因财力不足,检验技术落后,缺乏对产品标准的科学检验手段,而难以跨越发达国家的绿色贸易壁垒。

当然,"中国制造"频频遭遇绿色壁垒,除了本身存在相关问题,还有一方面原因就是发达国家的"保护主义"的影响。世界各国为了维护本国的利益,通过各种手段,在对外贸易中采取"奖出限入"措施,维护和扩大市场的竞争。为了在竞争中取胜，世贸组织成员，尤其是发达国家成员有意利用世贸组织协议下允许的绿色贸易壁垒，使之成为限制进口、保护国内市场厚实的壁垒。此外，为了竞争的需要，发达国家媒体还有意夸大、渲染竞争对手产品环保方面存在的问题，为实施过分苛刻的绿色贸易壁垒寻求根据。这也在一定程度上加重了中国制造企业在对外贸易中由于绿色标准而遭到的损失[50]。

近年来，因不符合国际环保标准而被一些国家拒之门外的我国商品和服务越来越多，特别是食品、纺织品、服装、家电、玩具等产业，从而我国出口企业失去了相关产业的海外市场，出口受到了严重的影响，造成了巨大的损失。

以占我国出口总额 1/5 的纺织业为例，由奥地利于 1989 年肇始，世界上许多纺织品进口国在十多年前便相继制定了纺织品的环保标准，禁止使用含偶氮染料、限制饰物中的重金属含量等。但是，我国纺织业界对这一趋势的反应却十分迟滞。直到 1998 年，上海某大公司对德国出口的单装内衣，仍因含偶氮染料而被中止出口，几笔订单即减少外销额 500 万美元。2000 年，江苏某集团出口欧洲的针织服装，再次因拉链重金属超标，没有达到合同约定的"生态标准"，被课以 16 万美元的罚款[51]！

再拿我国的农产品产业来看，受阻情况则更多。在国际市场中，由于我国的自然资源丰富，加之农产品又是劳动密集型产品，所以我国农产品的出口一直具有比较优势，在国际市场竞争中有明显的价格空间。然而随着国际贸易中绿色壁垒的逐渐加强，我国农产品出口受其影响也越来越大。从蜂蜜、冻鸡、酱油、火腿、茶叶，进而延伸到整个土、畜产品和水、海产品，都受到了相关"环境标准"的打压。受阻范围也从局部国家、地区迅速扩大。比如，2002 年 1 月到 5 月期间，欧盟曾全面禁止进口中国的动物源性食品和水、海产品。甚至连韩国、新加坡，也先后于 2001、2002 年对中国部分农畜产品实施了限制。到了 2005 年，中国农产品出口虽然高达 271.8 亿美元，同比增长了 17.7%，但与此同时，我国有 90% 的农业及食品出口企业受国外绿色壁垒措施的影响，每年损失约 90 亿美元[52]！

面对日益苛刻的绿色"门槛"，生产加工标准化程度还不太高的中国制造业正承受着前所未有的考验。不断提高自身环保意识，加快相关技术和生产工艺的改进已刻不容缓。

反补贴、反倾销的出口损失①

随着世贸组织的成立，各国关税壁垒和非关税壁垒受到很大的限制。但是全球贸易法令允许反倾销措施的存在。这对于仍以劳动力密集型产品为主导出口产品的中国来说有双重意义：一方面，中国比以往更有可能利用成本，尤其是工资成本的比较优势，将产品打入发达国家的市场；但另一方面，中国产品普遍具有明显的价格优势，这就使得国际上的竞争对手和贸易伙伴对中国产品采取防御性甚至进攻性的贸易措施，而反倾销就是最容易采取的手段，因此一些国家纷纷对中国产品提起反倾销调查[53]。

事实表明，在中国贸易顺差不断增加的同时，中国的确逐渐成为了"反倾销"和"反补贴"者的靶子。中国遭遇反倾销、反补贴调查的数量占全球的比重也越来越大，我国的对外贸易摩擦接连不断。

据商务部统计，在 1979—2004 年间，共有 34 个国家或地区发起了 673 起针对或涉及中国产品的反倾销、反补贴、保障措施及特保措施调查案件，其中反倾销案件 600 起，其他案件 73 起，涉及 4000 多种商品，影响了中国约 191 亿美元的出口贸易。以出口大省浙江为例，据新华网报道，在 2002—2005 年 8 月期间，浙江已遭遇美国、欧盟、土耳其、印度等 18 个国家或地区提起的反倾销、反补贴、保障措施、特别保障措施、纺织品特保和 337 调查等贸易摩擦案件 116 起，涉及金额 28 亿美元[54]。

2007 年，全球共有 19 个国家（地区）对我发起反倾销、反补贴、保障措施等贸易救济调查近 80 起，我国已连续 12 年成为全球遭受反倾销调查最多的国家。除此之外，我国还遭遇美国"337 知识产权调查"17 起，案件数量和涉案金额较 2006 年都有大幅度的增长[55]。

在这些贸易摩擦中，"反倾销"和"反补贴"作为两个重点，给中国对外贸易带来了不少负面影响。

---

① 倾销是指在世界市场上以低于正常价值的价格向某一国进行出口。正常价值一般就是国内销售价格或成本价。低于这个价格，并且对进口国的相关产业造成实质损害或实质损害威胁的被认定为倾销。反倾销就是政府采取的为了保护自己的幼稚产业或者主要支柱产业而对外来倾销产品征收反倾销税等措施，通过这些手段使其进口价格与国际市场拉平，以保护自己国内的产业。

补贴是指出口国（地区）政府或者其任何公共机构提供的并为接受者带来利益的财政资助以及任何形式的收入或者价格支持。反补贴就是一成员方对另一成员方对某一出口产品给予财政或公共性的经济补贴而采取的限制进口的措施，包括临时措施、承诺征收反补贴税。

中国出口产品遭遇"反倾销"数上升

与 2006 年同期（39）相比，2007 年下半年中国产品在其他 WTO 成员国遭遇反倾销调查的总数量仅增加 1 个，但总数仍占所有 WTO 成员国立案调查数量的 40%，是并列第 2 名的韩国和泰国（各 8 件）的 5 倍。同时，在反倾销措施方面，2007 年下半年中国产品被采取反倾销措施（26），比 2006 年同期增加了 4 种，也接近所有 WTO 成员反倾销措施的半壁江山。

在过去十多年期间，在所有 WTO 成员中，中国产品一直是其他 WTO 成员反倾销调查和采取反倾销措的首要目标。尤其值得关注的是，最近几年中国产品被诉倾销和被采取反倾销行动占总行动的百分比出现大幅度上升，2007 年遭遇反倾销调查和被裁定反倾销措施占所有 WTO 成员的百分比分别达到 38% 和 44%，将其他成员远远甩在后面。

而且最近几年来，对我国出口产品采取反倾销行动最多的国家和地区除了欧盟和美国等发达国家外，印度也在其中。此外，阿根廷、土耳其、南非等国家对我国出口产品频繁立案和采取反倾销措的趋势也已经引起了相关出口企业和政府部门的警惕。

"反补贴"同样持续升温

与反倾销相比，WTO 各成员发起反补贴调查和采取反补贴措施的频率要小得多。WTO 成立以来，所有 WTO 成员发起的反补贴调查案件仅 202 起，采取的反补贴措施为 119 种。

但是，与最近几年 WTO 成员反补贴立案和采取反补贴措施"低迷"的总体形势相反，美国和加拿大开始掀起对中国出口产品采取反补贴行动的高潮。相关统计显示，2007 年各 WTO 成员总共发起 11 起反补贴调查，其中 8 起针对中国出口产品（占 73%）。反补贴已成为我国贸易摩擦的新领域和热点。反补贴案件猛增，成为 2007 年的一大特征与转折。

2008 年第一季度，加拿大、美国、澳大利亚相继对我国产品提出反补贴调查或反倾销反补贴合并调查，尤其值得注意的是，澳大利亚是首次对中国产品发起反补贴、反倾销合并调查的国家。反补贴调查仍将是贸易摩擦的焦点，我国形势不容乐观[57]。

以美国为主的一些国家以产品质量、食品安全为借口，以偏概全、夸大事实，对我出口产品采取限制措施，挑起贸易争端，大都直指我国出口企业的产品以近乎接近成本的低价格冲击了外方市场，造成了我国出口贸易的严重受阻和巨大损失。

2.5 中国制造的能源消耗成本

对于制造业而言，能源问题具有重要的作用和影响。一个国家的工业化有不同的阶段，在初期阶段主要是农产品加工和轻纺工业，这个时候对资源的消耗比较少，主要是农产品；到工业化加速发展期，也就是重化工业发展期，对矿产资源、能源消耗急剧增加；后工业化建设由于国家基础设施都具备先进的条件，所以能源和矿产资源的消耗是减少的。现阶段，中国正处于重化工业发展期，是非常需要资源和能源的阶段。

我国能源资源短缺

相比 13 亿人口数，我国的能源资源是严重不足的，尤其是人均能源资源。尽管我国的煤炭资源相对比较丰富，但其储量也还不能够完全满足未来的需要，储量不足使得我国产能建设严重滞后。而石油和天然气更是只有世界人均储量的 6%—8%。据估计，到 2010 年，我国石油不足量将高达 1.2 亿—1.7 亿吨，天然气的缺口将有 300 亿立方米，连煤炭也要缺口 5 亿吨；到 2020 年，我国石油不足量则将达到 2.5 亿—3.3 亿吨，天然气的缺口将达到 700 亿立方米，煤炭缺口也将达到 12 亿吨。按照我国现在能源储量增长的态势计算，煤炭的静态保证年限是 40 年左右，石油仅 14 年，天然气也就只有 65 年[58]。

我国获取所需能源成本高

中国目前的制造业发展急需丰富的水资源和土地资源作为基础条件，需要大量的煤炭、电力、石油和便利的交通作为基本保障。

但是，在国内能源资源短缺的影响下，我国制造业发展所需的许多资源，特别是产品的原材料的获取，都必须依赖进口，如石油、特种钢铁、有色金属等。这大大增加了我国能源消耗的成本。以石油为例，长期以来国际石油市场被西方发达国家所垄断，中国在已经被瓜分的石油市场中艰难寻找立足之地。由于受到西方政治和经济的挤压，寻求合作开发或购买中东石油、俄罗斯石油、东南亚石油、拉美石油的种种努力效果甚微。近年来国际上原材料大幅度涨价就是托中国需求急增所赐。中国在国际市场上采购原材料，一般会引发价格抬高，这无疑加重了我国的资源成本负担[59]。

我国制造业耗能量大

在我国一般的贸易中，资源型产品贸易占了相当比重，许多产品的生产是以牺牲资源和环境为代价的，其特征是高耗能、高污染、低效率、低产出。

事实表明，伴随着我国制造业的飞速发展和经济水平的不断提高，我国能源消耗的总量也的确在不断攀升。高耗能、高耗水、高耗材的行业比重过高，加之能源使用效率低、环境污染严重这些问题给我国制造业发展带来了很大的压力和巨大的成本。

据统计，我国的能源消费总量已经从1978年的5.7亿吨标准煤增加到了2006年的24.6亿吨标准煤，增长了3.3倍。而在能源消费中，我国的生产能源消费增长速度明显高于生活能源消费。虽然说，我国能源消费结构正在不断优化，石油、水电的消费比重逐年上升，但不合理因素仍是能源消费的主调，煤炭还是我国能源消费的主要产品，比重也有所上升。这样的结构造成了我国能源利用效率低、环境污染严重等问题。

同时，从未来能源需求总体来看，在基准情景，即不采取特别政策措施的情况下，根据国务院发展研究中心的预测，2020年，工业部门终端能源消耗量为13.2亿吨标准煤，占全部终端消费的53%。其中，石油、天然气消耗的比重会保持上升趋势。可见，我国制造业的快速发展将带来油气消费的快速增长，这无疑会对我国能耗带来相对较大的压力[60]。

能源需求量如此之大，而我国的能源利用率却相对较低。我国单位能源每千克油当量的使用所产生的国内生产总值仅为0.7美元，而美国为3.4美元、德国为7美元、日本为10.5美元，主要工业产品能耗远高于发达国家，冶金重点企业吨钢可比能耗比发达国家高20%—40%[61]。

我国出口产品载能量估算

有关学者基于2005年中国46种出口贸易产品的相关数据，对我国出口产品的载能量进行了计算。结果显示，2005年这46种出口贸易产品的载能量总计约3.11亿吨标煤，分别占中国工业能耗和全国能耗的19.47%和13.82%。

（1）能源类出口产品：2005年，4种能源类产品煤炭、焦炭、原油、成品油的总载能量约为1.08亿吨标煤，占中国一次能源生产总量的5.22%，占一次能源消费量的4.78%。从单位载能量看，1吨标煤的能源类产品的载能量约为1.08吨标煤，即从全生命周期角度看，出口1吨标煤的能源产品实际上相当于消耗了国内1.08吨标煤的能源。

（2）高能耗出口产品：2005年，24种同类或不同类的高耗能产品的载能量约9040万吨标煤，与能源类产品出口的载能量接近，占全国工业终端能耗的6.04%，占全国一次能源消费的约4.02%。在这高耗能出口产品中，载能量最高的是钢及钢材产品，其次是陶瓷类产品（其中，家用陶瓷产品无论是出口的数量还是出口的载能量都要高于建筑类陶瓷产品），铝和铝材产品、玻璃及玻璃制品、化肥等。一些传统的化工类高耗能产品，如乙烯、烧碱、电石、黄磷等，虽然单位载能量很高，但由于出口量相对较小，总载能量并不高。

（3）大宗出口贸易产品：2005年，18种大宗贸易产品的载能量为1.04亿吨标煤，占2005年全国工业终端能耗的6.95%，占全国一次能耗的4.63%。在这一类产品的出口能耗中，研究发现，一些传统的大宗贸易产品如塑料制品、服装、鞋、纺织品等，其出口载能量较大，而一些电类产品的出口载能量相对较小。另外，一些本身生产中耗能不多，但所含材质能耗量高的产品如蓄电池、集装箱、电动机等，所隐含的载能量较高。

据统计，2005年这46种产品的出口金额为1687亿美元，占当年中国出口总额7619亿美元的约22%，因此，如果考虑其他出口产品，包括一些未被计算的载能量相对较高的机电产品和电子产品，中国出口贸易总的载能量会比所得数据高出许多[62]。

我国能源供不应求的状况直接制约了我国制造业的可持续发展。在可以预见的未来，伴随着我国工业化进程的加快，特别是重化工业的发展，我国能源消费的总量肯定会继续快速增长，能源消耗将大幅上升。可见，资源型产品为主的贸易是影响中国对外贸易可持续发展的严重阻碍，它使得能源消耗成本成为了"中国制造"不可忽视的巨大成本之一，可能将影响到中国对外贸易的深层竞争力以及持续发展能力。

2.6 原因及解决思路

原因

虽然中国制造业的发展非常迅速,在国内外经济的地位都不断突显,成为公认的"世界工厂"。但是中国制造业的发展仍存在很多制度性的弊病,导致了"中国制造"产量大而利润薄的现实状况。

技术创新能力十分薄弱

我国加入 WTO 后,既面临更加开放的国际环境,也面临着严峻的国际竞争压力。随着我国参与国际竞争的深度和广度的不断增加,发达国家对我国的技术封锁也随之不断加剧。我国产业创新能力弱、关键技术依靠国外现象日益突出,国家竞争力受到严重影响。

我国制造业大部分技术及关键设备长期依赖进口,引进与消化、吸收、创新的关系处理得不好,引进的后续工作没有跟上,基本停留在仿制的低层次阶段;绝大部分制造业企业技术开发能力和创新能力薄弱,缺乏技术创新的机制和优秀人才,原创性技术和产品少,自主开发能力薄弱。尤其是与发达国家相比,差距更为突出。

(1) 在技术引进中吸收低。2004 年中国规模以上工业企业技术引进费用支出 397 亿美元,消化吸收费用支出 61 亿美元,消化费用的支出远远小于日本和韩国。这从一个层面上反映出企业创新能力不足,许多企业在技术引进中不但支出很高的费用,而且还受制于人。

(2) 在专利申请与获得的量与质的方面,中国企业还处于弱势。据权威信息,现在中国国内拥有自主知识产权核心技术的企业仅为万分之三,99% 的企业没有申请专利。

(3) 在反映研究能力与创新能力的论文方面。据 1993—2003 年世界各学科领域依照 SCI(科学引文索引)作者论文被引用的次数统计,前 20 位作者中无中国学者,前 100 位作者中有 2 位中国学者,这一数据从一个层面反映了我国论文质量落后。

很明显的事实是,在知识产权的质和量方面,我国都还处于弱势,在

相当的产业或部门我们没有自己的核心技术[63]。

2007年2月29日,中国人民大学发布了"2007年中国创新指数报告"。该报告显示,在国际创新指数的综合指数比较中,中国列第26位。虽然这个排名,中国较印度、俄罗斯、巴西、南非在内的发展较快的发展中国家而言占有领先优势,但与发达国家相比却相距甚远。而且,中国的创新活动存在着一个弊病,就是很多科技创新仅仅停留在论文上、实验室里,没有转化成实际的生产能力,科研机构与生产企业相互脱节。科研机构的研究能力很强,但其所完成的科技创新成果没能让生产企业进行利用;而同时企业的研发机构与部门规模有限,投入的经费也有限,科研能力薄弱,又不能为其产业带来科技进步[64]。

产业结构不合理

中国虽然是制造业大国,2006年中国制造已经占到世界总制造业的8%,位居世界第三。然而,中国制造业仍然存在着产业结构失衡的问题。

(1) 从进出口成分来看。在进口方面,由于我国市场急需的高科技含量、高附加值的技术装备和产品严重短缺,不得不长期依赖于进口。我们进口的产品占外贸出口总额将近一半左右,并且多是高新技术产品。如集成电路95%需要进口,轿车制造装备、数控机床、纺织机械70%依赖进口。而在出口方面,我国出口的却是中低端产品,是以初期产品和一般的机电产品、工业制造品为主,即使少数高新技术产品也是劳动密集型或者是来料加工型的。并且,在国内,低水平、低技术含量的制造产品严重积压,生产能力过剩。总体来说,中国制造业呈现轻型化结构,自我装备、及时改造和调整的能力都不足[65]。

(2) 从贸易方式来看。我国制造业中,加工贸易企业占据了大头,比重偏大。据商务部统计,2006年我国加工贸易进出口总额为8319亿美元,同比增长21%,占同期进出口总额的47%。加工贸易扩大了中国制造的国际市场份额,拓展了中国制造参与国际分工的渠道和方式,并创造了大量就业机会。但是,加工贸易也存在着一些弊端:首先,收益太少,大部分利润被国外品牌商和销售商瓜分;其次,以生产劳动密集型产品为主的加工贸易产业,不利于整体产业结构的调整。特别是,大量的加工贸易使很多企业的生存和发展严重依赖于外需拉动,企业很容易受到国际市场波动的影响[66]。

(3) 从企业主体来看。我国制造企业中，外资企业的比重相当巨大，目前外资企业是中国制造进出口贸易的主力军。2006年，外资企业出口额为5638.2亿美元，占全部出口总额的58.2%。进口额为4726.2亿美元，占59.7%。从贸易额增量来看，外资企业占到绝对优势，出口增量所占比重达到57.8%，进口增量比重超过64%。外商投资在一定程度上缓解了中国资本短缺的困境，有利于我国扩大出口创汇，促进就业。但是，外商对华投资的主要动机是利用我国劳动力成本优势，并试图将中国长期锁定在其全球价值链的加工装配等底端环节。这使我国一方面因为向国际市场提供大量廉价的制成品而不断成为各国贸易制裁的对象，制约了"中国制造"国际形象的提升；另一方面，由于缺乏核心技术，我国制造业产业链条难以实现自我延展与完善，一定程度上加剧了制造业内部结构调整对外资的依赖[67]。

可见，中国制造业正面临着非常严峻的挑战。若是我们要想走出一条新型的工业化道路，那么就必须要以信息化带动工业化，工业化促进信息化，走出一条科技含量高，经济效益好，资源消耗低，环境污染少，人力资源得到充分利用、充分发挥的新型工业化道路[68]。

解决思路

我国要真正成为制造业强国，推动制造业基地向世界制造业中心发展，则必须大力提高产业技术水平和发展层次，加快缩小与发达国家的差距，不断增强综合实力和核心竞争力。

全面增强自主创新能力

从参与国际竞争的需要来看，当代国际竞争归根结底是科技实力和创新能力的竞争。科技创新能力特别是自主创新能力成为国家竞争力的决定性因素。虽然说技术的获得除了创新，还可以采取引进的方式，但无论以什么方式获得技术，创新都是十分重要的。引进的技术需要在消化的基础上进一步创新，而要自己掌握核心技术必须要创新。

目前，从外国大公司层面，它们花了很大代价而获得的核心技术是不会转让给潜在竞争者的；而从外国国家政府层面，为了保证国家综合国力和国家的经济与政治安全，往往通过各种立法或行政措施阻止本国企业将核心技术向外国转移。

在新的国际竞争格局中,发达国家及其跨国公司利用自身的技术和资本优势保持着领先的地位,用技术控制市场和资源,形成了对世界市场特别是高技术市场的高度垄断。在这种环境下,如果中国能够提高自主创新能力,不断提升比较优势,就可能获得发展的机遇和主动权,否则将会不断拉大与先进国家的发展差距,甚至被边缘化。

因此,对于中国政府和企业来说,自主创新、掌握核心技术已是一件必要而重要的事情。没有创新就不能得到核心技术,就没有超越,也就没有竞争中的主动权。要实现技术的创新,政府和企业层面都要作出相应努力。近期以来,中国政府已充分认识到了创新的重要性,胡锦涛主席强调要坚持把提高自主创新能力作为推动结构调整和提高国家竞争力的中心环节,加快建设国家创新体系,在实践中走出一条具有中国特色的科技创新之路。政府有责任建立较完善的国家新体系,解决国家创新体系中存在的结构性和机制性问题。而在企业层面,则要解决创新的微观机制问题,在创新中企业具有重要的作用,企业不但有创新的内在需求和内在动力,而且是创新的主体和核心[69]。

加快产业结构优化升级

当前,随着社会生产协作化程度的提高,企业可以将许多非核心业务或环节通过外包的方式来减少生产成本,企业之间的竞争更多地体现在价值链上的竞争。谁占据了制高点,谁就能掌握未来竞争的主导权。国内企业不能长久地处于国际产业分工的价值链低端,只要认真地分析现有的价值链分工状况,总会找到提升的空间。其原因在于:技术密集型产业有其劳动密集型环节,而劳动密集型产业也有其技术密集型环节。要实现产业层次的提升,必须摒弃过去的将劳动密集型产业等同于低技术的陈旧观念,积极寻求技术引进、技术模仿和自主创新,为企业未来的竞争力提升奠定坚实的基础[70]。

但是,我国的国情决定了我们不得不在较长时期间仍处于产业链的低端。因此,我国制造业应该首先立足于现有分工地位,提升产品品质。产业升级不应该简单地理解为转产。通过提高产品档次、提升产品质量、增加产品的科技含量和附加值、提高劳动力素质、改善工作条件、培养企业社会责任感等途径同样可以实现产业升级。

在实现了以上目标后,我国制造业便可进一步促进制造业集群化,实

现产业升级。由于涉及跨国公司制造商和采购商的核心能力,切入跨国公司全球价值链体系的发展中国家企业通常被锁定在制造环节,很难实现功能升级。从实践来看,制造企业集群化是突破这一锁定的有效途径。通过促进中国制造企业集群化,有选择地引进前后向联接较强的外资,促进外资本土化,可以使中国制造业成为跨国公司全球生产网络中不可缺少的一环,推动中国制造从贴牌生产商到原始设计制造商再到原始品牌制造商的产业升级[71]。

再看当前国际现状,贸易发展的基本态势是国际贸易结构正在提升和走向高级化。从发展趋势来看,传统初级产品比重下降,工业制成品比重持续上升;高新技术产品出口高速增长,非高新技术产品比重下降;以生态环境保护为宗旨的绿色贸易趋势在国际贸易中日益显现与强化,非绿色产品比重下降;现代化服务贸易迅速发展。

面对这种趋势,必须转变我国的贸易增长方式,加快对外贸易从数量增长为主的粗放型增长方式向以质量效益集约型增长转变,以确保我国经济和贸易可持续发展。同时,应着力调整我国出口贸易的产品结构,通过出台具体的政策、措施,包括财税政策在内的多方面措施,引导企业革新技术、清洁生产、绿色贸易,尽快缩小与我国主要贸易伙伴国产品的质量和标准,进一步提升高新技术产品和高附加值含量产品在出口贸易中的比重,这将是目前和未来一个时期我国对外贸易工作的重要任务之一[72]。

加大人才资源开发力度

当制造业逐步趋向知识密集型产业时,我国制造业出现了人力资源缺乏状况。我国劳动力素质普遍偏低,科技创新能力不高。知识密集型的制造业需要众多的技术熟练的人才。由于中国的教育体制一味培养高学历低操作能力的学生,而忽视了职业技能的培养,因此尽管中国劳动力人口众多,但符合要求的人力资源却十分匮乏[73]。

因此,大力开发人力资源,尤其是人才资源已经刻不容缓。

(1) 适时提升劳动者地位。掠夺性地使用劳工、漠视劳动者权益的做法,必定会受到劳动者的抵制,致使企业管理模式简单粗暴、效率低下。要在企业管理中重视劳工利益和劳工权益的保护,不断改善生产条件和劳动环境,提高劳动报酬水平,更多地采用激励而非惩罚性的手段来提高生产效率。一般来说,只有在缺乏技术创新、没有自主品牌的情况下,企业

才不得不单纯地依赖对劳动者的过度使用来实现利润,而主动提高劳工报酬、保护劳动者权益的做法必然能激发劳动者的参与意识,劳动者也才能在相关的产业链升级中提供宝贵的工作支持,企业也才能实现对劳动力资源的可持续利用。

(2) 通过差别性的报酬,吸引和留住技术工人。要实现产业层次的提升和劳动生产率的提高,离不开一支高素质的员工队伍。我国的劳动密集型企业要尽快从过去的单纯依靠劳动力数量增长向提升劳动者素质的方式转变。在这一过程中,只有通过差别性的报酬,才能激励普通员工不断提高操作技能,也才能吸引外部的技术人才加入和留住已有的人才。

(3) 积极推行劳动力培训。不同的企业在生产和发展阶段,对劳动力的需求结构也会有较大的差别。这不能完全靠外部的劳动力市场来提供适合企业需要的各种劳动力。为此,企业要通过有步骤的技能培训来提升员工素质,针对企业生产和业务发展的需要开展有针对性的培训。对于培训成本问题,按照经济学的一般规律:一般的素质培训由劳动者自身承担,专业技能的培训由企业来承担。要通过有步骤、有计划的劳动力培训,将原来单纯的劳动力使用转向劳动力的开发和培养[74]。

推进体制机制创新

体制机制创新是我国最主要的后发优势,是增强自主创新能力、推进产业结构优化升级、实现跨越式发展的根本动力。我国在接下来的发展过程中,必须重点把握和解决好以下三个方面的问题:

(1) 加快完善市场机制。建立健全市场微观基础,加快国有经济布局和结构的战略性调整,规范和搞好大型国有企业的股份制改革,推进中小型国有企业的改制、改组、改造,特别是要大力推进垄断行业和垄断企业改革,减少其对市场机制运行的干扰。同时,加强市场体系和布局建设,进一步规范地方政府行为,消除地方保护主义的影响,促进全国统一大市场健康发展。并且,健全市场法律法规和道德规范,推进社会信用体系建设,加强市场执法和监管力度,形成良好的市场规则和秩序。

(2) 处理好政府与市场的关系。作为一个发展中国家,要加快提高制造业的发展水平和国际竞争力,既要注重发挥市场的调节功能,又要适当加强政府的干预作用。特别是实施技术发展和产业发展的跨越式战略,本质上是一种利用后发优势的战略,不同于发挥比较优势的战略,不能完全

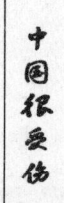

顺应和依靠市场机制的调节，政府必须实施正确的战略导向和有效的支持政策。政府有选择、有重点地实施一些逆比较优势的发展战略和政策，对于推动技术密集型产业、装备制造业在技术和产业两个层面上实现跨越式发展，加快缩小国际差距和增强国际竞争力，具有重大的意义和作用。

（3）推进产业组织调整。积极实施产业组织政策，不是直接干预市场结构和企业的行为，而是要推动形成有利于优化市场结构的环境，通过提供适当的"激励结构"，促使企业行为的转变，激励企业更多地将资源投入技术创新和品牌培育，并与利润最大化目标结合起来。同时，继续推动企业并购、联合和重组，提高企业规模经济水平和产业集中度，鼓励企业做强做大，积极发展一批拥有自主知识产权、主业突出、核心竞争力强的大公司。支持拥有名牌产品、先进技术、竞争力强的大企业和企业集团发展成为具有国际竞争力的跨国公司。并且，充分发挥中小企业的作用，推动中小企业与大企业形成分工协作关系，提高生产专业化水平，促进中小企业技术进步和产业升级[75]。

参考资料：

[1] 陈颖健：《中国制造威胁了谁》，北京理工大学出版社2004年版。

[2] 郭克莎、贺俊等：《走向世界的中国制造业》，经济管理出版社2007年版。

[3] 《中国统计年鉴2007》。

[4] 同 [1]。

[5] 同 [2]。

[6] 同 [1]。

[7] 黄兆银、王峰：《全球竞争中的"中国制造"》，武汉大学出版社2006年版。

[8] 金融界。

[9] 周皓月："浅析中国制造业现状"，《今日南国》，2008年第100期。

[10] 同 [1]。

[11] 同 [9]。

[12] 经济参考报。

[13] 同 [7]。

[14] 同 [2]。

[15] 新浪网。

[16] 颜熙："析中国劳动力成本低廉背后的问题"，《重庆工学院学报》，2003年第4期。

[17] 同 [7]。

[18] 同 [7]。

[19] 陈利祥:《时代汽车》,2008 年第 8 期。

[20] 同 [1]。

[21] 同 [2]。

[22] 中国新闻网。

[23] 蒋正华:"提高自主创新能力,改变经济增长方式",《中国流通经济》,2007 年第 7 期。

[24] 黄锦明:《中国迈向贸易强国的理论与对策研究》,浙江大学出版社 2007 年版。

[25] 同 [8]。

[26] 同 [24]。

[27] 同 [1]。

[28] 同 [2]。

[29] 同 [24]。

[30] 同 [23]。

[31] 吕宏芬、余向平:"贴牌生产:利润背后是危机",《经营与管理》,2007 年第 10 期。

[32] 同 [24]。

[33] 同 [1]。

[34] 同 [24]。

[35] 同 [31]。

[36] 同 [31]。

[37] 同 [1]。

[38] 同 [24]。

[39] 安阳市科技信息网。

[40] 中宏网。

[41] 同 [16]。

[42] 同 [7]。

[43] 赵贺:"发达国家高污染产业转移及我国的对策",《中州学刊》,2001 年第 5 期。

[44] 同 [7]。

[45] 同 [43]。

[46] 新华社,2005,璧山畜牧信息网。

[47] 同 [7]。

[48] 洪崇恩:"在'绿色壁垒'面前",《人与自然》,2003 年第 10 期。

[49] 同 [7]。

[50] 王芳, 2006, 考试大。

[51] 同 [48]。

[52] 田晓菁, 2008, 中国论文下载中心。

[53] 同 [7]。

[54] 赵涛, 刘保民: "出口导向的劳动密集型企业竞争优势探析",《科技进步与对策》, 2008年第2期。

[55] 孙丽云: "贸易壁垒, 一场没有硝烟的战争",《中国经济信息》, 2008年第9期。

[56] 余盛兴: "反倾销立案及措施总体下降, 中国遭遇'两反'数量遥遥领先",《WTO经济导刊》, 2008年第8期。

[57] 同 [55]。

[58] 同 [40]。

[59] 同 [39]。

[60] 同 [2]。

[61] 同 [1]。

[62] 刘强等: "中国出口贸易中的载能量及碳排放量分析",《中国工业经济》, 2008年第8期。

[63] 同 [7]。

[64] 瞭望新闻周刊, 2008, 新华网。

[65] 同 [40]。

[66] 邓炜: "从美泰时间看'中国制造'的困境和出路",《国际经贸探索》, 2008年第3期。

[67] 同 [66]。

[68] 同 [40]。

[69] 同 [7]。

[70] 同 [54]。

[71] 同 [66]。

[72] 白泉旺, 俞海山: "环境成本内在化对我国出口贸易的影响及我国的对策",《国际贸易》, 2008年第4期。

[73] 同 [9]。

[74] 同 [54]。

[75] 同 [2]。

3

国有资产是否被贱卖：谁被"忽悠"？

改革开放以来，国有银行的改革从来就没有停止过，但国有银行体系的脆弱性一直难以改观。从2003年年底以来对国有银行注资、财务重组、引进海外的战略投资者，经过股份制改造及上市后，才让国有银行真正见到改革的曙光。我们可以看到，这不仅是改变目前中国银行业的公司治理结构、机制、内部审计、信贷文化及风险评估技术与观念，更是从根本上改变目前国内银行业基本格局，开始形成有效的金融市场竞争。

然而在这个"走出去"的过程中，对国际资本市场运作方式的学习除了让我们获得上述好处外，我们所付出的代价也值得考量。国有商业银行在股份制改造中是否需要引入外国战略投资者，国有商业银行资产是否被贱卖，是否会影响国家金融安全，国有商业银行能否真正学到外国战略投资者的先进技术与管理经验，已成为当前中国金融界争议最大的热点问题。

3.1 国有大型企业海外上市

近年来，国家实施"走出去"战略，一些具有竞争力的大型国企开始现身国际资本市场舞台，海外上市也逐渐成为中国企业尤其是大型国有企业走向国际市场的首选方式。2003年，中国人寿、中国人保、首创置业等国有企业赴海外上市；2004年，中芯国际、蒙牛在海外上市；2005年神华集团、交通银行、建设银行在香港上市。大中型国有企业盲目海外上市，已经成为危及中国战略利益的核心因素之一。大中型国有企业均是以低市盈率在海外上市，价格比国内资本市场同类企业价格低20%以上。据统计，1993年至2005年大中型国有企业在海外上市过程中，涉及国有资产流失至少600亿美元。海外上市的盲目势必会对国家利益和未来发展战略带来很大冲击。大中型优质企业的大规模境外上市，首先将导致国内资本市场的空心化和边缘化，降低市场稳定性和价值发现功能，市场的融资和相应的资源配置功能大大削弱。而且，优质企业不愿意在本土上市，很可能形成资本市场的恶性循环。

漂洋过海的代价

IPO定价太低导致国有资产流失

低市盈率上市的直接后果就是海外新股认购者或战略投资获得无风险的股票套利，使本属于本国民众的价值转移到海外。IPO定价虽然是市场选择的结果，但海外上市的中国企业规模以及相应机构的决策行为却在很大程度上影响了IPO价格。因此，低市盈率上市导致的间接国有资产流失，其实质与市场买卖没有多大关系，而是与我们大规模盲目海外上市的决策有关[1]。

IPO的全称是 *initial public offer*，即"首次公开发行"，指股份公司首次向社会公众公开招股的发行方式。

此外，当一些企业在海外市场由于信息不对称而发生募股困难时，往往将股权资产低价贱卖，这更容易直接造成国内经济增长成果的流失。理论上，海外上市是一种市场化的操作，完全竞争的前提下定价应该不存在低估。但是真实定价过程比较复杂，最关键的就是外资银行不仅是承销人，还是做市商，其做市的能力有赖于同筹码持有人（机构投资者）长期的利益合作关系。所以投行的这种复杂关系，使得其定价过程不可能是完全市场化竞争。如果承销商不代表发行人的利益，就有可能从动机上、机制上造成发行价格低估。从这个方面来讲，没有本土投资银行参与，中国企业海外上市在理论上、实践上都是有可能被低估的。

证券承销商是受发行人的委托,寻找潜在的投资公众,并通过广泛的公关活动,将潜在的投资人引导成为真正的投资者,从而使发行人募集到所需要的资金的证券经营机构。

做市商(Market maker)是指金融市场上的一些独立的证券交易商,为投资者承担某一只证券的买进和卖出,买卖双方不需等待交易对手出现,只要有做市商出面承担交易,对手方即可达成交易;即由具备一定实力和信誉的证券经营法人作为特许交易商,不断向公众投资者报出某些特定证券的买卖价格,双向报价并在该价位上接受公众投资者的买卖要求,以其自有资金和证券与投资者进行证券交易。

对国外股东的分红导致财富转移

大型优质国企海外上市,会引起国内经济增长成果的流失。2000年之后,海外上市的公司主要以自然资源类公司以及电信、银行等垄断性企业为主。这类公司的利润,近几年主要来自于国内石油资源价格提高、移动通讯的双向收费、利率管制造成的存贷款利差过大等,都不是一种市场化经营的利润。消费者、存贷款人福利通过分红转移到了众多海外投资者的手中。

目前我国在海外上市的企业,大部分是在国内各行业处于"领头羊"地位的超大型国有企业,其经营规模、盈利能力远非一般企业可比,但一部分企业之所以"肥得流油",并非由于其管理水平高和营销能力强,而是得益于政府的政策扶持以及相应而来的市场垄断。这些企业受海外投资者追捧,很大程度上正是源于这一背景。现在它们到海外上市,在募得资金的同时势必要给海外投资者以相应回报,这无异于将其在国内特殊市场背景下所形成的垄断利润向海外投资者拱手相让[2]。

国内资本市场恶化

事实上,海外上市可能导致国内资本市场进一步恶化。大中型优质企业的大规模海外上市,将加剧国内资本市场的空心化和边缘化。没有大中型优质企业作为支柱的资本市场,也就失去了稳定性和价格风向标,将导致市场稳定性大幅失衡,资源配置功能下降。优秀大型企业一阵风似地到海外上市,使国内市场进一步恶化,投资者信心减弱,形成恶性循环。出现这种状况,主要原因是认识上出现了偏差。如果把国内市场办成"次级企业"市场,不仅无法发挥有效配置资金的功能,也无法全面真实地反映我国的发展状况，后果将不堪设想。

此外，海外上市还会对中国经济发展和宏观经济均衡造成不良影响。大量优质大型企业海外上市，直接影响中国宏观经济的内外均衡，原因是这些企业到海外挂牌时筹集大量外汇，结果增加境内的货币供应，压低市场利率，无形中给中国的均衡发展制造麻烦。中国人民大学校长纪宝成认为在社会主义市场经济体系中，国有大中型企业特别是垄断型优质国有企业不能简单地等同于一般的企业。在很大程度上，国有企业的宏观效率定位决定了它必须肩负支持、促进和积极参与本国资本市场完善的重任，不能简单因为国内资本市场的不完善而逃避。大中型国企海外上市都是"轻装上阵"，剥离不良资产，国家进行注资，这些成本实际上都是纳税人也就是老百姓来承担，这些优质企业在中国经济高速发展中获得高利润却为海外投资者分享。"中国缺资本、市场，也缺改革动力"，以这些方面的不足做借口到海外上市说不过去[3]。

海外中国上市公司回流A股市场的背景和动机

随着中国经济的腾飞，国内金融环境发生了本质变化。经过股权分置改革、制度完善和金融创新，中国资本市场逐渐趋于稳定并走向双向扩容的良性阶段。据统计，沪深两市仅2007、2008年两年内，共募集人民币5810亿元，国内资本市场的变化，国内投资者投资需求的膨胀，为海外上市公司回归A股创造了必要条件。继2007年4月和6月中国铝业、中国远洋两只H股分别"驶回"A股市场后，"红筹"纷至沓来。9月，建设银行、中海油服、中国神华等大型行业龙头企业红筹股相继踏上回归之路，11月这份名单又增加了一个重量级的名字：中国石油[4]。那么，海外上市公司的回归有着怎样的背景和动机呢？

国际股票市场走势低迷

世界经济形势和国际股票市场的低迷走势，与中国经济和中国股票市场的快速发展形成了强烈对比。近几年世界经济疲软，使外资对中国公司的热情同步下降，公司再融资受到较大影响，中国企业海外上市计划被迫推迟。而同时期的国内A股市场，经过几年来的规范和发展，市场规模和容量有相当程度的提高。宝钢股份A股发行上市是一个重要的转折点，不仅创下当时A股市场资产、股本规模最大的纪录，而且是对A股市场容纳和承接能力的大考验，管理者就此对 A 股市场承受力的信心大为增强。正是在此基础上，境外上市企业内地上市成为一种可行的选择。

境内上市的高投入产出比．

随着 2006 至 2007 年中国国内证券市场的整体趋势向好，A 股市场的市盈率几乎是世界之最，对企业融资比较有利。2007 年的证券市场中，香港的市盈率在 10 多倍水平，红筹股也只有 29 倍，而内地市盈率高达 55 倍，在内地上市无疑能够获得更多的资金。有学者认为，从红筹股自身角度看，在估值不低的情况下，若要巩固、拓展业务，到 A 股市场集资，较在香港市场配股筹资更为有利，且股权更加合理。虽然发行 A 股会产生"摊薄效应"，但所筹集到的资金有助于提升企业自身的资本充足率，使其业务能力增强，对其发展有很大帮助。因此，回归 A 股市场不失为一个好办法。与此同时，回归 A 股对于提升企业自身地位和增强关注度有很大帮助，具有一定的"广告效应"[5]。

3.2　国有银行引进国外战略投资者

在国有大型企业海外上市"淘金"的同时，国有银行也在积极引进国外战略投资者。战略投资者是指与发行企业建立紧密合作关系，或与其重要业务拓展有密切关系，社会形象好并且规模较大，并愿意大比例、大额度、长期持有发行企业股票大型国际金融企业[6]。他们寻求战略合作关系，通过长期持有进入银行（或企业）的股权，以资本合作为基础，在管理、业务、人员、信息等诸多方面进行深层次的长期合作。战略投资者一般会委派代理人有效参与所入股银行的决策，非常重视银行业务发展战略和在风险管理决策中发挥作用。真正意义上的战略投资者，并不是短期获得红利而是重在参与决策，获得资本增值。而从银行角度引入战略投资者并不仅仅是为了筹资，充实资本，更重要的是建立现代企业制度，规范法人治理，完善经营机制，最终实现双赢。银监会用四条指导标准来区分入股我国商业银行的外资银行是否战略投资者，即"长期持股、优化治理、业务合作、竞争回避"[7]。

3 国有资产是否被贱卖:谁被"忽悠"?

国有银行引进国外战略投资者概况

从1996年1月亚洲发展银行以1900万美元入股中国光大银行开始,截至2008年底,外资金融机构掀起了一股参股国内银行的浪潮。据不完全统计,2001年,战略投资者入股中资银行的有两家,即国际金融公司购得南京商业银行15%的股份、汇丰银行购得上海银行8%的股份。2002年,花旗购入浦发银行5%的股权,后拟以5亿美元增持浦发银行股份至19.9%,双方已达成一项框架协议。2003年,恒生银行、韩亚银行、法国巴黎银行分别入股民生银行、青岛国际银行以及上海巴黎银行;兴业银行成功引进恒生银行、国际金融公司、新加坡政府直接投资公司等三家境外战略投资者,入股比例达24.98%。2004年,战略持股骤增到8家,汇丰银行以"香港上海汇丰银行"名义,入股交通银行19.9%股权;中煤与新淡马锡控股(下称淡马锡)旗下的亚洲金融控股私人有限公司达成股权转让协议,以8.8亿—8.9亿元价格转让手中股份(2004年10月15日宣布收购完成);新桥投资收购深发展17.89%的股权。2005年9月6日,原山东联大集团持有的华夏银行2.89亿股国有法人股(占总股本6.88%)被来自新加坡的磐石基金竞得。

更为引人注目的是四大国有独资银行引进了境外战略投资者,中国建设银行和美洲银行2005年6月17日签署投资与合作的协议;中国银行与苏格兰皇家银行签署协议;工商银行也签署了引进境外投资者的协议。

中国建设银行被贱卖了吗

美国银行以市价3.6折的价格增持建行H股一事,引爆了国有银行是否被"贱卖"的争论。这已是2003年国有银行改制启动以来第二次引发"贱卖论"。下面,我们就从建行贱卖之争谈起,来探讨在整个国有企业引进战略投资者的过程中,国有企业是否被贱卖的问题。

建设银行引进战略投资者

2005年6月17日,建行与其战略合作伙伴美洲银行正式签署战略投资与合作协议。美银入股建行"三阶段"定价被确定如下:

一是在建行IPO前以2004年12月31日建行账面净资产的1.15倍购买25亿美元汇金公司持有的建行股份;

二是在建行 IPO 时以 IPO 价格购买 5 亿美元建行发行的股份;

三是在 2011 年 3 月 1 日前,美国银行有权从汇金购买股份,行权后美国银行最终持有建行不超过 19.9% 的股份。期权的行权价格以 IPO 价格为基础,加上逐年递增的利息率。根据计算,美国银行 30 亿美元的入股加权平均价格相当于建行 2004 年净资产的 1.26 倍。如果将期权的行权价格折现计算进来,入股价格还会更高,约相当于净资产的 1.7 倍。

2005 年 10 月 27 日,建行在路演后第五天宣布调整 1.80—2.25 港元的最初定价范围,将价格区间上调至 1.90—2.40 港元,最终定价为每股 2.35 元港币。2.35 元港币的价格相当于建行 2005 年预估市净率的 1.96 倍、2005 年预估市盈率的 13.9 倍。首次公开发行中,建行共计发行了 26485944000 股 H 股,占总股本的 12%,发行规模约为 80 亿美元。在启动回拨机制后,国际部分发行股份价值 59 亿美元,占全部发行的 73.8%,战略投资者部分价值 15 亿美元(美国银行及淡马锡),占比 18.7%,而面对香港散户公开发行的股本金额为 6 亿美元,占比 7.5%。

2008 年 5 月 28 日,建行宣布美国银行将根据与中央汇金投资有限责任公司于 2005 年 6 月 17 日签订的《股份及期权认购协议》行使认购期权,以每股约港币 2.42 元的行权价格从汇金公司购买 60 亿股建行 H 股,并于 2008 年 6 月 5 日完成相关的股份交割[9]。

建行贱卖之争

为什么美银是按建行账面净资产的 1.15 倍购买 25 亿美元汇金公司持有的建行股份?这是不是贱卖?

焦点一,差价?

建行发言人认为,上市后股价表现越好,其与 IPO(首次公开发行)时的差价就越大,给人的印象似乎就是拿到 IPO 价格的投资者得到的便宜就越大,有人还称之为无风险套利,这就是所谓"贱卖"的证据。"照这种逻辑,国有银行上市后股价最好不要涨,这样就没有差价,国有资产就没有流失;如果股价跌破发行价,国有资产还会有净收益。这种逻辑显然是讲不通的!"按照当初的协议,在 IPO 以后,美国银行按公开发行价加一个逐年累进的利率,拥有从汇金公司购买股份的期权,其最终持有建行的股份可达 19.9%。为保护国家利益,规定行权价最低不能低于净资产的 1.2 倍。折现计算,美国银行入股的加权平均价格相当于建行净资产的

1.7倍以上,这个价格才是当时发达国家银行股价的平均水平[10]。

然而贱卖论者认为,这里的"上市后股价表现越好",与当初的IPO价格的制定有很大关系,定价低了,上涨的空间当然就大,上涨的速度当然就可以快。美国人有可能正是看中了根本不会出现什么"国有银行上市后股价最好不要涨,这样就没有差价,国有资产就没有流失"的预期,才肯下本钱的,如果说什么"市场运作",恐怕轮不到"初出茅庐"的中国国内银行的高管们在美国人面前"班门弄斧",金融业市场化运作规则的历史和现实的制定者们,有什么理由不在一个"新兴市场"的头上大肆套利,有风险时就不顾而去,比如1997年泰国金融业引发的亚洲金融风暴。如果想说此番美国银行的得利是"多赢",那还要看其成本,还要看中国银行业和社会民众的付出。

外资入股中国银行后,银行的盈利情况都大为"改善",这也许是建行发言人底气十足的表象之一。但是,有专家指出,外资银行入股中资银行后,银行的盈利"大增"的主要因素,是在所有的外资收购"市场运作"之前,中国政府对银行的原有呆坏账进行剥离,还对银行进行大量注资,一是将历史包袱切割,银行可以轻装前进,二是给银行注入新血,增强其基础实力。这样一来,银行经营状况的改变,谁都不难明白会有什么变化。而坏账剥离和注资的成本,都由中国政府、实际上是由整个社会民众承担了,这部分成本显然美国银行是没有参与担当的[11]。

之所以出现这样的情况,是由于当中国银行业改制并吸引境外投资者时,国际信用评级公司和投资银行一致唱空中国银行业,称中资银行不良贷款包袱太重、管理效率低下、投资风险过高。在这样的背景下,外资机构均获得了相当优厚的入股价。美国银行初次入股建行的价格仅比建行每股净资产高15%。中资银行成功上市后,外资机构纷纷"变脸"转而唱多中国银行业,推动中资银行股价翻倍攀升,然后择机减持[12]。

焦点二:风险与收益的匹配?

支持者认为,汇金公司与美国银行之间的期权安排是科学合理的,风险与收益对等,是坚持实事求是、大胆创新的产物。期权安排实施后,有力地推动了建行IPO的高位定价,达到了净资产的1.96倍,不仅超过此前上市的中资银行(1.6倍以下),而且赶上了当时世界前10位最先进银行的平均水平。通过期权的安排,美国银行和建行还更紧密地成为利益共同体。2006年8月,美国银行在有买家出价为净资产2—3倍的情况下,以净资产1.35倍的价格将美银亚洲出售给建行，帮助建行快速搭建起港澳零售业务的平台[13]。

但是这个理由似乎不应该和上市时的IPO定价阶段分开，美国人不会贸然进入一个风险很大的市场。正是在"主人"应"客人"的要求"得先把自己的家里清扫干净"，事实上就是中国为风险的降低进行"清扫"之后，美国才能够从容决策。而建行发言人举例说"建行将发行价格两次调高时，受到很大压力，包括一些香港的大财团在第二次调价后都撤回了订单，市场有传言说建行不知天高地厚，有可能发行失败"，焉知又不是国际几大投行与美国人联手上演的好戏，因为国际投资界的舆论风向标，一向掌握在几大投行手上。它们呼风唤雨，先唱衰，后唱好的把戏，玩得得心应手。

焦点三：更多获益？

支持者认为，建行的股价上涨后，所有的股东都会受益，而国有股东因其占股份的绝大比例，因此得到的增值数额也占绝大比例，国有资本与非国有资本实现了共赢。上市5年来，国家在建行的账面净资产从1862亿元增加到3080亿元，按2007年年末股价计算，建行国有股权益比4年前注资时增长了5.25倍。同期建行还向国家缴税和分红合计1535亿元，仅2007年建行上缴国家的营业税与所得税、国有股东的利润分红与权益增加等方面的贡献就超过800亿元。换句话说，建行每赚10元，国家可得到8.5元。这还不包括汇金等国有股东从转让建行股份所获得的资本收益和从建行分得利润等的再投资获利。如果考虑到建行高位定价成功发行后为其他国有大银行上市搭建了良好的市场平台，那么国家的收益就更多了。

贱卖论者承认，国家股份占大头，在股价上涨后，当然应该得到大头，海外战略投资者得到的是小头。但是如果海外投资者入股价格高一些，不存在贱卖的问题，国家得到的会更多；如果引进其他国有企业入股国有银行改制，国家会得到多上加多；如果允许国内包括民营企业入股，那么，今天的溢价赢利全部留在了中国[14]。

焦点四：以股权换技术？

建设银行向美国银行"出售"其股权，使用最多的一个理由就是，建行能够从战略投资者处获得很多的好处，外资入股使中国的企业能够得到高精尖的"核心技术"。美国银行一成为建设银行的"战略投资者"，建设银行就得到了美国银行的许多"核心技术"，建设银行的利润因此而大幅度提高。2005年建设银行与美国银行签订投资协议时就规定，美国银行"在建行若干业务范畴向其提供战略性协助"；其后美国银行在风险管理、公司治理及管理等7个领域向建设银行提供了"战略性协助"，并向建行派驻了约50名人员；据称"双方在战略协助上完成了30多个项目"[15]。

然而，贱卖建设银行股权所获得的美国银行的"战略协助"，绝不可能使中国人民从所谓的"传授核心技术"上得到任何好处。美国银行即使真有什么保证盈利的万能法宝"核心技术"，中国的企业也休想通过出让股权得到它。这种保证盈利的万能法宝，中国的银行别说出让10%、20%的股权，就是出让100%的股权、变成美国银行的全资子公司，也别想学到它。我们只需看看美国可口可乐在世界各国的那些子公司，它们是否拿到了可口可乐饮料的核心配方，就可以得知，对这种作为盈利法宝的核心技术，美国的企业不可能传授给任何别的企业，包括自己在国外的下属企业。

至于那些并不能保证盈利的银行经营技术，包括所谓的"核心技术"，其实都很容易获取，而且获取的代价通常都比出让自己的股权要小得多。世界各大银行为推销自己的业务，都要开办许许多多的讲座和培训班，它们在业务上的那点"核心技术"，聪明人参加几次培训就可以明白，甚至跟它们发生几次业务往来就可以想出来。实在不能通过这样的培训和往来学习其经营技术，我们还可以通过"挖人"来学习，通过高薪聘请有过在这些银行中工作经历的人来学习真正对我们有益的经营技术，而根本不必付出股权上的代价，向这些外国银行出让股权。

更为重要的是，美国的各大银行最近几年的经营表现已经说明，美国的所有银行包括向建设银行入股的那个"美国银行"，都根本不可能有什么保证盈利不亏损的"核心技术"。美国的银行顶多有一些能使本银行在短期内有较高利润的经营技术，但是这些技术不能保证其长期不亏损。证据就是美国次级抵押贷款危机所暴露出来的美国各大银行经营上的严重问题。据美国银行2008年1月发布的数据，其次贷减记已高达52.8亿美元，并拖累2007年盈利急跌95%。诸如花旗银行等其他的一些美国大银行，有的更是在2007年出现了严重的亏损。若不是美国联邦储备委员会怕金融业崩溃而不顾通货膨胀危险强行连续降低利率，美国银行可能会在2007年陷入巨额亏损。美国的这些大银行包括美国银行要真有那种保证盈利的"核心技术"，它为什么不运用这些技术来防止自己的利润急跌甚至亏损？实际的事实再清楚不过地说明，美国的任何银行包括那个"美国银行"在内,都根本没有什么保证盈利不亏损的"核心技术"。想靠低价送股权从这种银行学到高盈利无坏账的"核心技术",就显得更不现实了。

焦点五:必然选择?

一些人说,建设银行向外国人出售股权,是为了"引进战略投资者",最终将中国各大银行变为上市公司,以便增强这些银行领导层赢取利润、实现保值增值资产的动力。但是,即便为了达到这个目标,也根本不需要引进外国的战略投资者,甚至不需要引进任何私营的战略投资者。有学者认为,我们可以建立许多个像过去的新加坡淡马锡公司那样的国有财产经营机构——基金或控股公司,然后由它们来做中国各大银行的"战略投资者",持有银行的所有国有股。如果怕这样的国有资产经营机构"一股独大",还可以让多个国有资产经营机构分别持有一个银行的股份。只要允许全国人民对国有资产经营机构实行有力的监督,我们就能够逼迫国有资产经营机构发挥有效的大股东的作用,以使中国各大银行的领导层具有足够的赢取利润、实现资产保值增值的动力[16]。

有些人为这样向外国人出售中国的银行股权寻找理由,说是把银行股权卖给外国人之后中国的银行利润大大增加,这就证明将银行股权卖给外国人对中国有好处。其实,最近几年中国的银行坏账减少,利润大增,首先是因为中国在这几年中处于一个宏观经济繁荣期,企业利润普遍比较高,连国有企业的利润也都比较高;其次是因为十多年来中国银行业的治理整顿收到了成效,那些损害银行资产以肥私的一代经营者被赶下了领导岗位,经营腐败行为得到了有力的震慑;还因为国家采取了有力的措施向中国的银行注入资金,打消坏账,国家为此也付出了重大的代价。

事实上,引进的不论是内资外资,只要我国金融机构能够增强竞争力就是好买卖。在许多银行哭着喊着引进战略投资者时,国内竞争力一流的招商银行却特立独行,公开表示不需要引进战略投资者。招行董事长秦晓提供了三条理由:第一,招行有A股和H股市场融资,还有可转债、次级债等发行,没有必要和需求来让出折扣,引进投资者;第二,招行从企业法人制转为股份制,而后发行A股和H股,有100多家股东,重大事项须经董事会批准,公司治理结构透明;第三,20%的外资持股上限,意味着外资投资者不具备话事权,不可能产生吸引外资银行品牌、技术的内在激励,天下没有这样的好事。这三条理由彻底推翻了引资为引智、引品牌、引国际先进公司治理结构与经营技术的神话,而这正是吸引外资战略投资者的基础性理由[17]。

国有银行贱卖之争

事实上，在建行引进战略投资者中所存在的问题在其他国有银行中也普遍存在，从而使得银行贱卖的问题成为一个被广泛关注而又争论不休的话题。那么贱卖之争的实质以及在这场持久的争论背后蕴含着的究竟是什么？

银行股权定价背后

市场化的基础是充分竞价原则，而我国金融机构出售过程中主要的制度漏洞就是市场交易对内不开放。只对外资开放，算不上真正的市场化。国有大型商业银行注资上市之初眼光向外，以引进境外战略投资者为能事，目的是为了使中国金融机构在最短的时间内实现国际化，但由此付出的代价是无法形成公开的竞争市场。对外部分开放（因为外资持股比例受到刚性限制）、对内不开放市场的结果就是，引进战略投资者的金融机构丧失定价权，外资一致看空中国金融股价格，必须给予外资汇率折价[18]。

制度性漏洞带来了技术性漏洞。无法形成充分竞争的另一个恶果是定价畸低，以净资本定价，外资几乎不费吹灰之力就能获得数倍收益。仍以建行为例。2008年5月28日，按照建行每股6.65元的市价，美洲银行当天就获利超过250亿人民币。美洲银行可以每股2.42元的低价购买建行限售股，而国内的资金即便出一倍以上的价格也无法买到股份。

世界银行一份《中国经济季报》揭露了冰山一角：新股发行定价严重偏低意味着国家损失。该报告毫不客气地说，原始股投资者是受益者，但大多数原始股都被机构投资者和其他大投资者持有，此外，上市公司管理层也从中获益[19]。撇开金融股上市定价高低不说，在"配售到原始股的"机构投资者之前进入这些银行的境外战略投资者才是最大的受益者，世行报告指出，中国银行股被贱卖，问题并不在IPO环节，而是出在此前引入战略投资者的定价上。虽然外资银行入股大型中资银行已经告一个段落，但外资银行对中国中小型银行的入股和并购则在2008年有了更大发展[20]。还要继续低价卖吗？究竟应该如何合理估值、合理定价？争议四起的经济根源则在于国资独特的经济性质。事实上，这和国资所有人长期缺位、缺乏统一的定价体系有关。急于引进外资的金融机构的谈判话语权大都掌握在地方政府手中，不排除其中为灰色操作与权力寻租提供了空间[21]。

因此，国有银行股权"贱卖贵卖"之争实际上是一个十分表面的问题[22]，根本性的问题是监管机构如何完善对外资入股中资银行的监管制度，银行如何真正在引入外部投资者以后改善公司治理，通过开放促进中国银行体系运行效率的不断提高，促进金融业服务质量的提高，避免再出现原来数万亿的不良资产[23]。

"银行贱卖"之争说明了什么？

国有银行究竟有没有贱卖，不是简单的利益之争，也许争论双方在论述的过程中都有合理的成分，或许我们只有在银行改革真正显出结果的时候再来看这场争论也许更好一些。但是，有一点是今后一段时间不能回避的，这就是国有银行如何引进战略投资者？简单来讲，引进外资背后的金融改革指导思想是：以股权换制度，以股权换技术，以股权换信用文化。贯穿这套思路存不存在"走偏"或者有失公正的问题？有学者指出：获利不应该受到谴责，只要是在公平竞争的基础上。问题是，各类市场主体，不论国资、民资，不论内资、外资，理应一体获利。在这一点上，显然不能说我们的引入投资者是完全公平的。这一不公平，分为两个层面：一是对各类市场主体的进入是否人为设限，二是在引入境外战略投资者时所举的论据是否有误导的成分？但我们要问的是，把问题拿到体制外解决，"偏宠"外资——偏离了公平的程序原则，是否能真正达到国内银行"脱胎换骨"的目的呢？[24]

银行是否被贱卖，一时间不会有一个明确的结论，甚至永远不会有结论。人们注意到：争论双方都认为自己是从金融发展的前景来看待银行改革。可见，这场争论的内涵远远超过是不是要有一个是与否的结论[25]。这场争论，远不是非此即彼那么简单，有谁可以精算一笔账，证明某家银行就没有一点贱卖的成分，或者说一定被"贱卖"？更何况，国有银行改革还有一些"大账"，恐怕是难以用数据进行具体计算和分析的，比方说改革的时间成本、机会成本、路径成本等又该如何计算？重要的是，又如何高屋建瓴地作出既能符合眼前利益、又服从于长远战略的选择和判断呢？银行"贱卖论"之争从一个侧面凸显了国有银行改革攻坚之复杂、之艰难，也从另一个侧面提示人们，金融改革等不得也急不得，对于种种可能出现的失误甚至是风险，应以殚精竭虑之心充分评估，应以如履薄冰之心小心操作。但是，它却不能引导出这样的结论：即困难已大到难以克服，市场化改革的路走错了。一句话，国有银行改革既需要大智慧、大魄力，也需要大胸怀、大视野[26]。

3.3 警惕国外金融机构的"阴谋"

唱空中国银行

2007年4月底，外资机构纷纷指出，A股估值过高，呼吁政府部门利用政策给股市降温。在3000点左右就大肆看空并大举做空进而全面踏空中国股市后，外资唱空言论愈演愈烈。事实上，国内A股市场也并非缺少本土唱空者。对于外资投行的言论，不少专家坦言，中国股市当时确实变成了资金推动型的市场，而资金推动的市场具有不可持续性，股市肯定会有调整的一天。而用传统理论来看，目前A股市场出现泡沫这也是不可否认的事实。因此，QFII唱空有它正确的一面。

QFII是Qualified Foreign Institutional Investors（合格的境外机构投资者）的简称，QFII机制是指外国专业投资机构到境内投资的资格认定制度。

然而，就在QFII大肆唱空股市之时，他们也在不断申请增加投资额度。在中美战略经济对话上，中方表示：中国将扩大QFII规模，将累计投资额度从100亿美元提高到300亿美元。既然在唱空，又为何还要不断申请增加额度呢？

由于受到资本管制等种种限制，境外资金在牛市行情中并没有充分受益，并且如果大量境外资金涌入国内以后，疯狂上涨的指数也给QFII们建仓带来了困难。考虑到本币升值以及中国资本市场未来的巨大成长性，外资投行们一方面希望能够在中国股市的长期上涨过程中分到一杯羹，但是又因为A股估值偏高，所以无从下手。也就是说，在目前阶段，唱空A股来打压其过快上涨也符合QFII们的利益。因此，当中国银行业改制并吸引境外投资者时，国际信用评级公司和投资银行一致唱空中国银行业，称中资银行不良贷款包袱太重、管理效率低下、投资风险过高。在这样的背景下，外资机构均获得了相当优厚的入股价。美国银行初次入股建行的价格仅比建行每股净资产高15%。中资银行成功上市后，外资机构纷纷"变脸"转而唱多中国银行业，推动中资银行股价翻倍攀升，然后择机减持。

事实上，外资投行机构在语言上看空，行为上做多的方式在中国市场早有先例。几年前，摩根斯坦利等国际投行就纷纷撰文表示，中国房价太高。而就在他们集体唱空中国房地产市场的同时，他们却在不断大手笔进军中国的房地产市场。另外一个"唱空做多"的典型案例出现在国内商业银行开始转制上市前后。在国内商业银行开始转制时，外资投行通过严密的逻辑论证与周到的国际比较，大肆唱空中国的银行业。而在这些商业银行剥离了不良资产并得到政府注资后，外资投行才最后以战略投资者的身份进入。在此之后，国际投行的研究机构又对这些商业银行转而全面唱多，进而在银行上市后赚得盆满钵满[27]。

超低价购买中国银行的股份

在股份制改革中，各大国有银行首先招股以形成大股东，在这个过程中"引进战略投资者"，然后再将其股票在股票市场中上市。但就是这样的招股和"引进战略投资者"，却将中国几乎所有的重要银行的大量股权以低得惊人的"价格""卖"给了外国的私营大企业，实际上是将中国人民的上万亿元财产白白送给了外国的资本家。中央民族大学证券研究所主任张宏良教授曾对中国各大银行出售股权给外资企业所造成的中国人民的财产损失作了一个初步的统计，这个统计所列举的数据，最清楚地说明了私有化给中国人民造成了什么样的损失。

资产流失超过 1000000000000 人民币

（1）中国工商银行：2006 年，美国高盛集团、德国安联集团及美国运通公司出资 37.8 亿美元（折合人民币约 295 亿）入股工商银行，收购价格 1.16 元。上市后，按照 2007 年 1 月 4 日盘中价格 6.77 元计算，市值达到 2755 亿元，三家外资公司净赚 2460 亿元人民币，不到一年时间投资收益 9.3 倍，世界罕见。

（2）中国银行：苏格兰皇家银行、新加坡淡马锡控股、瑞银集团和亚洲开发银行投资中国银行共 51.75 亿美元（合人民币约 403 亿），收购价格 1.22 元。上市后，按照 2007 年 5 月 10 日盘中价格 6.26 元计算，市值达到 2822 亿元，四家外资公司净赚 2419 亿元人民币，不到一年时间投资收益 6.6 倍。

（3）兴业银行：2006 年，香港恒生银行、新加坡新政泰达和国际金

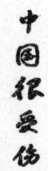

融公司共出资 27 亿，以每股 2.7 元的价格购入兴业银行 10 亿股，上市后，股价达到 37 元多，三家外资公司净赚 370 亿。根据 2007 年 2 月 12 日《参考消息》报道，以后每年都有 300% 以上回报。该银行上市募集资金共 159.95 亿，等于全部送给了三家外资公司。该银行国内发行价格每股 15.98（元），吸引的网上网下申购资金高达 11610 亿。

（4）深圳发展银行：美国新桥投资集团以每股 3.5 元购买深圳发展银行 3.48 亿股，股价已达 35.8 元，投资增殖 10 倍，按照深发展 20 亿多股计算，新桥用 12.18 亿获得了 700 多亿。

（5）华夏银行：德意志银行和萨尔·奥彭海姆银行联合组成的财团将出资 26 亿元人民币，购入华夏银行约 5.872 亿股份，占华夏银行总股数的 14%。每股价格 4.5 元，现在近 14 元，净赚 56 亿多人民币。目前华夏银行已被德国银行控股，500 亿落入对方手中。目前德国人对华夏已形成了联合控股，该银行名义上还是中国（的）银行，实际已成为外资控股银行。

（6）中国交通银行：汇丰银行（汇丰）持股交行 19.9% 的股权，出资 144.61 亿元购买 91.15 亿股，每股为 1.86 元。交行 2006 年 5 月在香港上市，现在市价超过 10 港元，净赚近 800 多亿，2007 年国内 A 股发行上市又赚取 500 多亿，合计将近 1400 亿，10 倍回报。

（7）中国建设银行：上市前，美国银行和淡马锡公司分别斥资 25 亿美元和 14.6 亿美元购买建行 9% 和 5.1% 的股权，每股定价 0.94 元港币。发行价格 2.35 元港币，最高市价 5.35 元港币。按照目前建行共有 2247 亿股计算，2 家净赚 1300 多亿港币。

（8）浦东发展银行：花旗集团出资 6700 万美元收购浦发行 4.62% 的股份，超过 1.8 亿股，每股约 2.96 元，并且协议规定日后花旗集团有权收购 19.9% 的股份，目前浦发行股价超过 38 元，花旗净赚 62 亿元。目前花旗尚未行权，一旦行权将赚取 62 亿的数倍。

（9）民生银行：2004 年，淡马锡控股旗下的亚洲金融公司以 1.1 亿美元（约 8 亿人民币）的价格收购民生银行 2.36 亿股股份，占民生银行总股份的 4.55%，约 3.72 元，到 2008 年该股股价已达 12 元多，加上两年送配，市值已达 50 亿元，净赚约 40 亿。

上述交易低价转让外资净赚约 9200 多亿，加上广发行，损失超过 1 万亿人民币，其中绝大部分是 2006 年一年转让的损失，再加上已经全部完成合资的等待上市的几十家地方银行，未来损失将越来越惊人。

（10）广东发展银行：2006年美国花旗银行以联合收购的名义，自己出资不过60亿，就控制了拥有3558亿元总资产、27家分行、502家网点，与世界83个国家和地区917家银行具有代理行关系，连续多年位列全球银行500强的广东发展银行。并且中国移动、国家电网和中国信托还各搭进去60亿，共180亿。把银行白白送人还要再搭进去180亿，已经完全超越了市场交换的范畴。

（11）渤海银行及地方银行：另外，2005年挂牌成立的我国第一家股份制银行——渤海银行宣布，渣打银行以1.23亿美元购入即将成立的渤海银行19.9%的股份，成为其第二大股东。除了参股渤海银行之外，渣打银行参股光大银行有望在今年年底前完成。目前，外资银行在华进入了加速发展期，中国全部银行无一例外地已被18家外资银行参股或控制。

（12）中国平安保险股份有限公司：平安是中国第一家股份制保险公司，也是第一家引进外资的保险公司，汇丰集团是平安最大外资股东，汇丰是2002年投资6亿美元，50亿人民币投资平安；平安集团2004年6月24日在香港成功上市，发行价11.88港元，目前已上升到40元港币。今年2月又募集A股资金388亿。截至2006年6月30日，集团总资产为人民币3587.18亿元，权益总额为人民币381.04亿元。目前，公司市值近2000亿港币，A股5500亿人民币。

（13）新华人寿：新华人寿即将上市，现在苏黎世保险持有新华人寿22800万股，每股5.25元，持股比例为19%，已成为新华人寿的最大单一股东。但实际上，目前新华人寿的实际控制者是东方集团，由于东方实业和东方集团分别持有新华人寿5%和8.02%的股权，再加上东方集团持有新华人寿其他股东的股权，东方集团直接或间接持有新华人寿的股权肯定超过20%。（据说，苏黎世通过中国公司暗中控股已超过56%，投资34亿，一旦上市，市值至少600亿）[28]。

数字概念

上述廉价卖给外资的银行股，无一不是远远低于市场价格，最低的如兴业银行甚至不到市场价格的十分之一。仅中国工商银行、中国银行、中国建设银行和中国交通银行四家损失就超过7500亿元，仅2006年一年银行股贱卖损失就超过6千亿元，整个银行金融领域能统计到的损失就超过万亿。可能大家感觉这些数字很枯燥，我们对比一下大家就会感觉到这些数字的含义了，根据国务院医改调查小组组长葛延风讲，解决全国的医疗问题每年6800个亿就够了，可是仅仅几家银行就把全国的医疗费用送给了外资。

获得超额收益

经济学和金融学的常识是，决定股票价格的基本因素是股票对应的未来利润分红的资本化，其计算方法是：这种由基本因素决定的股票价格，大体等于该股票的利润分红除以无风险资产的利息率。而就是按照这样的基本因素计算，张宏良所提到的那些向外资"出售"国有股权的行为也已经将大量中国人民的财富白白奉送给了外国资本。

无风险资产的利息率一般是指短期国库券（一般是一年内）的利率。

在张宏良所列出的对那13个中国国有金融机构的"出售"中，总共有11个银行的10%—20%的股权被以约1300亿元人民币的价格"出售"给了外资大企业。如果按外资占股10%的比例算，外资从中国各上市银行每年的3千亿元利润中可分得利润300亿元，与外资购买这些股权的售价1300亿元相比，利润率约为23%，按照5%的正常利息率计算，这300亿元红利所对应的按基本因素计算的股价应为6千亿元；而如果按外资占股20%的比例算，外资从中国各上市银行每年的3千亿元利润中可分得利润600亿元，与外资购买这些股权的售价1300亿元相比，利润率约为46%，按照5%的正常利息率计算，这600亿元红利所对应的按基本因素计算的股价应为1.2万亿元人民币！

因此，向外资出售中国原国有银行股权的售价肯定过低，由此将中国的各大银行的一大部分利润无偿地奉送给了外资，让外资轻松得获得巨额的超额收益，造成了中国人民的财产和收入的实实在在的损失。

3.4 为什么中国人买不到便宜的外国货

海外投资屡战屡败

在国内银行积极引进海外战略投资者的同时，国内金融机构也急不可耐地纷纷到海外进行投资。随着美国金融风暴席卷全球，陷入危机的世界许多公司、投行和商业银行都在寻找买家，我国高达18000亿美元的外汇储备更是吸引众多的卖家，国内不少公司也想乘机实现低成本扩张。可是，近年来我国对外投资的败笔，正在警示对外扩张应当谨慎慢行。

中投公司出师不利

有着国家投资背景的中投公司，第一笔投资就栽在美国的黑石上。2007年5月，正在筹备中的中投公司下了第一单，斥资30亿美元以每股29.605美元收购美国黑石集团1.01亿股无投票权的股份，相当于黑石总股本的约10%，投资锁定期为4年。黑石集团于2007年6月22日在纽约证交所挂牌交易，每股IPO价格为31美元。之后由于美国股市连续下跌，截至2008年10月9日，中投公司投资于黑石的浮亏已达21.10395亿美元，相当于人民币144亿元，超过30亿美元投资额的70%。可谓是损失惨重，因此受到中国社会的广泛批评。目前黑石集团正在美国金融风暴中艰难前行，根据黑石集团2008年第二季度财报显示，受次贷危机和经济不景气影响，黑石第二季度亏损1.565亿美元，而去年同期则盈利7.744亿美元。黑石集团首席运营官托尼·詹姆斯对外界表示，目前是他33年职业生涯以来最困难的时刻，次贷危机引发的信贷紧缩导致融资困难，目前超过50亿美元的杠杆收购就很难进行。黑石今后的日子怎么走，中国人还将密切关注[29]。

黑石集团是一家全球领先的另类资产管理公司及金融咨询服务提供商。其资产管理业务包括企业私募股权基金、房地产投资基金、对冲组合基金、夹层基金、高级债券基金、自营对冲基金和封闭式基金。黑石基金还提供各种金融咨询服务，包括并购咨询、重组和重建咨询以及基金募集服务。黑石集团是全球最大的独立另类资产管理公司之一。

2007年12月，继投资黑石之后，中投公司敲定了第二笔令国际投资界侧目的投资——入股摩根斯坦利。此次，中投斥资50亿美元购入摩根斯坦利8668万股，持股比例达到9.99%。之后，同样受累于美国金融危机，截至2008年10月30日，按照摩根斯坦利13.73美元的价格，中投公司已损失38.099亿美元。至此，中投公司在黑石和摩根斯坦利两笔投资中，损失已达61亿美元（总投资额为80亿美元）[30]。

平安投资富通损失惨

中国平安2004年底和2008年初在二级市场购入约1.13亿股富通集

团股票,2008年6月26日又参加闪电配售增持750万股,共计持有1.21亿股,合计成本为人民币238.38亿元。由于比利时富通集团暴发财务危机导致股价暴挫,手持富通股票的中国平安投资浮亏超过157亿元。中国平安公告称,公司拟在2008年第三季度财务报告中,对富通集团股票投资进行减值准备的会计处理,把在9月30日净资产中体现的约人民币157亿元的市值变动损失,转入利润表中反映。据中国平安2008年半年报显示,上半年该公司净利润为71亿元。提取减值准备将使中国平安上半年取得的净利润化为乌有,三季度中国平安将出现巨额亏损。

截至2008年底,因为富通集团股价由年初的18欧元一路下滑至3季度的4.3欧元,降幅超过76%。公司决定计提减值表明该项投资比我们想象的要悲观,几乎可以肯定,此次计提157亿元的减值准备,将对平安2008年年报造成极大的负面影响。

由于投资者忧心其盈利表现,平安的股票在A股市场也遭受到了抛售潮,中国平安近期股票持续大跌,至10月10日,每股市价已从9月初的40多元跌至27.76元,大大低于发行价每股33.8元,也就是说,所有购买中国平安股票的人,都已成为赔钱者。

QDII投资海外遭重创

2007年9月中旬,中国首个股票型QDII南方基金全球精选火爆发行,当天被抢购一空,此后华夏、嘉实和上投摩根分别发行的QDII均受到内地投资者的追捧。然而,受美国次贷危机冲击和美国经济降温等因素的冲击,一年后的QDII却出现巨额亏损,其中,净值最低的上投摩根亚太优势单位净值已跌至0.52元,全国已发行的9只QDII基金均全线亏损,仅前四只先发行的基金QDII持有人亏损幅度就高达700亿元。而银行系QDII也出现逾95%亏损。基金QDII产品近期也随着全球股市的暴跌而连续大幅下挫,10月8日新净值更是在前期大跌的基础上再遭重创。华夏全球当日净值为0.531元,跌幅达6.68%;上投亚太优势净值为0.411元,跌幅达7.22%;嘉实海外净值为0.428元,下挫7.56%。此外工银瑞信净值也由10月6日的0.636元骤降至10月9日的0.586元。0.411元已经与最低的A股基金份额净值接近。全球的金融海啸让基金QDII的日子越来越不好过。根据最新的国内基金QDII净值显示,上投亚太优势、嘉实海外基金已经跌破5毛,南方全球也已跌破6毛,其余后"出海"的

QDII 基金面值也全都徘徊在 1 元以下。

启示

有不少人把这归罪于美国金融危机的影响，可据资料显示，这些投资风险在美国次贷危机暴发前就已经显现，只是在金融危机出现后，问题更加严重。值得让我们注意的是，在三大败笔投资中，都表现出浓厚的急功近利性和市场投机性，因为这些投资都是以高风险的证券市场为对象，不是以实业为目的。

目前我国投资大方向是西方特别是美国的金融机构和企业。美国次级贷款危机确实使美国和西方一些金融企业受到重大打击，它们需要大量的资金来补充自己的实力，如果不从国家利益的角度，认真审慎地评估潜在的风险，盲目地投机，只会给国家带来更大的损失。

海外并购遭遇尴尬

为了适应经济全球化的国际形势，在更大范围、更广领域和更高层次上参与国际竞争和合作，壮大民族企业，我国必须积极实施"走出去"战略，积极参与国际市场竞争与合作，充分利用国内国际两个市场、两种资源，才能弥补国内资源和市场的不足，进一步拓宽经济发展空间，适应经济全球化的趋势。中国企业通过实施"走出去"战略，进行海外并购，可以获取海外销售渠道，学习发达国家企业研究开发能力，可以获取重要原料和能源来源等等，这对于中国企业在某些行业、产业、领域做大做强，对于提高中国企业的国际竞争力都有着重要的战略意义。

十年前，"并购"在中国仍是一个陌生的概念。而如今，在吸引国外企业来华投资的同时，大量中国企业正通过海外并购谋求扩张机会。汤姆森金融公司公布的数据显示，中国 2008 年第一季度并购交易金额达到了破纪录的 431 亿美元，创下了历史新高。其中，一季度跨境并购交易总额更是达到 285 亿美元，相当于 2007 年同期 67 亿美元的 4 倍多。过去数十年来，许多中国公司积累了大量的现金盈余，这些龙头企业开始寻求策略性投资机会，以获取更高的回报。

海外并购已成为中国企业拓展海外业务、增强国际竞争力、扩大国际影响的重要手段。但海外并购并不是一件简单而容易的事，既要积极大胆、把握机遇，也要谨慎稳妥、抓好时机，切忌盲目出手，带来严重

损失[31]。

  并购是兼并和收购的简称，是企业实现扩张与发展的一个重要手段。通常意义上的兼并是指一个公司吸收合并目标公司，前者保留，后者解散，丧失法人地位。收购指一个公司通过出资、出股，购买目标公司的部分、全部资产或股份，实现对目标公司的部分或全部控制。并购有多种分类。按企业间的市场关系可分为水平并购、垂直并购、混合并购。按出资方式可分为现金并购、股票并购、杠杆并购。按并购的手段和态度可分为善意收购和恶意收购。按被并购资产的性质可分为资产并购和股权并购。并购有利于实现规模经济，发挥协同效应；扩大市场势力；开展多样化经营，降低风险；在资本市场上获利；享受税收优惠等。

  随着中国经济的快速发展和日益全球化，有实力的中国企业已经进入跨国并购的实质性操作阶段。目前限制中国企业跨国并购迅速规模化的主要障碍在于并购环境和制度建设。良好的并购环境包括两大基本要素，即强化企业经营责任制度、科学评定经营业绩，以及实现企业投资主体多元化和改善法人治理结构。而在并购制度上，涵盖了会计准则和并购立法两方面。运用国际通行的会计准则，有助于减少中国企业在跨国并购时减少收入、权益和夸大营业额的风险，并为企业提供准确的信息，保障并购成功。在法律建设方面，加入 WTO 三年来，中国已经出台了多部涉及对外投资的新法律，无论在立法上还是监管上，都有了明显改善[32]。

  但中国企业同样面临着更为严峻的挑战，海外并购案例的成功率仅为两到三成，大部分企业陷入进退两难的泥潭。

中海油竞购优尼科始末

  优尼科是美国第九大石油公司，有 100 多年的历史。其在墨西哥湾、东南亚等地区都有石油和天然气开采资产和项目。近两年其市值低于同类公司 20% 左右。市值低的一个重要原因是其主产品天然气市场开拓不够，大量的已探明储量无力开发。

  2005 年年初，优尼科挂牌出售。雪佛龙、意大利埃尼公司等均表示了收购的兴趣。3 月，中国海洋石油有限公司（简称"中海油"）递交初步收购方案，每股报价在 59 美元—62 美元。优尼科当时的市值还不到百亿美元，但很快，国际原油价格飙升，优尼科股价迅速上涨，中海油内部对这一收购看法出现分歧。4 月，美国第二大石油公司雪佛龙宣布以 160 亿美元加股票的形式收购优尼科。6 月 10 日，美国联邦贸易委员会批准了雪佛龙的收购计划。6月22日，中海油正式向优尼科正式提出收购要约，要约价为185亿美元，每股67美元。7月19日，雪佛龙提高报价。优尼科董事会决定接受雪佛龙的报价。中海油认为185亿美元的全现金报价比雪佛龙高出近10亿美元，仍然具有竞争力，为了维护股东利益，无意提高原报价。8月2日，中海油宣布正式放弃对优尼科的收购。8月10日，优尼科和雪佛龙合并协议获批准。

中海油竞购优尼科是当时我国企业最大的一次海外收购努力。在整个竞购过程中，中海油的表现可圈可点，处处彰显公司对投资者利益的尊重，对国际规则的把握，以及在中国企业中少有的透明和开放性。即使受挫，中海油仍是最受外国投资者看重的中国企业之一。8月2日中海油宣布正式退出交易的当天，其在纽约交易所的股价上升了6%，达到上市以来的最高点73.49美元。

但同时，这场竞购风波暴露出的诸多问题也值得深思。国际企业的海外并购应该是自主发展的，更主要的是体现了资本扩张的特征。但是，美国人一谈到中海油收购优尼科，就认为背后体现的是中国政府的意志。以致美众议院举行听证会，对中海油收购案是否危及美国国家安全进行辩论，参众两院更不断为中海油并购设置新的障碍。这提醒我们，我国企业海外并购应更加市场化，更有经济色彩而不是政治色彩。

中海油收购优尼科的策略也有不足。从一开始，中海油收购的目的和性质就不明确，是要把油田拿过来，还是要取得核心技术？是企业正常的并购行为，还是国家的意志？目的和性质不明使得美方一直对中海油充满敌意。再有，应充分考虑可能面临的各种风险，采取更为灵活的收购策略，例如与其他跨国公司合作收购。

中海油的国有股权比例过多，在交易中也引发很多指责。专家建议，国家可以在保持控制能力的前提下，适当减持在三大国有石油公司中的股权，以便更加多元化和更好地尊重投资者的意愿。

此外，中海油这次收购未能成功，也把石油等战略产业问题的复杂性空前清晰地暴露在公众面前。专家建议，我国也应设立类似于美国外国投资委员会（CFIUS）的相应审查机构，由国家发改委、商务部及财政部等机构牵头，对外国企业在华的并购行为进行系统性审查，尤其是在战略性行业[33]。

3 国有资产是否被贱卖：谁被"忽悠"？

TCL并购失败案例——资本运作与产业扩张脱节

2004年1月，TCL并购法国汤姆逊彩电业务，4月，又并购了阿尔卡特移动电话业务。当时多数媒体认为，TCL自此形成了全球规模最大的彩电业务以及全球领先规模的移动电话业务。在此之前，在国内企业国际化道路上，曾有过不少相同或相类似这方面合资或者并购的先例，但李东生带领下的TCL集团无论在规模上还是在意义上，都远远超越了此前的先行者。

通过两次兼并重组，TCL初步完成了产业链在全球主要市场的布局，新成立的两家便是TTE（TCL—汤姆逊电子公司）和T&A（TCL阿尔卡特移动电话有限公司）。2005年5月17日，香港上市的TCL通讯发布公告，正式宣布TCL将以换股的形式，收购阿尔卡特持有的合资公司TCL阿尔卡特（以下简称T&A）45%的股份。

2004年1月30日TCL实现集团整体上市，2004年3月底开始的分立上市方案为TCL与外资合资，实现"外向型扩张"埋下伏笔。这两次上市让外界对TCL集团产生各种各样甚至是负面的看法。TCL与法国两家公司合资合作的基本条件是TCL手机与彩电必须分开。在这一点上，TCL领导层认为只有通过与跨国公司的合资，实现彩电与手机业务的快速扩张。与外资合作，其优点在于可以获得外企的核心技术、国外销售网络；而对外资而言，TCL成熟的管理、低廉的劳动成本以及中国庞大的市场，足以使资源互补。吞下这两只巨象之后，TCL确实需要时间来消化。

2004年，已经并购了汤姆逊和阿尔卡特的TCL开始出现亏损，2004年集团利润比上年下滑了57%。而2005年第一季度的财务报表上，亏损更加严重。此后的三年里，TCL在欧洲市场全面陷入被动，资金、人才、技术、管理、品牌、渠道等一系列问题全部摆在TCL面前，TCL在欧洲"水土不服"，也在不停攀升的亏损赤字上体现出来。

根据TCL多媒体年报，2004年底，欧洲业务亏损只有几百万元人民币；2005年底，欧洲业务亏损5.5亿元人民币；2006年上半年，TCL欧洲业务亏损上升至7亿元人民币；而到2006年9月底，TCL在欧洲的投资累计亏损已达2.03亿欧元（合20.34亿元人民币）。出乎意料的是，在

TCL 集团 2006 年报中,这一累计亏损数字又猛增了近 70%。据称,截至 2006 年年底,TTE 欧洲公司的"未弥补亏损"已经突破 33.45 亿人民币,TCL 多媒体在重组及收缩欧洲业务方面的整体成本费用远超预期。

TCL 在此次国际化并购中,消耗的不仅是资金,还有管理团队的整体能力问题。迄至 2006 年年底,TCL 的欧洲业务出现亏损总计接近 40 亿元。TCL 自此被迫进行欧洲业务的收缩和重组[34]。

中移动与 Millicom 分道扬镳

Millicom 是一家总部位于卢森堡、具有 20 多年运营经验的国际移动运营商,其全称为 Millicom International Cellular S. A.,分别在纽约的纳斯达克(股票名称为 MICC)和斯德哥尔摩(股票名称为 MIC)上市。目标瞄准拉丁美洲、非洲、东南亚等新兴市场,旗下拥有近 1000 万名用户,在全球 16 个国家开展了业务。

2006 年 1 月 19 日,Millicom 挂牌出售。4 月末,Millicom 接受了各家公司的投标意向。来自迪拜的 Investcom LLC 以 50 多亿美元的高价一马当先。5 月,Investcom LLC 被南非的 MTN Group Ltd. 以 55.3 亿美元收购,转为专攻非洲及中东市场,退出了 Millicom 的争夺战,原先出价排行第二的中国移动便成了焦点。6 月,中国移动开始对 Millicom 进行尽职调查,由于 Millicom 的业务涉及到中美洲的 5 个未建交国家,这对尽职调查造成了一定影响。6 月末,中国移动 CEO 王建宙首次正式确认,对收购 Millicom 正在进行尽职调查。并表示,如果 Millicom 能够盈利并且能够增加上市公司的 EPS(每股收益),则将会被考虑注入上市公司。7 月 3 日,Millicom 宣布,由于多种因素,已终止与中国移动的并购谈判。Millicom 表示,现在不是去寻找合适下家的适当时刻,并且还没有很亲密的合作伙伴,而且现在公司运营能力足够强大,所以董事会决定保持公司独立运营的地位。

据悉,中国移动经过了对 Millicom 的国际业务的全面考察后发现,彻底整合这些业务的难度是很大的。因此,中国移动认为,53 亿美元的报价太高,首先决定放弃该收购计划。中国移动董事会于 7 月 2 日决定,撤回对 Millicom 的 53 亿美元报价。放弃 Millicom 之后,中国移动将继续寻求其他海外并购目标[35]。

中铝两次收购力拓股份

力拓（Rio Tinto）公司成立于1873年，是全球第二大矿业集团，总部位于伦敦。该公司是全球第三大铁矿石生产商，同时还涉及铜、铝、能源、钻石、黄金、工业矿物等业务。2007年，力拓通过收购加铝集团，一举成为全球领先的铝业生产商。

2007年11月8日，总部位于澳大利亚墨尔本的全球第二大铁矿石企业必和必拓（BHP Billiton）称，向其竞争对手力拓公司发出收购意向。鉴于两家企业的规模都很大，一旦合并，将成为全球最大的焦煤、热煤、铜生产商。"两拓"与另一个巨头淡水河谷并称全球三大矿山公司，铁矿石贸易量占全球铁矿石贸易量的四分之三以上，而中国是全球最大的铁矿石进口国，这种合并对于原本在资源定价上就没有发言权的中国企业来说，可谓雪上加霜。如果该收购要约通过，那么全球的铁矿石价格定价权、海运权以及随之而来的保险等附加权利将完全被新必和必拓垄断，本已艰难的中外铁矿石谈判或许将流于一种形式。在这样的状况下，中国的企业必须有所行动，而参与竞购似乎是最直接有效的方式[36]。

中国铝业公司是中国规模最大的氧化铝及原铝运营商，世界第二大氧化铝生产企业。其在2008年2月1日宣布，已通过新加坡全资子公司，联合美国铝业获得了矿业巨头力拓12%的现有股份。这是中铝公司历史上及中国企业历史上规模最大的一次海外投资，也是全球交易金额最大的股票交易项目，交易总对价约140.5亿美元，其中美铝出资十二亿美元。中国铝业公司由此间接拥有了力拓集团9%的股份。成为力拓集团的单一最大股东。

然而，随着全球经济进入"寒冬"，国际铝价大跌，这部分力拓股份从股价上看缩水严重。截至2008年10月19日，中铝所持力拓股份市值已缩水约73亿美元，跌至68亿美元。另外，随着矿产品价格下跌，力拓未来业绩必会有大幅下降；而作为一般财务投资者，中铝必须承担巨额还款压力和相应财务费用。

2009年2月12日，深陷财务危机的力拓与中铝签署的投资协议，中铝宣布将通过认购可转债以及在铁矿石、铜和铝资产层面与力拓成

3 国有资产是否被贱卖：谁被"忽悠"？

> 立合资公司，向力拓注资195亿美元。如果交易完成，中铝可能持有的力拓股份最多上升到18%，并将向力拓董事会派出两名董事。通过引入中铝注资，力拓可以偿还2010年10月前的总计189亿美元的贷款。
>
> 但是随着资本市场的恢复，力拓股价逐步上升。在中铝投资力拓的方案宣布后的不到四个月里，力拓澳大利亚公司的股价已经从2月初的低谷时期上涨了近70%，力拓英国公司的股价也上涨了近1倍。5月5日，当力拓在澳大利亚和英国上市公司的股价均超过了45美元的中铝第一批可转债行权价时，越来越多的股东对此交易表示出了不满，市场对中铝调整方案的预期也逐步升温。
>
> 6月5日中铝力拓确认撤销高达195亿美元战略合作协议。这也意味着中国企业迄今为止最大一单海外收购案就此宣告失败。力拓改向股东配股融资150亿美元，中铝仅得"分手费"1.95亿美元。在同时发布的一系列声明中，力拓宣布与必和必拓签订了非约束性的协议，以双方在西澳大利亚的铁矿石资产成立合资公司。为保证双方持股比例各为50%，必和必拓还将额外出资58亿美元。这一合作将导致铁矿石市场更大的垄断，引发下游的中国钢铁行业的担忧和不满[37]。
>
> 在这笔失败的交易中，中铝的里里外外损失都是巨大的，是最大的受害者。抛开中铝投资力拓战略意义不谈，中铝注资后摊薄入股成本尚不计，仅仅从注资力拓耗费的金钱上计算，中铝对力拓如此巨大金额的注资，要支付庞大的投行费用、财务顾问费和律师费等。中铝与四大银行签署了贷款协议，由于中铝的违约未接受210亿美元贷款，中铝还得向四大银行支付巨额的赔偿金。中铝的直接经济损失亦是个巨大的数字[38]。

中国企业海外并购为何如此艰难

以上企业的海外并购受挫，折射出来的是中国企业在国际化过程中遇到的普遍问题。

首先是政治因素的影响。企业的海外并购不可避免地会遇到相关国家的政策监管、国家安全等敏感问题，很多时候，决定企业海外并购成功的关键并非是经济上的原因，而是政治因素。此类例子很多，如前面提到的中海油并购优尼科一案。虽然中国海洋石油总公司报出了每股67美元的高价，高于竞争对手美国第二大石油公司雪佛龙公司的报价，也获得了优尼科高层的认可，但最终在美国国会的强势阻扰下无功而返。尽管中国企业在海外并购行为并不多，但却频繁受到这种所谓政治因素带来的负面影响。在屡遭不公正待遇后，中国企业在海外并购的时候，不得不更加慎重地考虑到政治因素。在相当长的一段时间内，政治因素将会从很大程度上制约到中国企业的海外扩张。

其次是缺乏海外并购的经验。随着世界经济越来越表现出全球化和一体化趋势，中国企业走向世界也是不可避免的历史发展趋势。特别是在加入WTO后，中国企业面临的已经是全球范围内的竞争。但一个客观事实是，与西方国家相比，我国的市场经济起步较晚，国内企业的国际化准备不足，这导致了国内企业在海外并购的时候走入了一些误区。

通常，一家成熟的具有丰富国际化运营经验的企业，在采用并购的方式向海外扩张的时候，会选择一条循序渐进的道路。以欧美的许多跨国企业为例，在向国外投资的时候，一般是先收购当地企业少量股份，或者是与其共同建立自己仅占少量股份的合资公司。经过一段时间的运营后，如果确认这家企业的投资潜力比较大，再想办法收购更多股份以实现控股。这种策略由于先期投入不多，大大降低了投资风险，也减少了政府干预的可能性。因为对于一些涉及国家安全及国计民生等关键行业，政府往往会拒绝国外企业的完全并购。

中国企业作为国际并购市场上的新手，心气虽高但经验不足，缺乏对国际市场并购规则的充分了解，热衷于通过一次性收购就获得国外企业的控制权，自然常遭拒绝。在展开收购活动前，也没有将困难考虑得更加全面和充分，准备得也不够，像中海油在收购优尼科的时候，曾被要求回答中海油公司的透明度、中国企业决策机制、收购融资的成本等问题时，中石油相关人士由于未有这方面的准备，只能避而不答。

尽管目前国内企业在海外并购上存在着诸多困难，但中国企业参与国际竞争是大势所趋，海外并购也必不可少。我们相信，随着国内众多企业不断的尝试和努力，我国在海外并购方面必将取得长足的进步[39]。

3.5 警惕中国金融业控制权落入他人之手

中国银行业协会专职副会长杨再平表示，截至2007年年底，工行、建行等5家中资银行控股、参股了9家外资金融机构，同时中资银行机构在29个国家和地区设立60家分支机构，海外机构总资产达2674亿美元，而在华外资银行资产总额为1715亿美元，中资银行在海外分支机构总资产远大于外资银行在华总资产。根据最近国际货币基金组织对105个国家的统计，2005年年末，外资银行占国内银行资产比例超过30%，比1995年提高了8个百分点。中国改革开放以后，在华的外资银行资产已经占到2.44%，这个比例，按照国际比较来说，还是相当低的，没有对我国金融安全构成威胁[40]。

有学者却提出，中国银行在海外资产和外国银行在华资产的质量一样吗？假如中国银行在海外资产都是高价购买不断缩水，严重套牢，而海外金融机构在中国资产都是低价购买高价卖出，谁优谁劣，不言而喻。现在我们在甄别、对比上，往往喜欢用总量数据来说明问题，而不喜欢用相对数以及本质上的一些东西来对比分析。中资银行海外资产与外资银行在华资产从绝对总量上来看，也许中资银行大于外资银行。但是，中资银行海外资产中都分布在哪些地区和哪些具体金融企业呢？控制力如何呢？有没有话语权？这些问题怎么就没人回答。

再看看外国银行在中国的情况。美国的花旗集团、高盛集团，英国的汇丰银行等一大批发达国家金融机构来到中国，入股中国工商银行、中国建设银行、中国银行这四大国有银行中的三家。中资银行在海外哪个国家做到这一点了？标榜最为开放、市场经济体制最为完善的美国，新近出台了可能威胁金融安全的入股、并购审查规定，包括花旗银行在内都是拒绝海外入股、参股的。金融是现代经济的核心，而四大国有银行是我国经济核心的核心，但却大门敞开，怎能让人不担心金融安全？

金融企业引入外资，容易造成中国经济控制权的丧失，危及国家金融安全。国外资本入股中国金融企业，除了追逐利润这一资本的本质特性外，其更长远的目标是要控制中国的金融企业和金融产业，最终达到控制中国经济的目的，从而瓜分中国的经济资源及其所创造的财富。有关方面

3 国有资产是否被贱卖：谁被"忽悠"？

将金融战略投资者、境外上市当作改善金融企业治理结构、提高金融企业经营管理水平的法宝。但是，其代价和后果值得仔细研究[41]。

是与狼共舞还是引狼入室？

外资入股中国金融企业，除了追逐利润这一资本的本质特性外，其更长远的目标是要控制中国的金融企业和金融产业，最终达到影响中国经济的目的，从而瓜分中国的经济资源及其所创造的财富。

当今世界，"金融是现代经济的核心"。谁有发达的金融市场，谁有强大的金融产业，谁就成为世界金融中心，也就成为世界经济舞台上的主角。而在金融如此重要的今天，我们还在大量廉价地出让金融企业，有些部门还规定商业银行改革必须引入境外战略投资者，成立基金管理公司必须与境外战略投资者合资，等等。这样突击式地在金融领域招商引资，我国金融企业的股份将有一半以上被外资廉价获得，从而使我国的金融业掌控在外资之手，也就是说我国的经济命脉掌握在外资的掌心。这难道是发达国家的金融现代化之路吗[42]？

正因为金融的重要性，外国政府总是千方百计地对他国金融资本进入设置障碍。试问中国的金融企业能轻易地在西方发达国家设立分支机构或廉价获得其金融企业的股份吗？中国建设银行在纽约和伦敦已设了十多年的代表处了，至今还不能升格为分行。并不富裕的中国人民把数以百亿元的利润通过中石油、中石化等公司的股权出卖贡献给了美国巴菲特等投资者，而美国国会并没有同意把尤尼科以185亿美元的高价卖给中海油。这样的事例说明了什么？中国金融企业是否会步中国汽车业的后尘？

根据外资金融机构常用的策略，可以模拟出他们在中国攻城略地的基本路线图：

第一步，小比例参股，进入董事会，了解被投资企业情况，同时了解和掌握所在行业趋势和市场状况。

第二步，通过增资或收购等途径，把持股比例提高到离控股国内金融企业仅有一步之遥的某个临界点（或直接控股）。

第三步，通过外资所在国的政府向中国政府施加压力，借助中国经济的上升周期，迫使人民币进一步升值，使外资机构所持有的人民币资产（中国金融企业股权）升值。

第四步，人民币持续升值导致出口逐步下降，而国内需求因财富外流

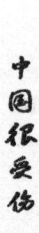

却难以提高,最后导致宏观经济环境逐步恶化。

第五步,在中国宏观经济环境逐步走向恶化的过程中,人民币汇率已经处于高位。此时,外资机构通过政府组织和其他手段要求中国开放资本账户,实现人民币自由兑换。

第六步,在人民币可自由兑换的情况下,伴随中国经济增长周期一路持有的股权不仅分红丰厚而且得到股份增值和人民币升值带来的双重收益,他们通过金融企业上市减持股份,并把投资和利润兑换成为外汇撤离中国。

第七步,当这种撤离行动变成一种一致行动时,人民币不得不大幅度贬值,从而引发金融危机。

第八步,利用金融危机和人民币贬值之际,境外机构通过外汇回流再兑换成人民币,并进一步增持或收购中国金融机构股份,达到控股目的,完成对中国金融业的进一步控制。

经过一系列的有序进攻,大部分中资金融企业变成外资金融机构在华的分支机构。外资金融机构像血管一样深入中国各个产业的肌体之中,利用金融资本控制中国产业资本,并参与社会财富的分配和转移;中国的银行等大型金融机构的董事会里都有国外的金融机构的代表或董事,国内企业如中国石油的任何国际并购活动都可能通过银行的渠道透露到国际市场或竞争对手一方,中国企业的一举一动都处在国际竞争对手的监控之下;外资机构还将其全球金融市场上的金融风险通过关联交易和衍生工具转移到其控股的中国金融企业之中,从而达到国际金融资本在中国开疆拓土的最终目的:转移风险,收获利润,掌控经济命脉,影响政治[43]。

3.6 原因及解决思路

有关国有上市银行股权转让引发的"贱卖"争论,以及国有资产严重流失的争议,无一例外,都涉及定价问题,争议四起的经济根源则在于国资独特的经济性质。事实上,这和国资所有人长期缺位、缺乏统一的定价体系有关。急于引进外资的金融机构的谈判话语权大都掌握在地方政府手中,不排除其中为灰色操作与权力寻租提供了空间。

"贵卖"还是"贱卖",也就是一个"卖者剩余"还是"卖者损失"的问题。任何一个以利润最大化为目标的卖者,没有不想方设法追求"卖者剩余"的。如果具备此类身份特征者居于垄断地位，出价肯定是"贵卖"。然而，当卖者不是真正的市场化主体时，利润最大化也就不可能是其持续动力和目标，即便所要售卖的东西处于供给垄断状态，也难以"贵卖"。甚至，这一主体的决策者都不可能具备足够的动力、精力、积极性、热情以及信息，去准确计算分析所售卖商品的内在价值和公平价格。特别是，当这样的卖者面对的是特定少数同质性（比如同属海外某一行业）买者，或者存在"寻租"空间时，结果常常更多是"贱卖"。就这一交易过程中的出售对象、买卖者身份特征看，也很难发现"贵卖"甚至"公平价格"的逻辑。作为出售对象的"国有银行股权"，是处于绝对垄断地位的商品——四家银行垄断了中国银行业资产的80%以上。鉴于有着良好预期的中国经济增长前景，银行股权的潜在价值相当可观。至少不"贱卖"应当是这类商品的出售结果。但是，由于卖者是"政府"，而买者一律是境外金融机构——属于少数同质性最具市场性的主体。不管是"内阁"中的哪一个部门或附属机构代表卖者，均不是真正的市场化主体，仍属行政性主体。追求"卖者剩余"和利润既不会是这类主体的本能和最大目标，也非其能力所在。其组成人员，不可能像真正的市场人士那样，有着切身利益激励动机，能以敏感的市场感觉对所出售银行股权估算出其内在市场价值。特别是，在与那些有着强烈利益激励并具备丰富市场经验的"境外战略投资者"交易时，定价权不可能掌握在如此身份特征的"卖者"手中。在这种情况下，又怎么能够保证银行股权不"贱卖"呢[44]？

讽刺的是，这一交易过程中又确实有一些"另类"的利益动机。世界银行在2007年5月的报告中，提出新股发行定价严重偏低意味着国家的损失。配售到原始股的投资者是较低发行价的受益者，但大多数原始股都被机构投资者和其他大的投资者持有。此外，上市公司的管理层也会从中获益。很多上市公司管理层的薪酬与股价的涨幅相关联，因此他们可以从低价发行带来的上涨潜力中获益。例如，分别在香港和上海上市的中国银行，对于高管有一个"股票增值权计划"，高管可以获得与股票上市后股价上涨金额等同的收入[45]。

原因

产权环境——价格体系缺位

为什么"个别人"与"银行家们"价格预期之间的差异"相距甚

3 国有资产是否被贱卖：谁被"忽悠"？

远"，以至于引发如此广泛的社会讨论和情绪反应的地步？这是问题的关键。因为不同的机构对各种信息掌握的差别，而可能对同一资产的未来收益作出大相径庭的预期，这导致了心理定价的巨大差异[46]。

信息不对称是解释预期差异的一个重要因素，但还有一个因素恐怕更加不能忽视，那就是中国的"价格经验"：所有信息都是通过经验的加工才能转化成最后的预期的。

如上所回顾，银行贱卖论者基于投资回报率和回报周期方面的经验，来衡量价格的合理性；而银行家们基于的则是股权交易后管理提升和业绩提升方面的经验（如果有的话）[47]。

可惜的是，在中国当前的市场环境下，两方面所基于者，恐怕都是些制度缺位所靠的"经验"，甚至本身就是一个个的孤例。中国市场经济改革固然已经多年，但产权交易的市场化价格体系迄今没有建立起来。

对于资产流动性强的金融业，定价时一般参考境外银行上市与股权并购价格，对市净率（P/B）作横向比较。但是作为定价依据的尺度，包括会计准则、会计信息的准确性等方面国内外是不同的，而不同的净资产核算方法导致估值缺乏直接比较的基础。同时，对于银行股权转让的溢价没有成熟的参考标准。银行股权出售价格受卖方策略、买方自身特征和市场定位的影响，差异性很大[48]。

监管制度缺位

在政企不分的情势下，国有银行的改制通常都是由银行自己做方案，再由政府来批准。整个改制的过程缺少来自外部的任何监督，基本上是黑箱操作。往往是改制完成后，才为人们所知。所以，银行的改制根本无法做到兼听则明。而且，银行股是否"贱卖"，也完全没有任何人需要为之承担责任。由此，银行改制实际上往往以上市为终极目标，只要能够成功上市，则银行股是否"贱卖"，在所不惜，甚至被认为是"忽悠"，是"伪命题"。可以说，银行改制因缺少必要的监督，缺少公开性和竞争性，所以，在超级市场（引入战略投资者在首发新股 IPO 之前，所以称其为超级市场）上的银行股定价，偏离均衡水平，出现"贱卖"，就绝不稀奇。因此，国有银行"贱卖"根本性的问题之一就是监管机构如何完善对外资入股中资银行的监管制度[49]。

知识经验——新手上路

即便是一个真正的市场化主体，有追求"卖者剩余"的强烈欲望和动力，但如果相对于特定少数买者，其行业经验、市场阅历、交易技巧等都要欠缺很多，定价能力也远不如买者，对其所卖商品，也未必不会"贱卖"。更何况，那些集"非市场化主体"与"新手"于一身的卖者，又怎么能有足够把握避免"贱卖"呢[50]？

引入外资战略投资者，借助其技术力量来改善国内银行业的经营管理，是一些国内银行改革与引入战略投资者的初衷。不过，由于缺乏可供借鉴的经验，事实上，很多银行引入外资战略投资者的定价依据仅仅是以当时的净资产为参考标准的。

我国改革开放三十年，而确立建设社会主义市场经济体制的目标十多年。但是，无论理论界、或是决策层，或是实业界，对于社会主义市场经济的认知，其实还是很有限的，所积累的知识和经验并不足够。特别是不能深入理解社会主义市场经济的本质，不能自觉把握诚信、公平、法治和互利多赢等市场经济的四大法宝，不能很好地贯彻科学发展观。反而是被一些似是而非的这论那论，如"一股独大论"、"产权缺位论"、"公司治理缺失论"、"效率优先论"、"国际接轨论"、"银行破产论"等，占据着"主流"地位。这必然会影响到商业银行的改制，可以说，商业银行的改制就是被这论那论逼出来的"背水一战"。由此，银行股的"贱卖"，实际上早已成为必然[51]。

吸引外资——盲目崇拜

我国一方面资本严重短缺（如产业升级、科技创新、西部开发、东北振兴所需资本），一方面资本浪费严重（如低水平的重复建设、数万亿元的存贷款差）。因为资本短缺，改革开放和招商引资往往联系在一起。而在改革开放的过程中，各级政府为了吸引外资，对外国投资者竞相采取各种优惠措施，或者税收优惠，或者低价出让土地使用权，或者贱卖国有企业产权等，使外国投资者享有超国民待遇，对外资的崇拜渐成风气，各行各业都以引入外资而标榜，银行业自也不例外。所以，银监会规定的所谓战略投资者的五个条件，差不多就是为外国银行量身定做的。这样，国有银行改制引进的所谓战略投资者几乎清一色的是外国银行就毫不奇怪了。而在这人为造就的为外国银行所垄断的银行股超级市场中，银行股想不贱卖又如何能够呢[52]？

监管高层力推金融企业大举引入外资的一个原因是：引入外资可以完善我国金融企业的法人治理结构，并提高金融企业的经营管理水平，以便减少银行的不良资产。其实，银行不良资产的形成跟各地不均衡的改革和不平衡的开放甚至过度开放有关，也跟忽冷忽热的政府投资冲动有关，跟资本市场人为滞后有关，并非银行治理结构一个因素发挥作用。即使为了改善治理结构，引进外资也未必具有想象中的效果。这可从国内某银行引入外资后的公司治理运行结果可以看出。自1999年以来，该行先后引进汇丰银行等外资，外资股份比例达到18%。因外资的引入而设立董事会，后来又设立了监事会。在此，实际运行还是按照原来的模式运行，行长级领导还是由组织部门任命和管理，董事会没有选择经营班子的实际权力，监事会也只是安排干部的一个机构，难以发挥监督作用。再从经营管理来看，汇丰银行等入股这家银行之后，签订了一系列的技术援助协议。但是，所谓的技术援助，只是搞些有关银行业务的入门培训和扫盲教育而已，从未将其核心管理技术传授给该银行，即使像成本分摊方法这些并非核心的技术，问他们也不肯说。

因为对外资的盲目崇拜，我国在吸引了大量外资的同时，各种资源如人力资源、环境资源、矿藏资源、金融资源和科技资源等也正在被外资所掏空。所谓"血汗工厂"，所谓"房地产泡沫"，所谓"无芯产业"，所谓"生产资料价格膨胀"，所谓"过路财神"之"外汇泡沫"，以及"中航油事件"、"国储铜事件"等，就是种种被掏空的表现。而这些正严重地威胁到我国的可持续发展，是不能不加以认真关注的。再者，外资银行在我国境内的经营，曾多有违规，并为银监会所查处，对此，我们也决不可以掉以轻心[53]。

解决思路

目前为止，那些一味想通过引入外资战略投资者来改善国内银行业经营管理的决策者，应该反思学习的成本是不是太高？而在这些成本付出之后，银行的管理质量又因为外资战略投资者提高多少呢？是不是有更为合理和公道的方式途径来提高银行质量呢？如何了解金融周期环境，如何熟悉国际金融规则，如何通过讨价还价来维护和发展自身利益，如何考核金融干部和金融工作,这是每个金融官员应该思考的问题,金融领域的大跃进可远比生产领域的大跃进来得猛烈和惨烈。

引资并非惟一出路

建立一个完善的法人法理结构,需要有一个过程,需要金融机构管理制度的创新,绝对不是外资参股之后就能够形成的。当然,我们可以像出卖深圳发展银行和交通银行控股权一样出卖各个金融机构的控股权来建立法人治理结构,但是,注意,这种方式建立的不是中国金融企业的治理结构,而是外国控股企业的治理结构。其实,在中国,还是存在一些没有通过引进外资、没有海外上市却运作得十分成功的金融企业,如招商银行和中国银联。一家金融企业要真正成为一家好的企业,关键是要有良好的制度设计,要有一个责任心强、眼光远大、懂管理的金融专家型领导班子[54]。

在金融领域对外开放过程中,需要把"外资引进来战略"和"内资走出去战略"有机地结合起来

中国本土资金"走出去"比"外资引进来"难度大得多,受到重重阻拦,因此,特别需要把二者有机地结合起来。比如,苏格兰皇家银行入股中国银行10%的股份,作为对等的条件,中国汇金公司也可以入股苏格兰皇家银行10%的股份,至少应该拿到参股的权利或期权;同样,汇丰银行入股交通银行19.9%的股份,作为对等条件,中国汇金公司可以按照市场价格参股汇丰银行19.9%的股份,具体形式可以通过汇丰银行向中国汇金公司定向增发股份的方式来完成。保险、证券、基金管理、信托、租赁、担保、汽车金融等等金融机构,都可以采取上述方式开展国际间的合资与合作。我们必须改变目前这种不平等、不对等的开放策略[55]。

发展本土的投资银行,同时,必须请本土的投资银行充当财务顾问

国内大公司、大银行的重组与合资,必须使用本土的智囊团,不能聘请境外的智囊团。商场如战场,我们很难想象抗日战争时期八路军的参谋部工作是聘请日本人或外国人来完成的。遗憾的是,国内金融机构以及其他重要企业的合资、合作、境外上市都是聘请国外机构来承担"参谋部"的工作。也许是由于部级的银行瞧不起局级、处级的投资银行,迄今为

止，没有听说哪家金融机构的合资是聘请海通证券、中信证券、广发证券等国内著名投资银行来承担估值和重组的财务顾问的。如果没有使用本土的投资银行，如果靠拍脑袋决策或聘请境外机构充当财务顾问，那么，定价偏低、贱卖股权甚至自断企业前程将在所难免[56]。

完善银行改革的决策机制和决策机构，成立负责金融改革的专门机构；制定专门法规；采取公开招标方式，选择战略投资者；保证公众对金融改革的知情权等

引进外资战略投资者对我国商业银行改革来说就似一把"双刃剑"，它在为国内商业银行带来先进的资金、技术、人才、理念和产品的同时，也带来了一些负面的影响。我们应该在对外资加强监管、维护我国金融机构的竞争力的基础上，有目的、有选择地引入境外战略投资者，努力以最小的成本实现引进外资所要达到的目的，积极稳妥地推动我国金融体制改革。

参考资料

[1] "国企海外上市利弊激辩"，《中国对外贸易》，2006年第4期。
[2] 同[1]。
[3] 《国企海外上市利弊之辩》，国研网。
[4] 方星海：《金融改革与开放》，新华出版社2006年版。
[5] 同[4]。
[6] 吴念鲁：《金融热点探析》，中国金融出版社2005年版。
[7] 厉以宁主编：《北大商业评论》，2006年6月（总第23期）。
[8] 和讯网。
[9] 叶檀："'建行贱卖论'说明了什么？"，《经济参考报》，2008年6月4日。
[10] 付瑞雪："'银行贱卖论阻碍发展'颠倒黑白"，人民网，2008年7月11日。
[11] 同[10]。
[12] 巴曙松："'贱卖贵卖'之争只是表面问题"，人民网。
[13] 杨再平："外资银行在华占国内银行资产比例仍偏低"，人民网。
[14] 国有银行的资产是否被贱卖？，人民网。
[15] 田俊荣："'贱卖论'是对市场运作的误解"，《人民日报》，2008年6月16日。
[16] 付瑞雪："'银行贱卖论阻碍发展'颠倒黑白"，人民网，2008年7月11日。
[17] 王国刚："'贱卖论'会阻碍国有资产发展"，人民网。
[18] 同[1]。

3 国有资产是否被贱卖：谁被"忽悠"？

[19]《国有银行改革："贱卖"之争凸显改革之难》，人民网。

[20]《中国经济季报》，2007年5月30日。

[21] 越石："国有银行贱卖之争"，《国际融资》，2008年第2期。

[22] 袁东：《银行股权这笔账，到底该怎么算》，新华网。

[23] 美国银行三折增持建行"外资阴谋论"卷土重来，人民网。

[24] 连平："引进战略投资者不足以危及我国金融安全"，人民网。

[25] 杨再平：《外资银行在华占国内银行资产比例仍偏低》，人民网。

[26] 同[22]。

[27]《外资集体唱空A股 阴谋还是阳谋?》，中国经济网。

[28] 郎咸平，中文网，2008年1月26日。

[29] 搜狐财经。

[30] 李红兵："给汇金、中投算笔账"，《南方周末》，2008年10月30日。

[31] 谭浩俊："中国海外并购的五点思考"，2008年9月30日，新华网。

[32] 白礼德："跨国并购将现中国时代"，《解放日报》，2003年11月20日。

[33] "中海油竞购优尼科始末"，2005年9月21日，新华网。

[34] 王冰、阮加文、亚珊："与狼共舞遭受巨亏 TCL并购失败与复兴始末"，2008年5月7日，中国经济网。

[35] 中移动放弃收购Millicom，2006年7月，赛迪网。

[36] 陈黛："中铝海外并购：'战略远远重于利润'"，《第一财经日报》，2008年10月30日。

[37] "力拓抛弃中铝，转投必和必拓"，2009年6月5日，财经网。

[38] 贺江兵："力拓毁约中铝损失巨大，亿元分手费不够赔偿银行"，2009年6月12日，新浪网。

[39] 耶兰特："中国企业海外并购为何会如此艰难?"，2006年7月7日，比特网。

[40] 同[25]。

[41] 徐义国："从竞争到融合：中国银行业的开放进程与趋势"，《银行家》，2006年第12期。

[42] 迟福林：《世纪之交：中国的金融开放与金融安全》，外文出版社1999年版。

[43] 余云辉、骆德明："谁将掌控中国的金融?"，和讯网。

[44] 同[22]。

[45] 李耀宗："世界银行：中国新股在严重贱卖 国家少收近百亿元"，中国经济网。

[46] 思佳："银行'贱卖论'原因：监管制度和市场差异"，中国金融网。

[47] 周阳："'贱卖论'的前现代基因"，和讯网。

[48] 同[47]。

[49]《银行股贱卖原因分析》，硕博网。

3　国有资产是否被贱卖：谁被"忽悠"？

［50］同［22］。
［51］同［50］。
［52］同［50］。
［53］同［43］。
［54］同［1］。
［55］同［43］。

4 被美国人"俘虏"的巨额外汇储备

2008年年底,我国外汇储备余额达到了近1.95万亿美元,这些外汇自何而来,又向何而去?随着金融危机的爆发,占外汇绝大多数的美元又将何去何从?

众所周知,中国的外汇储备已成为一个比较严重的问题。中国人民银行公布的数据显示,截至2008年年底,我国外汇储备余额为19460.30亿美元,同比增长32.92%。这一方面显示了我国自改革开放以来经济快速稳定发展、国际清偿力以及出口创汇能力逐渐提高。然而,另一方面却值得我们担忧和思考,这些外汇中大约70%为美国证券,显而易见,一旦美元大幅贬值,中国的这许多外汇将会剩下多少?而这仅仅是美国爆发金融危机导致的吗?它的背后隐藏着什么?

外汇储备是一个国家货币当局所持有的用于弥补国际收支赤字,以维持本国货币汇率稳定的国际间普遍接受的外国货币,外汇储备是国际储备的一部分。国际储备包括外汇储备、黄金储备、国际货币基金组织(IMF)中的普通提款权和特别提款权。中国黄金储备的各年变动量均为零,特别提款权等3个小项目在储备资产增减额中所占的比重微不足道,所以储备资产变动主要表现为外汇储备的变动。

4.1 美国人"偷着乐"

自从美国掌握了遥控世界经济的权利,美元就一步步攫取了世界货币的地位,从

4 被美国人"俘虏"的巨额外汇储备

而将美国人推向了更自由的国度,即拥有世界货币的发行权,他们可以毫无顾忌地高消费,可以肆无忌惮地滥发货币,在其他国家积累高额美元储备并为此苦恼的同时,美国人却在"偷着乐"。

美国人高消费的"底气"

提起高消费,当今世界只有美国人与之相称,两次世界大战使美国大发一笔战争财,从而逐渐攫取了世界头号强国的位置,也从此变成了世界政治经济游戏规则的制定者,从那时起,美国就成为世界货币的输出国,并近于无偿地享用着从世界各地源源不断而来的商品,世界货币的铸造权,便是美国人高消费的"底气"。

然而,和美国人的高消费形成鲜明对比的是中国人的高储蓄,美国人的消费模式为超前消费,即现在花未来的钱,而中国人恰恰相反,把现在的钱储存下来未来花,中国的储蓄率大约是50%,这在任何其他国家都是没有出现过的事情,但这并不代表中国的每个家庭都将自己收入的一半用于储蓄,有相当一部分人们还是过着入不敷出的生活。为何造成如此大的反差,仅仅是民族传统和经济体制的不同吗?答案是否定的。

中国人赚外汇,美国人高消费

首先从外汇储备出发,截至2008年年末,我国外汇储备余额约为1.95万亿美元,已经坐稳了外汇储备世界第一的交椅,而这巨额外汇从何而来呢,可以毫不夸张地说,这都是中国劳苦大众的血汗钱。这些外汇都是中国用自己的资源,以牺牲国内环境以及国内工人低廉的工资为代价为世界各国尤其是美国生产廉价商品而取得的,付出的代价如此惨重,却还要因此而背负上倾销的罪名。这些外汇储备大多投入美国市场,以购买美国政府发行的证券为主,而这些证券4%—5%的收益率已经不能弥补美元兑人民币5%—6%的贬值幅度,因此可以说我们的外汇在不断流失。其实外汇的流失倒在其次,主要的是这些外汇流回了美国,让美国人有了购买我们廉价商品的资本,同时又给了我们赚外汇的机会,实质上美国人在无偿享受着我们的劳动。现在从整体上看,中国人节衣缩食得来的外汇一轮一轮地输回美国,并且我们在只能确保温饱(相对美国人奢侈的生活来讲,这种说法有过之而无不及)的条件下还要给美国人提供无穷无尽的物质资料,尽管他们以外汇作为幌子!

由此看来，在这场游戏中，我们只是得到了一些虚无缥缈的美元，却要付出如此大的代价。这当然有经济层面的原因，外贸需求仍是拉动中国经济增长的一个重要因素，我国对外贸易保持较快增长，因此顺差就会继续，但是我国的外汇管理运用机制也存在着不可避免的责任。

布雷顿森林体系瓦解后，金融自由化浪潮不断涌来，许多发达国家和一些发展中国家都放松了对资本流动和汇率的管制，与之相反的是，我国采取的外汇管理体制比较传统和谨慎，目前采取的是以市场供求为基础的、单一的、有管理的浮动汇率制和资本管制制度。在我国经常项目和资本项目双顺差的情况下，这种管制汇率对国际收支调节不如市场汇率及时有效，所以，顺差不能及时通过灵活的汇率变更得到有效的调节。除此以外，由于一国的经济持续增长和国际收支顺差都将导致本币升值，所以人民币受经济增长、顺差影响，升值预期成为世界各界人士的共识。这时我国又承诺将稳步推进人民币升值，这等于给国际投机资本以人民币投机无风险的暗示，使投机资本想方设法通过一切可能的途径流进我国[1]。2007年第一季度我国外贸顺差为464.4亿美元，实际外商直接投资（FDI）为158.93亿美元，而同期外汇储备增长1357亿美元，意味着有较大数量的投机资本进入国内，从而导致了储备更加快速增长，而这只会让美国人得到更大的实惠。

自2005年7月21日起，我国开始实行以市场供求为基础、参考一篮子货币进行调节、有管理的浮动汇率制度。但大多数学者认为，实际上我国实行的始终是一种与美元挂钩的钉住汇率制，即随着美元的波动而波动。而且波动的幅度没有超过1%。目前，我国已经实现了国际收支中经常账户自由化，但资本账户还处于管制状态。经常账户反映的是一国或一个地区常住单位与非常住单位之间的经常性交易，包括货物和服务进出口以及劳动者报酬、财产收入、生产税等的流入流出。资本与金融账户 (Capital and Financial Account) 与经常账户相对，是国际收支上本国与外国之间资本流动的记录，反映本国资产和负债状况的变动，包含贷款和投资相关的资本流动。

美国人在享受着全球最大优惠的同时，并没有感恩于任何人，相反还在和我们打官司，状告我国企业倾销，损害了美国企业的利益。从表面上看，这再正当不过了，然而，这却从一定程度上反映了美国人的消费心理，那就是牺牲别人，满足自己！

当前，尽管美国遭受了金融危机，会有一部分人下岗，全球股市随之暴跌，不少中小企业随之倒闭，但是大部分美国人所要做的不过是节省一下开支而已。凭借美元的强势地位，只要他们愿意，中国廉价的产品会源源不断涌进美国市场，换取低廉的美元。

美元的世界"老大"地位

全球经济失衡与美元的地位

美元的国际货币地位和美国发达的金融市场体系使美元理所当然地当上了"老大"！

在这里，先介绍近年来与美元"老大"地位密切相关的全球经济失衡。美国作为全球最发达的国家，其负债从未达到过像现在这样大的规模，2008年11月14日，美国财政部宣布，当年联邦政府财政赤字达到4548.1亿美元，而2007财年赤字仅为这一数字的1/3左右；2009财年的财政赤字可能超过8000亿美元（这当然有此次金融危机的一部分原因在内）。

在20世纪70年代，世界经济的不平衡主要表现在石油输出国的顺差与输入国之间的逆差，这种不平衡的调节方式是大量资金通过银行以"石油美元"的方式回流。到了80年代，美国成为最大的逆差国，联邦德国和日本成为顺差国，这个时期的资本市场成为资金流通的主要媒介。进入21世纪，这种经济失衡在地理位置和调节方式上发生了变化。

从经常账户上看，这种不平衡主要表现在美国经常账户的巨额逆差和亚洲新兴国家经常账户盈余的不断增加。2007年，美国经常项目赤字7386亿美元，占本国GDP总量的5.3%，大约占世界GDP的1.33%。就目前来看，美国的经常账户逆差不仅无根本性扭转的迹象，反而因为近期的金融危机有大大加强之势。有关学者预测，2009年美国经常账户逆差将达到GDP的8%左右，数值的预测值在2010年将达到13%，这只是根据没有发生危机的情况所作预测，危机发生后可想而知。从各国资产来看，这种失衡表现为美国巨额负债的积累和亚洲国际外汇储备的增加，与之相对应，美国成为世界上最大的资本输入国，亚洲则成为最大的资本输出地。从投资与储蓄看，美国投资率和储蓄率下降，储蓄率甚至为负数，相反亚洲新兴国家投资率和储蓄率都在上升。

之所以描述以上的全球经济失衡，是为了说明一种处于失衡中的均衡，即一方面美国向世界提供美元（国际货币），造成本国逆差，另一方面凭借强大的金融市场及体系吸引着亚洲国家的美元（即外汇储备）流回美国，弥补了美国的赤字，同时获得资本收益。在这一体系中，美元处于中心地位，也是当今世界任何一种货币所不能替代的。

美元发家史

纵观美元的发家史，这与国际货币制度的变迁密切相关。20世纪40年代，联合国货币金融会议在美国新罕布什尔州布雷顿森林召开，并签署了《布雷顿森林协定》，它通过建立美元黄金挂钩、成员国货币和美元挂钩的"双挂钩"制度，实行可调整的汇率制度，为当时结束混乱的国际金融秩序、推动国际贸易和世界经济增长创造了有利条件。可见，布雷顿森林体系实际上是金本位制的延续，只是中间多了以美元为媒介而已，这也达到了美国就企图取代英国，建立以美元为中心的国际货币体系的目的。

金本位制（Gold Standard）是指一国的货币与黄金维持一定的价量关系，各国的汇率由各国货币与黄金的量价关系来决定。各国借由货币与黄金的价量关系，及黄金价格的调整机能，而调整各国间的汇兑与汇率关系。

布雷顿森林体系的形成，在一定程度上扩大了世界贸易。美国以其丰富的黄金储备为背景，通过赠与、信贷、购买外国商品和劳务等形式，向世界散发了大量美元，客观上起到扩大世界购买力的作用。同时，固定汇率制在很大程度上消除了由于汇率波动而引起的动荡，在一定程度上稳定了主要国家的货币汇率，这有利于国际贸易的发展。然而，布雷顿森林体系却存在着自身不可调和的矛盾，即"特里芬难题"，这是美国耶鲁大学教授特里芬在1960年出版的《黄金与美元危机》中提出的一个观点。书中的描述是这样的："由于美元与黄金挂钩，而其他国家的货币与美元挂钩，美元虽然因此而取得了国际核心货币的地位，但是各国为了发展国际贸易，必须用美元作为结算与储备货币，这样就会导致流出美国的货币在海外不断沉淀，对美国来说就会发生长期贸易逆差；而美元作为国际货币核心的前提是必须保持美元币值稳定与坚挺，这又要求美国必须是一个长期贸易顺差国。这两个要求互相矛盾，因此是一个悖论。"

随着国际经济的发展，战后各国经济水平都有所恢复，美国逆差增大，美元出现过剩的现象，且由于"特里芬难题"的不可调和性，布雷顿森林体系最终趋于崩溃。1971年，尼克松政府宣布实行"新经济政策"，这意味着黄金和美元的脱钩，宣布了布雷顿森林体系的瓦解。

4 被美国人"俘虏"的巨额外汇储备

旧的国际货币体系瓦解后,黄金和美元脱钩,固定汇率制不复存在,黄金也不再是国际货币。1976年,美国为首的国际货币基金组织各成员国22国代表在牙买加首都金斯敦通过协议:取消货币平价和美元的中心汇率,承认浮动汇率制以及各国选择货币制度的自由;实行黄金的非货币化,取消官价,黄金价格完全由市场自由决定。虽然进入21世纪以来美元的强势地位逐渐衰弱,但相对而言,欧元、日元及其他货币在计价结算、储备地位等方面尚不足以与美元抗衡。国际货币格局的转变是一个缓慢的过程,这个过程早在布雷顿森林体系瓦解后就拉开了帷幕,它需要世界各国经济结构的转变和国际金融领域的渐进变革与之匹配。货币格局的剧烈变动必然引发全球经济的大起大落,带来各国经济福利的损失(起码近期是如此),这是任何一个国家都不愿意看到的。全球经济货币的不均衡状况虽对全球的经济发展造成了不小的困扰,但打破这种不均衡的后果更加严重。客观上,美国利用历史上的强势货币金融地位劫持了国际货币体系,使得国际金融领域出现了"威胁的均衡",即美元国际收支状况的威胁和美国国际收支状况逆转的威胁[1]。

在这个转变过程中,美元依然处于强势地位。第一,各国汇率软钉住美元,为这一体系提供了相对稳定的中心货币。第二,美国通过经常项目赤字向世界经济的运行提供了流动性。美元作为国际交易手段、国际支付手段和国际储备资产,在世界经济的运行中被广泛使用,美元货币的供给不仅仅要满足其国内的流动性需求,也要满足世界对国际流动性的需求。国外居民得到美元流动性的重要途径,就是对美国保持贸易顺差。反过来说,美国通过其经常项目赤字,向世界提供了流动性。必须指出的是,美国经常项目出现赤字并长期持续,在多数情况下并不表明美国经济走向衰弱,相反,在多数情况下,它倒是说明世界经济依然在围绕着美国进行组织[2]。第三,作为"世界金融市场",美国的金融市场事实上为亚洲及其他新兴市场经济国家提供了有效的资金使用的场所。亚洲国家金融市场体系不发达,投资渠道受到各种限制。市场分割与投资工具的缺乏,使亚洲国家的高储蓄不能有效在本国直接转化为投资。金融全球化和美国发达的金融市场体系则为亚洲国家的高储蓄找到了收益率较高和较便利的投资对象。正是在这个意义上,美国的金融市场长期扮演着"世界金融市场"的角色[3]。

换个角度,美元的中心地位对亚洲新兴国家来讲并不是一件坏事,尤其是中国，一旦美元中心地位受到威胁，势必伴随着美元的贬值，而美元的贬值会使境内美元资产升值，美元负债贬值，境外则相反，对于持有美元外汇储备最多的中国来讲，美元贬值将会导致外汇储备的大幅缩水，造成净资产的损失。

尽管近期美国爆发了金融危机，但仍不能从根本上削弱美元的中心地位。美元的强势地位是以美国强大的经济实力和完善的金融体系为依托的。近几年美国保持了比较高的经济增长率，经济规模更是远远超出任何一个国家。美国发达的金融市场体系，不仅成为美国居民的主要投资场所，更是吸引了世界资本源源不断地流入其中。美国股票市场较高的收益率、外国居民投资美国股票市场可免资本利得税以及方便快捷的多管道投资，吸引了大量的国外资本投资于此[3]。且尽管美国经常账户赤字较大，但是资本账户的流入很好地弥补了前者，还为美国带来不菲的资本收益。

但是，如果美国一味地使经常账户赤字不断扩大，不珍惜各国牺牲国内资源为其提供的各种实惠，使美元不断贬值来损害其他国家和地区的利益，终将逃不过被淘汰的命运，总结国际货币历史，英镑正是由于不稳定和贬值被美元所替代，也正是因此造成了欧洲共同体的诞生。相反，如果这个拥有中心货币的国家愿意对全球的经济稳定作出承诺，这将会对全球的经济发展起到巨大作用，并且可以更好地维护全球经济金融的平稳运行。

美国发行美元，世界流动性泛滥

作为世界"老大"的美元，并没有相应地承担起"老大"的责任，而是贪婪地为了自己的利益不惜牺牲世界经济的平稳发展，一味地发行美元来满足自己的消费需求，造成了现在世界范围的流动性泛滥。

世界流动性现状

在当今国际货币体系下，流动性过剩已成为一个全球现象，它反映的是经济体中的货币发行量过多，超过了经济均衡时的货币需求水平，经济体中蕴含了大量的游离于经济体之外的闲置货币。它不仅影响货币市场，还影响商品市场、资产市场、外汇市场及国内固定投资。流动性过剩是信用经济下的一个产物，它是信用货币的一种扩张，从国际货币体系的演变过程来看，从金本位制——国际金汇兑本位——美元本位制——牙买加体系的逐步演变过程中，就多次出现流动性过剩问题。全球流动性过剩源于当今的国际信用货币，以及各国经济实力和货币地位的不对等，发达国家利用自己在世界经济地位中所处的经济实力，可以更多地输出本国货币资产，而调节本国国际收支的责任较弱，宏观经济政策的约束力也较弱[4]。

流动性的概念从两个方面解释。一方面，从狭义上讲，流动性是指资产变现的难易程度，现金是流动性最大的资产。从广义上讲，流动性是指金融资产和实际资产被买卖的容易程度。另一方面，流动性是指经济主体即家庭和企业持有流动资产（指现金和在短时期内较容易变现的资产，如短期存款、股票等）的数量。本文中所述的流动性主要指后者。

流动性从哪儿来？

如上文所述，尽管现今的国际货币制度已经不是布雷顿森林体系，但美元作为国际货币的功能并没有消退。而且国际货币调节机制存在着不对称性，美国在面对逆差时只需发行新的货币（可能连货币都不用发行，因为别的国家的储备余额会"自动"流入），而其他国家调节逆差却需要储备美元。结果是美元输出越来越多，其他国家积累的美元也越来越多，全球流动性过剩就此而来。

除此以外，美元可以如此"肆无忌惮"地发行和流通，还因为整个货币体系没有一个最终的承诺机制，或者说没有一个有效的制约机制。例如，在布雷顿森林体系下，通过"双挂钩"制度，如果各国出现较多的储备即美元，则可以向美国兑换黄金，而在牙买加体系下，这种秩序荡然无存，且美国实行的是浮动汇率制，一方面不与黄金挂钩，另一方面不钉住任何国家货币，这样其他国家一旦美元储备过多，便会导致经济过热，美国却袖手旁观，这些问题全都要由钉住美元的国家自行解决。

从流动性形成的渠道来看，流动性过剩主要是由以下这些因素造成的：全球经济进入成本竞争后产生了价格持续下降的通货收缩效应，从而导致货币需求的减少，在货币供给保持不变的情况下，便会有过剩的流动性产生；美国长期累积的扩张性财政政策和规模巨大的贸易赤字，导致了美元的过度供给；包括中国在内的新兴市场经济国家因为贸易持续顺差而形成的、不断增加的储备，也成为世界货币供给的主要来源；石油价格暴涨而造成的产油国家的储备增加，也增加了世界的货币供给；日元的低利率政策，也为世界创造了巨大数量的国际信贷来源。由这么多渠道提供的货币来源，不可避免地会造成全球性的流动性泛滥[5]。

流动性泛滥导致金融危机？

美国流动性即美元的输出与美国经济的增长有着密切的联系。美国以逆差形式向世界释放出大量的流动性，20世纪60年代后期，全球储备资产只有数百亿美元规模，而今天已经超过5万亿美元。1983年以来，美国一直利用资本金融账户的顺差，即对外债务来弥补经常账户的逆差，其资金来源有两类国家：一类是发达国家如英国、日本、德国和加拿大；一类是新兴市场经济国家如除日本外亚太国家、除欧盟外其他欧洲国家、中东国家等。这些流入的资本，将与补偿性逆差和资源性逆差所释放出来的劳动力和国内高端技术有效结合，推动着美国国内生产率的不断提高，使得美国财富和GDP大幅增长[6]。除此以外，美国还利用这些回流资本进行对外投资，据资料显示，2004年和2006年美国直接投资净流入为负值，这说明美国的对外融资不仅弥补了经常账户赤字，还有一部分弥补对外资本输出的缺口，这跟马克思政治经济学中的"剩余价值理论"有些相似，资本家不仅攫取了工人创造的剩余价值，还利用它们进行再生产活动，以创造更多的价值。在这个模式里，美国似乎就是那个掌握着资本的资本家，而众多新型国家的劳苦大众便成为美国的廉价工人。

由此可见，美国以经常账户逆差对外输出的流动性，其中一部分又以外债的形式回流至美国，维系着美国的高速增长，美国的持续的增长进而导致更多的经常账户逆差，对外输出更多的流动性。如果这一链条可以一直保持正常的运转，那么美国以逆差输出流动性的方式，在自身经济增长的同时带动全球经济的发展，貌似流动性过剩并不构成任何实质的威胁。但是，一旦这一链条中的任何一个环节发生突变，流动性过剩就可能成为全球金融市场崩溃乃至经济陷入衰退的根源。而这其中，最关键的一环，就是美国经济的健康状态[6]。

然而，美国并不是像我们所想象的那样，做一个负责任的大国，其行径更如同一个信用不良的不法商人，利用自己强大的拥有国际货币的力量，尽量榨取其他国家。即美国自20世纪金融市场有较大发展以来，一直利用自己是外汇供给国这个身份以及强大的政治军事力量，一面放纵自己的国家及民众大量的消费来自发展中国家的廉价商品，以至于当今的美国人已经习惯了这种高消费，便无法摆脱；另一方面利用自己发达的金融

市场和各国做着游戏,即拆了东墙补西墙,以此来维系美国人的高消费。于是,泡沫便越炒越大,最终发展成为如今席卷全球的金融危机。但是,美国并没有从中汲取教训,去以一种国家的方法抑制人们的消费需求,或从国家的投资消费入手解决问题,而是一味地重复着已经玩了多年的游戏,尽管没有人知道这个游戏是否可以继续。

由此看来,美国此次金融危机的爆发在所难免,只是时间的问题。所以,美元的未来地位如何,很大一部分取决于以后美国的政策,如果一味地任经常账户赤字扩大,美元世界性泛滥,势必会导致美元在国际储备中的地位下降,甚至导致美元的非储备货币化。

4.2　中国人民银行是如此的无奈

在当今经济全球化飞速发展并且美元本位的时代,选择以美元为后盾对于中国人民银行来说是必须的,但也充满着无奈!在人民币升值、金融业的发展以及本国外汇体制的选择等方面,中国人民银行是如此地无可奈何。

人民币汇率升值的政治生态

经济和政治维持着一种唇亡齿寒、相互依存的关系,这种关系从人类社会有历史的那天就开始了。而人类文明发展到今天,现代社会的经济政治仍然不能逃脱这样的命运。纵观当今世界,一个国家的命运,无不和政治经济实力紧密相联系。随着和平时代的到来,20世纪七、八十年代各国领导人都意识到通过自己的经济实力加强政治实力,使两者的联系更为隐秘。

中国改革开放30年以来,人民币汇率制度的变迁存在着大量的政治因素,尤其是中美两个国家的政治博弈。汇率体现的是各国货币币值之间的关系,而货币本身就是国家主权的体现。特别是不兑现的信用本位制以来,货币价值的确定和货币的稳定一直是各国政府的重要任务。一国选择什么样的汇率制度以及由此决定的汇率水平,不仅出于经济的考虑,也是国内外政治选择和博弈的结果。国际之间的汇率协调,需要政府层面来主导,需要各国政府作出政治上的让步,汇率关系也通常成为国际关系和外交实践中的重要议题。汇率水平本身受着汇率因素的影响,一国政权的稳定及与他国的关系，常常影响着汇率的升降沉浮。汇率作为货币之间的比价，从来都不是完全市场化和自由化的。由于汇率变动具有直接的财富分配效应，因此，汇率制度和汇率水平的确定对一国的经济发展和经济安全甚至社会稳定都具有非常重要的意义，汇率的变化会对国内外的不同利益群体（政府、生产商和消费者）产生不同的影响，而国内外不同层次的力量对比对汇率决定也有着重要影响。也正因如此，汇率决定蒙上了一层政治的面纱[7]。

其实不仅是汇率的决定存在着政治因素，经济的其他方面也都存在这样的问题。金德尔伯格是国际政治经济学的先驱者，也是霸权稳定论的始作俑者。他率先提出了霸权稳定论，贯通了金融、经济、政治学和国际关系诸学科，推翻了传统的学科界限，明确提出了国际政治经济安全互动概念，认为市场和国家不仅在国内，而且在国际舞台上，都是相辅相成的，国家所有的政治安全行动（结盟、外交、战争与和平）与市场都是紧密地联系在一起。虽然霸权国家必定会借助其霸权货币牟利，但霸权稳定有助于维持国际汇率结构和协调各国的宏观经济政策[7]。显然，金德尔伯格提出的所谓"霸权稳定论"是完全基于美国的利益考虑，为美国实施霸权提供堂而皇之的经济理论。但是，与货币相关的问题也从来不是纯粹的经济问题。

关于人民币汇率的争论主要存在于世界上最强大的国家和最大的发展中国家之间。中美之间关于人民币升值的争论早就有各种说法，在2002年逐渐升温，2003年这种争论上升至白热化程度。美国中央及各地方政府官员、美联储主席、财政部部长以及总统都希望人民币升值。与美国政府相比，中国政府的表态相对缓和，曾在多种公开场合表明中国并没有操纵汇率进行任何不正当竞争，在现阶段条件下，中国只是选择了适合国内经济及国情的汇率制度，尽管人民币最终会走向浮动。也就是说，中国将始终按照自己的意愿，而不是遵照美国的"指示"，逐步进行汇率改革。

与政府相比，经济学家的观点则要多样化得多。鉴于整个过程中关于汇率的争论集中在汇率水平和汇率制度两个方面，经济学家的讨论也主要围绕这两方面进行。在人民币汇率定值的问题上，第一种观点，如国际经济研究所的格德斯坦、威廉姆森以及哈佛大学的弗兰科尔等，都认为人民币存在严重的低估。第二种观点，如克鲁格曼等人认为人民币汇率确实有所低估，但是并没有那么大，而且即使人民币升值也不会从根本上改变美国贸易逆差的状况。第三种意见，以麦金农和蒙代尔等人为代表，认为人民币不存在低估，他们反对人民币升值[8]。

在人民币汇率制度改革的问题上，经济学家的意见分歧就更大。艾欣格林认为人民币实际上面临着很多发展中国家所熟悉的"退出战略"的问题，中国应当尽早放弃钉住美元，而且越早越好；格德斯坦、弗兰科尔和鲁比尼等人也认为人民币汇率的形成机制应当更灵活，但他们认为这一过程应当逐步进行。另外还有一些经济学家，如麦金农、威廉姆森以及简世勋等人则认为人民币汇率不应当浮动。麦金农认为让人民币浮动会导致人民币连续升值，最终使中国陷入类似日本的流动性陷阱。威廉姆森虽然同意使人民币升值，但是却反对资本账户自由化和人民币的浮动，他认为过早地开放资本账户会造成汇率的大起大落，从而损害中国已经取得的改革开放成果。在人民币是否被低估，以及应当如何调整汇率等问题上，国内学者也提出了自己的看法。在汇率制度变革上，多数经济学家认为从长远来看人民币汇率有必要走向某种方式的浮动，他们的意见分歧主要集中在应当如何浮动、时间、步骤以及采取哪一种浮动上[8]。

美国的国内因素

如本节开头所述，汇率从其诞生之日起，就注定与各国间政治挂钩。而人民币汇率注定要在两个大国的拉锯战之中决定。毫无疑问，美国的国内因素是影响人民币汇率走向的重要影响因素。换一个角度看，人民币汇率问题是随着美国国内政治气候的走势决定的。人民币汇率问题的升温其实起源于美国经常账户和财政双赤字以及美元的汇率波动，当时（2004年），美国的贸易逆差达到6700亿美元，占GDP的5.7%，财政赤字达到4130亿美元，占GDP的4%，双双创历史新高，由此引起的政治经济后果引起国内的广泛关注。

由于经济结构转型以及在经济全球化的竞争中逐渐失掉竞争力，美国制造业面临着日益严峻的失业问题，中国入世以后对美出口增加使该问题变得更加严重，因此制造业的利益集团需要寻找一个"替罪羊"，以求获得政府的保护。人民币汇率与美国的贸易逆差这两件事为利益集团提供了良好机会。虽然有大量证据说明从中国进口的增加并不是由于人民币的汇率操纵，而且即使人民币升值也难以弥补美国的贸易逆差，但是，颇具游说能力的全美制造商协会、纺织品制造商协会等还是炮制了中国操纵人民币汇率进行不公平竞争才导致贸易逆差、美国制造业工人也因此失业的言论，要求人民币升值。面对制造业利益集团的压力，布什政府开始对人民币汇率和扩大市场准入等问题作出回应。很多研究机构和经济学家也指出，政府实际上是在受政治利益驱使。有学者指出："本届政府的目的是从政治上使人民币升值，从而削弱中国出口美国市场的竞争力。在某种程度上，政府官员是回应国会的要求，货币保护主义的主要目的是要说明政治家在为制造业选区的选民考虑。问题是世界上不只中国钉住美元，很多别的国家也钉住美元或实行美元化，但是他们并没有被指责为不正当竞争。要求中国浮动汇率实际上是治疗美国国内政治伤口的手段。"[8]这只是来自利益集团一方面的原因。

另一方面，也是较为重要的一方面，美国要求人民币升值是为了本国政治经济利益所考虑。除了回应利益集团的要求，对美国政府自身来讲，其对人民币的态度主要取决于宏观经济走势、就业，以及它们和贸易逆差及美元汇率之间的关系，而后者是政府取得国内支持的基础。也就是说，如果政府认为贸易逆差可以持续、可以继续保持强势美元而不影响经济增长，对人民币的压力就相对较小；反之，则人民币会成为一个主要的攻击目标。由于存在独立的中央银行和实行浮动汇率制，一般认为美国政府没有影响汇率的能力。在有关贸易逆差的问题上，经济学家基本上同意是由于国内消费大于投资、政府开支过大造成的。因此政府有必要削减开支，实行紧缩的宏观经济政策，减少需求。但是这样做有可能使美国经济增长放慢[8]。这也就碰到了美国的痛处，是下定决心实行有效的政策，还是国内经济恢复到正常水平以保证长期的发展，抑或是借助世界老大的地位一味地扩张，最终酿成了不可避免的危机。毫无疑问，美国历届政府选择了后者。

中国的国内因素

与美国相比，中国利益集团的组织方式以及对政府施加影响的能力和渠道与美国有所不同，同时政府在经济发展中发挥着积极作用，在政策决定上有更大的自主性。不过和美国相同的是，在相当程度上汇率依然是国内各种政治经济利益折中的产物[9]。

从利益集团方面看，虽然中国的利益集团不像美国那样组织化，但是越来越多的研究认为，利益集团在中国的政治和经济决策中开始发生着越

4 被美国人"俘房"的巨额外汇储备

来越大的影响。总的来看,汇率升值对出口企业不利,而对产品内销的企业有利。因此,出口企业和进口企业对政府的游说必然不同。需要指出的是,中国利益集团对政策的影响力依然是有限的。由于政府享有较大的政治和经济自主权,最终决定政策选择的还是政府在汇率问题上的态度。

从中国政治经济利益方面看,中国政府在制定和改变一项政策的时候,必须考虑到社会稳定和经济增长的影响。随着经济改革的推进,社会贫富悬殊越来越大,不稳定因素大大增加。首先,从经济增长来看,现在推动中国经济增长的几大因素包括投资、出口和工业化进程等。如果汇率变化,对出口和投资的影响是基本确定的。如果非出口部门和第三产业的结构不能同时转变,汇率调整后能否继续保持高速经济增长将是一个疑问。其次,从对就业的影响来看,虽然就中长期而言,汇率升值意味着就业可以向非贸易部门转移,这对经济结构转变来说是一件好事,但是当前最重要的是,这些就业如何转移?如果汇率调整引起就业下降,社会不稳定因素增加,就不只是个汇率问题,而是关系到社会和政治稳定的问题。再次,汇率调整意味着一次贸易和非贸易部门的增长方式转变,尽管从长远来看这有利于缩小东西部贫富差距,但是如果现在调整汇率,西部地区和非贸易部门能否顺利发展还是一个未知数,需要一系列的结构转变和政策扶植。如果东部和贸易部门的发展受到负面影响,而中西部地区和非贸易部门却未取得相应发展,经济改革将遭受巨大损失。最后,也是最重要的,可能还是汇率调整对银行系统的冲击和影响,而这关系到中国改革进程和一系列社会后果[9]。

因为汇率的调整涉及两个国家之间的货币关系,更涉及两个国家的切身利益,所以汇率必定是国内层次上利益集团间、利益集团与政府之间相互博弈、国际层次上国家之间博弈的结果。

金融业的相对软弱

软弱的金融业让中国一方面失去了许多参与国际竞争的机会,同时也使中国较好地隔离了危机。20世纪中国改革开放以来,随着经济的不断开放与发展和世界金融浪潮的冲击,加之为了促进本国经济的发展与世界接轨,中国金融业得到了一定程度的发展,随着经济的发展逐渐由计划金融转变为市场金融。但中国是一个发展中国家,是一个相对落后的经济体,其金融市场相对发达国家来讲也比较薄弱,还存在一些计划因素。而中国现在以及未来的金融发展可以说是由传统、落后、计划的金融向现代的、发达的、市场的金融演进过程。

中国金融业的现状

随着社会主义市场经济的不断完善和发展，我国的金融体系已经初步建立，并且成为社会主义经济体系中不可或缺的一部分。

首先，金融市场创新不断推进，创新速度逐渐加快。一是加强基础产品创新，丰富投资人选择。二是加强交易工具创新，深化金融市场功能。为满足市场参与主体的多元化需求，进一步增强市场交易活跃程度，各项创新工具也在不断推出。三是稳步扩大创新产品市场规模，推动金融市场不断发展[10]。除此以外，我国的银行组织体系进一步健全，货币市场和资本市场都在有序、规范地发展。

其次，金融市场稳步扩大，资源配置能力显著提高。经过多年的发展，货币市场、债券市场已经成为各类金融机构调解资金寸头、管理流动性和进行资产投资的主要场所；外汇市场的平稳发展和汇率形成机制的完善，对稳定人民币汇率起到了基础性作用；股票市场的改革和发展，有利于资源有效配置，对改善公司治理结构和社会融资结构意义显著；黄金市场的不断发展，有利于丰富投资品种，完善我国的金融市场体系；期货市场的创新和发展，增加了我国金融市场的广度和厚度，有利于我国企业和相关主体利用期货市场进行保值增值，而且部分期货品种已经具有了一定的国际定价权[10]。保险市场也得到了良好的发展，深度和广度不断扩展，商业保险已成为中国社会保障体系的一个重要组成部分。保险市场的发展在保障经济、稳定社会、造福人民等方面发挥了重要作用。

第三，金融市场改革和制度建设日益完善，市场功能不断深化。金融市场改革措施的不断推出和制度建设的稳步推进，提升了金融市场功能，保护了市场主体的合法权益，并为市场顺利运行打下了良好基础。银行市场方面，我国基准利率体系建设的逐步推进，银行间债券市场回购定盘率和上海银行间同业拆放利率逐步退出，为利率互换等金融衍生品提供了参考利率指标，促进了金融衍生品的发展，有助于加快利率市场化进程；国债余额管理制度的正式引入，有利于推进债券市场建设，为中央银行公开市场操作提供平台，加强财政政策与货币政策协调。外汇市场方面，继续推出进一步完善和发展我国外汇市场的改革配套措施，加强产品和机制创新。引入了做市商制度和询价交易方式，改进人民币汇率中间价形成方式，推出人民币外汇掉期交易，进一步健全我国金融衍生品的定价机制，建立央行外汇一级交易商制度。股票市场方面，股权分置改革进展顺利，股权分置改革的基本完成，使非流通股股东和流通股股东长期以来利益分割的局面得以纠正，理顺了市场定价机制，对于恢复资本市场功能，并由此推动资本市场全方位改革具有的历史性意义，也为资本市场未来持续发展奠定了制度基础。股票发行体制市场化改革的不断深化，特别是询价制的实施，是我国股票发行体制市场化程度提高的重要标志[10]。

然而，尽管自改革开放以来我国的金融业经历了前所未有的发展，但与西方发达国家强大的金融体系相比还有较大的差距，而且在金融市场的许多方面都显得不成熟，抗风险能力比较脆弱，金融创新较多地受到制度方面的限制，这虽然有利于防止外部风险的导入，却不利于我国金融市场的长期发展。

金融监管不到位

从金融监管方面看，我国的金融监管是伴随着金融业改革发展的深入，逐步成长、发展和壮大的。可以说，改革开放20多年来，尤其是人民银行独立行使中央银行职能以来，我国的金融监管事业取得了很大成绩。但是，我国的金融监管也存在着一些问题。第一，金融监管体制不健全，缺乏独立性和权威性。目前，我国基层人民银行内部机构的设置，决定了由多部门共同承担金融监管管理任务，由于没有规范的、系统的监测手段，职责范围不清，致使在同一监管内容上，几个部门重复检查，监管秩序混乱，分工不协调，不仅加重了金融机构的压力，也在不同程度上影响了监管效果。第二，金融监管内容不规范。对金融机构的审批是解决了金融机构准入的问题，它将直接影响金融机构营运后的安全和健康发展，但金融管理部门过多地把精力放在审批上，轻视了对金融机构资本金的充足性，资产的流动性、安全性和效益性，负债的清偿能力以及经营管理状况的监管，重批轻管现象严重。第三，金融监管法律体系不够完善，存在着法律真空，操作性差。第四，没有一个较科学的、规范的、系统的监控措施。由于各项金融法规还不够健全，因而过多地重行政手段发布命令、指示的方式来管理，基层金融监督手段相对比较单一。此外，金融监管目前还是以现场稽核检查为主，非现场稽核检查系统的建设缓慢。银行监督管理偏重金融执法监督、效能检查和廉政检查，其结果是多年银行贷款严重沉淀，呆账损失亏蚀银行资本[11]。可见，我国金融监管目前还存在着制度性的缺陷和各种各样的问题，这从根本上制约了我国金融的发展，要想得到长足的发展必须从根本上解决问题。

再从我国证券市场的角度来看金融市场的稳定性，最直观的数据就是上证股指从2007年的六千多点跌到现在的两千点左右，这也足以反映了我国资本市场的不成熟和剧烈的波动性，虽然我国受此次金融危机影响相对其他国家来说较小，但股市的波动为我们不断完善金融市场敲响了警钟！

证券市场不规范

我国证券市场的不规范性主要表现在下面几个方面。第一，股权结构杂乱。目前，我国股票种类众多，形成了我国股权设置复杂、种类纷繁的局面。这些股票中，有的上市流通，有的没有上市流通。一家公司既有上市的股票，也有不上市的股票。而且，同一家公司的股票在不同的市场上市，价格也不同，股权结构杂乱。尽管实行了股权分置改革，但是却不能完全解决这些问题。第二，上市公司法人治理结构不完善。第三，上市公司在信息披露上问题很多。例如，信息披露不及时，上市公司的信息是时效性极强的资源，信息披露的滞后会直接影响投资者的收益。信息披露虚假，一是发行人为获得发行资格，采取虚增资产、虚减负债、增加待摊费用等方法，达到以虚假信息包装公司形象的目的。二是发行人信息披露的具体内容缺乏有效性，反映公司信息的合并会计报表过于笼统和模糊，难以揭示不同地区的盈利水平、经济增长趋势和风险状况。信息披露不公平，上市公司的消息还没有在证监会指定各大报纸上刊登，却已由其他渠道泄露出来，对中小散户极不公平。内幕消息的存在是我国现阶段股市的重要特征。第四，机构投资者的违规违法情况严重。第五，证券市场的进入退出机制不健全。证券市场的基本原则是优胜劣汰。虽然经过发行制度的改革已放宽了证券市场的准入限制，但仍没有实现证券市场进入的完全平等；而证券市场的退出机制则根本没有体现市场竞争的基本原则，相当一部分经营亏损的上市公司，不仅没有从证券市场淘汰出去，反而由于有重组题材而受到投资者的追捧，这就严重降低了上市公司的质量，从根本上动摇了证券市场的基础。第六，证券监管组织体系缺乏效率。证券监管

组织体系是实现证券监管目标的重要保障,从证券监管部门的机构设置看,目前的组织管理体系与监管层次存在机构重叠、效率不高等问题[12]。

可见,我国金融业从宏观的金融监管到微观的金融机构组织都比较脆弱,相对于西方发达国家来说更是如此。

僵硬的外汇体制

我国目前实行钉住一揽子货币的有管理的浮动汇率制,尽管里面多了"浮动"两个字,且钉住的是一揽子货币,但一揽子货币里美元占绝大多数,并且浮动率不超过1%,所以这样看来中国的汇率制度还是比较倾向于"固定",加之中国资本项目没有开放,总的来说使得汇率制度比较僵硬。

盯住美元,使我国苦不堪言

这样的外汇体制使我国处于一种矛盾之中。一方面,比较固定的汇率制度可以提供一个相对稳定的经济金融环境,对于进出口和投资等都有益处;但是另一方面,这又限制了我国资本流动的灵活性。对于这样的汇率体制,争论的焦点集中在我国的发展是否是因为被低估的汇率以及中国现有的成就,是否已经能够支持浮动汇率制度两个问题上。一是对我国名义汇率的确认。在双重汇率下,怎样确定两个汇率各自的比重以确定市场的实际汇率这样一个重要变量。黑市汇率常常被引用作为实际汇率,但黑市汇率价格本身的可靠性就是一个问题。二是我国在资本密集型产业中没有优势,在高科技产品生产上没有形成规模。我国产业结构调整和促进经济发展的政策以支持对经济有特殊意义的产业为主。这些产业在现阶段多是以促进出口和解决就业压力为主要目的,一般集中在国内自然资源比较丰富的行业,如钢铁、煤炭、水泥等。但是,随着环境问题的日益严峻,对能源问题的重新认识和对经济可持续发展的长远考虑,这种依靠基础产业发展的道路只能引导发展中国家走上"贫困化增长"而不是长期持续稳定的发展。因此单纯从中国出口的低附加值产品的价格水平来判断汇率是否合理,并不能全面反映国内整体物价水平[13]。考虑到可持续发展,政府需做到真正从长远打算,着力实施产业结构的转变为重中之重,同时加强能源节约以及替代能源的开发等等。

此外,金融系统不完善是汇率改革的制约因素。在过去因为政府对四

4 被美国人"俘虏"的巨额外汇储备

大国有银行经营中的行政干预,银行很多时候是在充当资本供应者的角色,而不是商业经营者。这种违背市场规律的经营方式,留给银行大量不良资产。金融系统改革初期,不良贷款率曾经占到贷款总额的60%以上,大大高于国际银行业标准。从低迷的证券市场和迟迟不能上市的国有银行可以看出中国的金融系统在市场的运营中还不成熟[13]。现在我国四大国有银行改革已初步完成,这为我国金融体系的进一步完善打下了基础。

一国采取的汇率制度与金融稳定密切相关。有研究表明,尽管在爆发危机的情况下这些国家相对采取浮动汇率制的国家会蒙受比较大的损失,但固定汇率制仍可以降低发展中国家发生金融危机的几率。发展中国家以固定汇率制来实现汇率的稳定,这对降低银行风险、促进整个金融环境的稳定大有好处,并且可以提高国家信誉,激励政府保持宏观经济的协调发展,避免危机的发生(这一点可以从美国历年来的政策得到证实,因为其采取浮动汇率制,美国不愿意也不必要使自己本国经济保持平衡,而是不断的借钱补"窟窿")。由于经济全球化的发展,浮动汇率制早已不是经济波动的缓冲器,反而成为经济危机传导的始作俑者。因此,为了减少金融波动,稳定经济发展,目前中国应该继续实行有限制的浮动汇率制度,把汇率限制在一个恰当的浮动区间内[13]。

无奈的中国人民银行

我国不是惟一一个经济快速成长,而且有升值压力的国家。从已有经验来看,在货币升值的阶段,要从外需带动转向内需带动,这是一个重大的经济增长路径的转换。而汇率同时可以看成是贸易部门和非贸易部门之间的相对价格,因此,汇率的升值是有利于非贸易部门的发展的。中国的服务业发达程度不仅显著低于国际发达国家,也显著低于印度等发展中国家;中国经济增长中,消费占比过低而投资比率过高。人民币汇率形成机制的弹性化改革为这一系列的改革创造了很好的货币环境。反过来,整个汇率形成机制改革的深化也必须在一个相对平稳的经济环境中进行,这就必须要有内需的拉动,也就是说必然要有第三产业和消费的发展,必须进行相应的服务业准入管制的放松和消费的扩张,这是一个必然趋势,也是客观的要求[14]。这也必然要求我国内需的不断扩张,实现"自救"。

总之,在我国汇市还不够成熟、利率还未市场化、资本账户还没完全放开、市场监管水平很有限等各方面条件还不够成熟的条件下,这次中国

4 被美国人"俘虏"的巨额外汇储备

人民银行对人民币形成机制的安排可说是大势所趋，非常必要的。应该说，这次人民币汇率形成机制的改革，对促进经济增长路径的转换，改善外汇市场的环境，挖掘做市商银行的价格发现功能，促使银行去完善其自身风险管理工具等随之进行的改革都有积极的作用。同时，在短时间内，人民币汇率形成机制都不会有大的变动，人民币汇率的波动也不可能是单方向的，势必有所波动[14]。将来的改革有可能采取渐进的方式，因为如果改革力度过大，反而会造成国内经济主体的不适应，适得其反，等到各方面条件都比较成熟时，才有可能考虑浮动汇率制。

4.3 每月损失四艘航空母舰

中国人民银行的无奈，又决定了中国必须承担高额外汇储备所带来的风险，从而又掉进了美元"老大"的"陷阱"。中国是全球官方外汇储备最高的国家，据国际货币基金组织的统计，在全球已知的各国官方外汇储备中，有约70%是美元。有分析认为，仅2008年4月份，中国外汇储备即蒸发357亿美元，这相当于中国一个月损失了4艘航空母舰。

都是美元贬值惹的祸

美国作为世界上头号强国，并且掌握着作为世界货币的美元的输出权，从很大程度上影响着世界各国的经济金融发展，美元的强势和稳定可以为全球经济创造一个稳定的经济环境，促进世界各国的繁荣和发展，同时美国作为世界货币的输出国，也能从中渔利，达到多方互利共赢。美元的持续贬值势必会给世界经济造成一定的混乱局面。比如，像中国一样的发展中国家，由于外汇储备多以美元为主，会造成外汇储备的大量流失。

美元贬值祸害中国

如上所述，2005年来人民币对美元升值步伐不断加快。2005年升值2.49%，2006年升值3.28%，2007年升值6.41%，而2008年一季度更是升值4%。毫无疑问，如果照此速度，自2005年汇改以来，人民币对美元累计升幅必将很快突破20%！诚然，缓慢而平稳的人民币升值，有利于改善国际收支状况，抑制外汇储备的过快增长，从而减轻国内市场流动性过剩的风险。然而，人民币升值过快，尤其是随着人民币升值预期加重，必将产生一些负面效应：

第一，人民币升值过快，低附加值、劳动密集型出口企业日子更难过，由于人民币升值过快，以美元标价的产品出口换汇后，同样数额的外汇结汇额将会快速变小，从而让产品出口型企业利润大打折扣，甚至会出现亏损的现象，尤其是劳动密集型、产品附加值低下的出口型企业，如服装、纺织、鞋帽等加工出口型企业，日子将更难过，利润空间也会进一步缩小，甚至会亏损。与此同时，也有人认为，人民币升值有利于原材料进口型企业节约成本，其实不然。由于世界性通货膨胀及原材料类商品价格暴涨，原材料价格的上涨幅度已远超人民币升值的幅度，因此，人民币升值无益于原材料依赖进口企业缩减成本，其中，最典型的例子就是钢铁企业、石油石化企业等[17]。况且对于劳动密集型出口企业，它们的转型不是一蹴而就的，也不是短期内就能解决的问题，所以在金融危机的特殊时刻，扶持这些企业还是应该作为政策的首选，尽量为美国的破产而少埋单！

第二，人民币对美元升值过快，可能直接导致我国对外贸易顺差锐减，本币大幅升值，以本币标价的"洋货"将会更显"便宜"，这会极大地诱惑或吸引国民消费外国产品，因此，本币升值，尤其是本币大幅升值，会明显刺激"洋"产品进口和消费；相反，由于本国出口产品以本币计成本，而出口后换回来的是贬值的外币，结汇后的本币金额则因本币升值而大打折扣，从而以本币计算的利润减少，因此，本币升值自然会抑制产品出口。这样一来一去，其结果必然是：如果人民币升值过快，或是随着人民币升值预期进一步加强，则不但国民会期待多消费"便宜的洋货"，而且有可能导致我国外贸顺差的锐减[17]。这样必定会导致我国 GDP 的锐减，从而削弱国内居民以及世界对中国的信心，将不利于我国的发展。

第三，人民币对美元升值过快，将直接影响我国经济的高增长。众所周知，近十年来，中国经济的持续高增长，一方面源于中国经济改革开放的巨大成功，另一方面则是源于不断增长的"出口"和"投资"两大因素的强力拉动。然而，随着人民币升值的趋势化、长期化，出口的增长必将受阻，出口拉动将会乏力，国内经济增长可能因此而放慢步伐。

第四，人民币升值过快，国际游资可能会冲击我国金融市场，监管难度也会加大。尽管我国人民币尚不能自由兑换，而且我国仍实行严格的资本管制，但由于监管存在一定的难度，国际游资进出我国的大门很难做到

密不透风，人民币升值过快，必将诱使一些国际游资想方设法进入中国，并利用人民币的大幅升值来套利，这将会大大增加国家外汇管理局、央行、银监会、证监会的监管难度。

按外汇储备损失估算，中国每人"捐给"美国政府380元！

国家统计局发布的2007年国民经济和社会发展统计公报披露2007年人民币升值6.9%，2007年我国有15282亿美元外汇储备，贬值1054.458亿美元。这1.5万亿美元主要用于购买美国国债。美国的一年期国库券利率平均水平为2.27%，所以收入是346.9亿美元。这样净损失为707.558亿美元，折合人民币4945亿元，分摊到13亿中国人身上是每人380元，也就是说中国13亿人2007年每人付了380元给美国政府。2008年美国的"尼米兹"级航空母舰（在"布什"号航母服役以前，该舰是最具有代表性的）花费约40亿美元，707亿美元可以造17艘航空母舰，也就是说中国2007年送了17艘航空母舰给美国。

尽管美国次贷危机仍在持续，然而美国财政部近日公布的报告却显示，2008年3月到5月，中国连续增持美国国债，共计196亿美元。而在截至2008年5月份的一年内，中国所持有的美国国债大幅增加了990亿美元。中国外汇储备的持续增长，是中国增持美国国债的主要原因，而这也在一定程度上表明，中国外汇储备的管理正面临严峻挑战。数据显示，目前我国的外汇储备约为1.8万亿美元，外汇储备主要由国债和机构债组成，美国国债的大幅增持，也在情理之中。一方面，是中国外汇储备持续增长，另一方面，美元持续贬值，以及最近美国房利美、房地美危机爆发，对中国外汇储备形成进一步冲击。

高额储备的负效应

高额外汇储备带来许多不利后果，首当其冲的是我国货币政策的独立性受到挑战。我国的外汇储备主要来自于国际收支的经常账户和资本账户的"双顺差"。由于实行进出口企业的强制结售汇制度，企业出口和资本项目下资本流入越多，外汇收入越多，外汇储备增长越快。外汇储备增长的同时，由于储备是央行投放了与储备的外汇等值的基础货币所形成，所以储备过快增长不可避免地带来了基础货币投放的增加，加上乘数效应，加大了通胀压力。对此，央行不得不采取紧缩的货币政策进行调控，于是使货币政策丧失了部分的独立性,而依附于汇率政策。比如,央行采取了抛售央行票据或回购协议等方式回调过多的货币投放[18]。

其次是储备属暂时闲置,储备越多机会成本越高。储备是一种支付准备金,一般用于国际收支逆差的弥补、为稳定汇率而干预汇市、意外紧急事件的应急支付、举债的信用担保等用途。但我国由于近十几年来国际收支顺差、汇率稳中有升、国内政治经济局势稳定,相对于储备巨额增加的另一方面,储备的支付使用却较少,大量的储备资金暂时闲置。同时,中国作为发展中国家,经济建设需要大量资金,这与巨额储备的闲置形成鲜明的对比。如果储备被用于经济建设,特别是用于能源、通讯、交通等基础产业,宏观经济效益与闲置的差之间存在较高的"机会成本"。而且,储备并非越多越好,只要持有的储备可以胜任平衡国际收支、干预汇市、应付紧急事件的需要,保持在一定水平的范围内即可。反之储备越多、闲置越多、浪费越严重,机会成本也将越高[19]。

三是储备资产的实际价值还面临汇率波动而贬损的风险。伴随着人民币的不断升值,美元汇率不断下降。由于我国外汇储备结构中约有70%左右是美元资产[20],因此,美元的贬值将造成我国外汇储备的资产缩水,形成资产损失。而近年来伴随着美国持续的贸易逆差,美元贬值势不可挡,自2005年"汇改"以来,截至2008年年底人民币兑美元的汇率已经达到1:6.83,人民币兑美元累计升幅已经超过17.4%[21]。在我国的国际收支顺差未达到平衡之前,人民币将继续升值,伴随着人民币的升值和美元贬值,我国外汇储备面临的汇率波动的风险无疑也将越来越大。

四是高额储备具有较大的管理难度。一国的国家储备都包括:货币性黄金、外汇、在基金组织的储备头寸和特别提款权。由于目前绝大多数国家的储备中外汇储备一般占有90%甚至95%以上的比重,所以对储备的管理就集中表现为对外汇储备的管理。为使储备既可以满足支付需要,又可以在充当支付准备时免受资产损失,各国根据情况可以将储备从资产结构和期限结构上进行分布和管理。但是外汇储备越高管理将越复杂、管理难度也将越大,因管理不善带来的风险相应地也会增加。

次贷危机与外汇储备6000亿美元损失!

截至2008年年底,我国外汇储备已达到1.95万亿美元。可以预料,中国外汇储备将在2009年突破2万亿美元大关,坐稳外汇储备世界第一

4 被美国人"俘虏"的巨额外汇储备

的"宝座"。目前全球金融市场正处于由次贷危机引起的"多米诺骨牌"效应之中,如何实施外汇储备的保值增值,是中国外汇管理当局亟需应对的头等课题。基于 IMF 官方外汇储备币种构成数据库来推测中国外汇储备的币种结构,可以发现在中国外汇储备的币种结构中,美元资产约占70%,欧元资产约占25%,英镑、日元及其他币种资产约占10%。如果基于美国财政部国际资本系统(TIC)定期公布的外国投资者持有美国证券的资料来推测中国外汇储备的资产结构,可以观察到在中国外汇储备的资产结构中,中长期国债约占50%,中长期机构债约占35%,股权、企业债与短期债券约占15%。由以上数据,我们可以推测截至2008年9月底,中国外汇储备中美元国债约为6200亿美元,美国机构债约为4300亿美元,两者合计为1.05万亿美元。由于次贷危机对美国的冲击最为严重,我们假定美元资产最容易遭受次贷危机的直接冲击——从这个意义上看,中国在次贷危机上被美国所绑架的说法并不为过。事实上,不论次贷危机如何演进,也不论美国政府救市与否、如何救市,中国外汇储备的国际购买力受损都显而易见,无法挽回。例如,美国政府接管"两房",无非意味着两房的信贷风险转移到美国政府的资产负债表上,美国国债的信用等级可能被调降,市场价值缩水,从而中国外汇储备中的6000多亿美元的美国国债将面临亏损。次贷危机对中国外汇储备的国际购买力构成了重大威胁,在这一问题上我们陷入了左右为难的尴尬境地[22]。

而损失决不仅仅如此。由于美国央行为克服次贷的影响连续八次降低利率,使得美国的联邦基金利率从2007年8月的5.75%降至2008年4月的2.00%。美联储降息以后,美国短期债券收益率一路走低。而我国的外汇储备资产中大量以美国国债尤其是中短期国债为主,并且在最近的一年时间里,中国增持了990亿美元。美国国债收益率的全面下跌,使我国外汇储备资产的收益大大下降。而我国为了抑制由于外汇占款所导致的通货膨胀,2007年连续六次加息,已经让国内利率水平从2.52%上升到4.14%,中美利率出现倒挂。为了冲销由于外汇占款所导致的流动性过剩,中央银行不得不连续发行央行票据进行公开市场操作,其票面利率已经超过了美国国债的利率。因此,我国外汇储备资产的收益率已经远远低于由于这些储备资产所带来的调控成本[23]。

更为严重的是,次贷危机所造成的国际金融市场动荡使我国外汇储备在海外的投资遭受了巨大损失。2007年5月,中投公司斥资约30亿美元购买美国黑石集团近10%的股票,而今这笔投资的账面亏损额已经逼近16亿美元。中投公司在第一次出击不利的情况下,又试图抄底美国摩根斯坦利公司可转换股权单位。根据摩根斯坦利公布的2007年第四季度报告显示,公司第四季度损失35.9亿美元。业绩的剧烈下滑使股价大幅下降,由于目前次贷风波影响远未停止[23]。

为了减轻过多的外汇储备所带来的压力,我国政府放宽境内企业使用外汇对外直接投资,支持企业"走出去"。以中信证券为例,中信证券一直在寻找外国伙伴来帮助自己拓展海外市场,2007年11月,中信证券计划和贝尔斯登结成全面战略联盟:中信证券认购贝尔斯登发行的约10亿美元可转换信托证券,获得相当于贝尔斯登总股本6%的股权,转换价格为121.33美元。此外,中信证券还将在适当时机增持贝尔斯登的股份至9.9%。次贷危机爆发后,贝尔斯登成为风暴的中心,流动性出现严重恶化,如果不是纽约联储出手挽救贝尔斯登,那么3月14日贝尔斯登公司就会宣布倒闭然后进行清算[23]。可见,尽管由于次贷危机,对外投资风险放大。

对于中国外汇储备管理而言,更加紧迫的问题是,美国如何为财政救市融资?从传统上而言,美国政府有三种方式为财政支出融资。第一种是通过减税增加财政收入,现在来看可能性很低,尤其是考虑到7000亿美元救市方案中还附加了1500亿美元的减税方案。第二种是美国财政部新发国债,由其他国家投资者购买。第三种方案是财政部新发国债,由央行购买,这意味着美国政府通过印刷钞票、制造通货膨胀来应对危机。美国政府通过发行新债来救市。那么中国央行不得不面临一个问题:美国新发国债,中国央行是否购买?可供权衡的可能性有三种。其一,如果中国央行购买,而且美国政府救市措施正确,那么金融市场可能较快地稳定下来,各方均能从中获益;其二,如果中国央行购买,但美国政府救市措施未能发挥作用,危机进一步蔓延,中国外汇储备将面临更严重的亏损;其三,如果中国央行不购买,则美国被迫通过大幅提高新发国债收益率的手段来吸引潜在购买者,这将导致中国拥有的存量美国国债的市场价值大幅贬值[22]。

高外汇储备与高货币供给量和通货膨胀

由于我国还处于发展的初级阶段,对外出口的商品大都为劳动密集型

产品,即以低附加值的产品为主,并且由于几千年的中华传统根深蒂固,以及现阶段社会保障体系的不完善,导致我国居民消费不足,而储蓄过多。我国的经济增长主要靠投资和出口两项来拉动,又因为我国目前实行的结售汇制度,势必会造成外汇储备较多的局面,与此同时,由此而引起的外汇占款居多,美元泛滥导致国内人民币泛滥,造成通货膨胀,危害国内经济。外部又存在着人民币升值的来自政治经济等方面的压力,更为严重的是,随着次贷危机的爆发及演进为百年一遇的金融危机,美元节节走低,国际油价、金价暴涨,以国内资源以及劳工血汗换来的美元在国际上购买力大大降,我国外汇储备严重缩水。

4.4 近2万亿美元外汇储备,中国应该何去何从?

我国目前大量的外汇储备以及面临的困境有一部分是由我国现行的汇率及财政等制度引起的,虽然这些制度比较适合我国现阶段国情,但不可否认,也产生了一些负面效应。首先是我国的外汇结售汇制度,出口企业的外汇收入在强制结售汇制度下,经由外汇指定银行这一环节后,最终形成了我国的外汇储备,并造成了外汇储备的激增。其次是人民币汇率制度,管制性的汇率制度对国际收支调节的效率是有限的。2005年,人民币汇率不再盯住单一美元而改为钉住"一揽子货币",但汇率的"有管理"依然是我国汇率制度的本质。所以,顺差不能及时通过支出转换政策下的汇率变更得到有效的调节。最后还有我国的财政制度,我国的中央财政通过一些政策制度对进出口企业进行调控,这些制度政策的实施,通过"影子汇率"的方式对我国进出口贸易及储备规模产生影响。可见,我国的高额外汇储备的形成机理存在着较为严重的制度因素,要从根本上解决这一问题,必须首先从制度方面下手,但这一举措不应过急,毕竟现在全球处于金融危机,现阶段首选的策略应是自保。

所以有人可能认为,中国不应为次贷危机继续买单,因此不能继续购买美国国债。问题在于,目前中国的外汇储备仍以每个月200亿美元到300亿美元的速度在增加,如果不购买美国国债,这部分储备还可以购买什么其他资产?当前欧元区金融市场不比美国更好,欧元甚至有相对于美元贬值的风险,这意味着目前欧元资产太贵。而日元资产收益率太低。其他币种资产则存在或者规模太小,或者流动性不足的问题。可见,如果中国不购买美国国债,我们的损失将更为严重。一种建议是中国可以用外汇储备购买石油、大宗商品与黄金。这种观点具有一定的合理性。然而,随着世界经济的进一步减速,石油与大宗商品价格还有下滑的空间,目前可能不是最好的买入时机[22]。再者,美元的贬值其实就意味着黄金的升值,如果政府购买黄金,无异于火上浇油。

另一种说法是中国可以用外汇储备来购买在华投资的外资企业股份。然而,在中国投资的外资企业大多为实体企业,而非金融企业。在次贷危机中,目前除国际汽车行业面临困境外,其他行业的实体企业并未受到严重冲击,它们是否愿意出售在华企业的股份仍是一个问题。此外,即便对于处境日艰的美国金融机构,在中国的业务也可能是其全球范围内获益最大的业务类别之一,不到万不得已的时候未必愿意脱手。因此,用外汇储备买到的,最终可能是投资收益并不理想的外资企业的股份。如果美国政府最新的救市措施能够发挥作用,则在这种情况下,适当购买美国国债或许有助于实现中国外汇储备的潜在损失最小化。但考虑到中国外汇储备的巨大规模,在当前极度恶劣的国际金融环境下,中国政府很难通过多元化来降低外汇储备国际购买力贬值的风险。积困之下,中国必须致力于改变外汇储备继续增长的局面。这意味着政府应尽快地将出口导向的发展战略改为内外平衡的发展战略——取消各种优惠性外资外贸政策,取消要素市场上的价格管制,增强人民币汇率形成机制的弹性,并向民间资本开放金融、医疗、教育等领域。只有从源头上遏制外汇储备的增长,中国才能最终摆脱被美国反复"绑架"的命运[22]。最根本的途径就是积极扩大内需,尽管这不是短时期内能够实现的目标,但要把握住时机,创造机会,逐渐改变我国经济发展的二元结构,促进国内居民的消费,变外向拉动为内需拉动。

次贷危机后,我国外汇储备应如何管理?

外汇激增使我国外汇储备管理的思路与政策上出现了重大转变,由过去追求安全性与流动性的保守管理转向追求收益性的积极管理,而美国次贷危机的发生又对该"积极管理"造成了巨大的冲击。我国的外汇管理到底该何去何从?

2006年年底,我国外汇储备规模超过日本,成为世界第一的外汇储备国。截至 2008 年年底，外汇储备余额已经达到 1.95 万亿美元，外汇储备的快速增加及其庞大的规模，使得我国外汇储备管理的思路和政策出现了重大转变。

外汇储备的管理必须有其基本原则。因为外汇管理的好坏涉及整个国家的利益，所以首先要保证的是外汇的安全性，即要保证本国国际收支的安全和汇率稳定；其次是要保持流动性，以备处理突发事件，即保证本国对外支付的正常运行。在这两者基础上，还要尽可能提高本国储备资产的收益率。2000 年以前，我国由于外汇储备数量并不大，因此管理重点主要是追求安全性与流动性，将外汇储备资产主要配置于美国的银行存款和低风险的美国国债。但近年来外汇储备管理已经逐步从追求安全性、流动性的保守管理走向追求收益性的积极管理。

次贷危机的发生与发展，使我国外汇储备在海外的投资遭受了巨大的损失，我国追求收益性的外汇储备管理思路刚刚起步就受到了极大的打击。鉴于外汇储备的规模还在不断增加，我国的外汇储备管理该何去何从，这是摆在当局面前的一个重大课题。我国外汇储备管理较为现实的选择应该包括以下两个方面：一方面要主动控制外汇储备规模的过快增长，减少对外汇储备管理所带来的压力；另一方面，在既定的外汇储备规模下，要进一步优化外汇储备资产结构，其中包括优化美元资产结构，优化储备货币币种结构，优化金融资产与商品资产结构[23]。具体而言，包括以下几个方面：

最根本的解决方法就是要控制外汇储备规模的快速增长。外汇储备规模过大，在我国当前的外汇管理体制之下，首先会导致本国货币投放增加，通货膨胀压力加大，相应的冲销成本也会越来越大；与此同时，外汇储备规模过大，一方面对外汇储备资产的收益会有更高的要求，但另一方面，根据投资边际收益递减的规律，外汇储备资产的收益实现会越来越难。这样，外汇储备管理的难度就会随着规模的增加而增加。因此，要改善外汇储备管理，必须合理控制外汇储备的规模。与此同时，我国政府在降低部分产品出口退税，扩大高消耗、高污染和资源性产品出口关税征收范围，减少外商投资企业的超国民待遇等方面多管齐下，从贸易顺差和外商直接投资等渠道对外汇储备规模的快速增长加以合理的控制[23]。可以看出，我国最近出台了大量的关于出口退税的相关政策，其实目的就在于此。

接下来要做的就是进一步优化美元资产结构。我国现有的外汇储备中，美元资产大约占70%的比重。其中部分以美元存款和美国国库券的形式存在，资产收益虽然较低，但可以满足外汇储备的安全性与流动性。另一部分美元资产主要投资于风险相对较高的金融资产，目的是为了追求更高的收益性。外汇储备管理随着外汇储备规模的变化而变化，这是约束条件发生变化的情况下经济主体最优选择的相应变化，是符合理性原则的。但次贷危机的发生是新出现的约束条件，即使是在收益性目标不变的前提下，经济主体的最优选择也会出现相应的变化。

中国人民银行可以做什么？

次贷危机发生后，美国经济陷入衰退，为刺激经济，美国持续下调利率，美元汇率持续走低。美国采取弱势货币政策对其自身来讲是有利的，一方面可以促进本国的出口，另一方面美元贬值可以使美国减轻债务。但一个必然的后果就是造成国际市场以美元计价的商品价格飙涨：原油价格上涨到接近 150 美元一桶，黄金价格曾经突破一盎司 1000 美元大关，农产品价格更是叠创新高。美元在国际市场购买力的下降，对我国巨额外汇储备来说是一种灾难——虽然从数量上看增加了 7 倍，但从对原油的购买力来讲只增加了 2 倍，中国不断增加的外汇储备只是一种纸上财富。因此，在国际储备中增加商品储备的比例，减少外汇储备的比重，是我国外汇储备管理的一个方向[23]。由于黄金价格与美元汇率之间呈负相关关系（因为美元是黄金的直接价格表现），黄金储备是下一阶段国际储备的最佳资产。因此，增持黄金储备是目前很多国家尤其是发达国家外汇储备结构转换的一个动向。

要完善我国汇率制度，使之更好地为经济服务，可以从以下几个方面着手：首先，稳步推进利率市场化改革，完善利率形成机制。在巩固放开贷款利率上限和存款利率下限政策的基础上，适当简化贷款的基准利率期限档次，推进长期大额存款利率市场化，研究推出利率衍生产品。完善中央银行利率体系，建立适时动态调整再贴现率等中央银行利率形成机制。进一步完善票据市场利率以及市场化产品的定价机制，合理反映期限和信用风险。其次，改变强制性结售汇制度，不断增加机构留汇比例，促进汇率市场化改革。结售汇的强制性与银行间外汇市场的封闭性是导致人民币汇率形成机制缺失的重要原因，使其难以成为真正意义上的市场汇率。因此汇率市场化改革的重点有两个方面：首先是改革强制结售汇制度，实行意愿结售汇。意愿结售汇制度宏观上有助于央行摆脱外汇供求市场的被动地位，将外汇储备和汇率政策作为宏观调控的手段；微观上有助于削减涉外企业因强制结售汇制度增加的额外经营成本[15]。

另外，改善中央银行在外汇市场进行操作干预的机制，逐步减低央行入市干预频度，加大人民币浮动区间，推行目标汇率区。前面已经分析过，对于中国而言，较为理想的汇率制度长远目标应该是自由浮动汇率制度，而管理浮动汇率制度是中期目标，近期目标是汇率目标区制度。在目标区汇率制中，一国可以确定其货币的一个平价值作为中心汇率，并允许本币币值围绕这一平价小幅波动。当汇率在允许的波动范围内时，货币当局不予干预；当汇率预期将超过平价上下限时，货币当局通过在市场上买入/卖出本币进行对冲性干预；另外，平价本身也是可以调整的，货币当局可根据本国国际储备状况或价格的近期变化定期地对平价进行小额调整[15]。

参考资料

[1] 李海燕："论新世纪美元的国际地位及其发展趋势"，《国际金融研究》，2007年第5期。

[2] 艾林·弗兰克著，刘英译：《美国在世界金融体系中的非对优势》，《国外理论动态》，2004年第4期。

[3] 闫小娜："全球经济失衡与美元的地位"，《中国金融论坛》，2007年。

[4] 陆前进："全球流动性过剩根源何在"，《中国证券报》，2008年3月18日。

[5] 华民："2008，全球流动性过剩仍将持续"，《SHANGHAI&HONGKONG ECONOMY》，2008年1月。

[6] 冯蕾，金永军："美国经常账户逆差与全球流动性过剩"，《生产力研究》，2008年第7期。

[7] 粟志刚："人民币汇率制度演变的政治分析"，东北师范大学博士生论文，2007年5月。

[8] 张宇燕，张静春："汇率的政治经济学"，《当代亚太》，2005年第9期。

[9] 李增刚，董丽娃："汇率决定的国际政治经济学"，《广东金融学院学报》，2005年11月。

[10] 潘英俊，金春宝，孔源："我国金融市场现状及发展研究"，《大众科学》，2007年第21期。

[11] 徐婷婷："我国金融监管的现状及其制度改革"，《科技信息》，2007年第2期。

[12]"论我国证券市场的不规范性",中华会计网校。

[13]刘亚:"浅析中国汇率制度改革",《河北金融》,2006年第5期。

[14]丁剑平,曾芳琴:"我国汇率制度演进趋势分析",《东南学术》,2007年第1期。

[15]侯峰,桂华斌:"三元悖论与我国汇率制度的完善",《统计教育》,2007年第2期。

[16]王光:"美元贬值威胁中国经济安全",东北网。

[17]董登新:"戏说'美元贬值'与'美国升值'",《西部论丛》,2008年第5期。

[18]刘艺欣,张玉纯:"论中国巨额外汇储备的制度压抑",《江汉论坛》,2008年第5期。

[19]姜波克:《国际金融新编》,复旦大学出版社2001年第3版。

[20]李若愚:"中国外汇储备中美元所占比例下降",《北京晨报》2006年4月21日。

[21]《银河投资参考》,2007年9月11日。

[22]张明:"2万亿外汇储备如何安渡次贷危机?",《金融时报》中文网。

[23]黄立红:"次贷危机后中国外汇储备管理的出路",人民网·天津视窗。

[24]王娟:"中国外汇储备的现状分析",《科技情报开发与经济》,2007年第17卷,第1期。

[25]麦金农:《美元本位下的汇率——东亚高储蓄两难》,中国金融出版社2005年版。

5

股市震荡背后的故事

上证综合指数从 2005 年 6 月 6 日的 998 点,到 2007 年 10 月 16 日 6124 点,再到 2008 年 10 月 28 日的 1665 点[1],在短短的两三年时间里,经历了暴涨暴跌,可谓空前。在这段时间里,中国股民就像进入了寒冬酷暑一样,在中国股市里受尽了煎熬,上演了无数次的悲欢离合的故事。那么,中国股市到底怎么了?是什么原因使得中国的股市就像过山车一样让人感到惊心动魄?其实,中国股市频繁震荡的背后隐藏着强大的幕后推手。

5.1 国门外面的老虎
——兴风作浪的国际游资

对金钱与暴利趋之若鹜的国际游资,又称为热钱,是各个国家最为头疼的国际资本。各国对它无可奈何,始终处于防守状态。正因为国际游资这种天生的资本逐利性,作为世界上新兴市场与经济高速增长的我国,自然就成为各种国际短期投机资本获取高额利润的最理想之地。

事实上,国际金融资本试图进入中国市场为时颇早。早在 20 世纪 80 年代末、90 年代初西方金融界开始以国家基金形式进入新兴市场之时,海外金融机构便尝试以这种形式渗透中国市场,时间甚至在中国大陆设立内资投资基金之前。1991年5月2日，香港渣打银行、汇丰银行等多家机构与中国新技术创业投资公司共同设立我国第一个境外投资基金——中国置业投资基金，首期募资3900万美元；1992年4月，中国置业在港上市。相比之下，直到1992年8月9日，中国人民银行才首次批准在上海依据国际规范设立金龙、宝鼎、建业3只投资基金[2]。之后，随着中国经济的进一步增长，中国对资本的渴求也越来越强烈，于是在自身的愿望与西方发达国家的压力下，越来越多的外国金融资本进入中国金融市场，特别是在中国加入WTO后，承诺将全面对外开放中国金融业，这使得外国的金融资本加速进入我国。这些金融资本有的通过官方的合作，合法地进入我国金融市场，如QFII。而更多的私人金融资本眼看无法通过合法途径流入我国来分享美味的金融大餐，于是它们通过各种合法的或非法的途径变相进入我国，合法的有通过FDI的名义进入，然后将资本金结汇，不用于生产性投资，转而投入股市或房地产市场；非法的有通过地下钱庄等渠道。

据社科院某位专家测算，中国最新热钱数额达到了1.75万亿美元，大约相当于截至2008年3月底的中国外汇储备存量的104%[3]。如此大规模的国际游资显然已对我国金融市场的稳定产生了巨大的威胁！

国际游资又被称为热钱，是国际金融市场上投机者根据对市场和别的国家经济的预测，利用汇率、利率、金价、证券价格、商品价格等变动情况来谋取投机利润的短期投机性资金，主要包括从事牟利活动的国外短期资金、跨国公司的流动资金及部分暂时闲置资金、国际银行短期资金及信贷业务资金、各种投资基金及其他专项基金等，其最大特点是高度的流动性、不稳定性和强烈的投机性[4]。

A股市场的不速之客

在QFII制度建立之前，虽说内地证券市场并未对海外资本正式开放，但是不少海外资本还是通过种种渠道辗转进入我国，A股市场上外资变相流入的传言从来就不曾平息。一批具有外资背景的企业在A股市场上市，对境外各种基金形成了进一步激励。特别是日本股市从2000年起连续三年下跌，日本私人投资基金投资中国证券市场的愿望显著上升，一些原本不参与中国市场的日本基金管理公司也相继设立了中国基金，如三井住友集团下属三井住友海外基金管理公司于2002年9月设立了2亿美元的中国基金。由于A股市场出现"海归股"现象，即一些海外上市企业相继

在内地上市，截至 2003 年 9 月末，在全部 83 家境外上市内地注册企业中，已有 29 家同时发行了 A 股，投资于这些公司 H 股、N 股的国际投资者已经由此间接卷入了中国内地资本市场[5]。

国际游资变相流入内地证券市场的迹象表现在许多方面。内地与香港股市行情之间多年来存在走势此起彼伏的"跷跷板行情"现象，就有不少市场参与者将其归因于国际游资在内地与香港股市之间的流动。传言 A 股市场上一些投资机构也有海外资本背景，一度声名赫赫的"凯地系"便是如此[6]。据有关媒体报道，凯地系源泉资金来自 4 只海外基金：香港注册的慧德基金、巴林银行（荷兰 ING）、英特尔投资基金、香港上市公司康达公司，截至 2001 年 8 月，通过在深圳注册的凯地投资管理有限公司直接或者间接控制了高科、方正科技、中科健、银鸽投资、深南光、深天马、飞亚达、中航实业（H 股）、香港中联系统 9 家上市公司。此后，凯地系又先后控制健力宝等公司[7]。2002 年下半年以来，"人民币升值论"给国际游资流入中国内地证券市场增添了新的强大的动力，因为当一个经济体货币升值与证券市场开放同步发生时，大量旨在牟取汇率收益的游资涌入其证券市场，将推动股市猛涨，进而吸引更多的游资流入，而游资涌入又将进一步推高股市。日本和中国台湾地区都曾经上演过这种汇率、股价轮番上升的循环，当人民币升值预期出现时，不少游资希望在中国内地重演日本、中国台湾地区股市的这一幕，致使 2003 年 A 股市场走势呈现出不同寻常的新特点[8]：

第一，2003 年 A 股市场大盘股表现超越大盘，与内地投资者通常偏好小盘股的风格迥然不同，尽管其中有内地基金操作理念偏重蓝筹股的因素，但国际游资的作用仍然不可低估[9]。

第二，从 2003 年 11 月中旬开始，中国股市始于 2001 年 5 月的漫长熊市迎来转机，短短一两个月里，沪深股市整体涨幅便超过 25%。中国股市之所以反转，国际游资在人民币升值预期驱动下流入内地证券市场，从而有效地推高了资金推动型的中国内地股市。因为 2004 年新年伊始，在前五个交易日上证 A 股指数便上涨 100 点，但在这一轮涨势中，国内主力机构中很少有意愿和能力增持股票的，因为券商的惯例是在年底前回笼资金而不是增加投放资金；基金虽然在增持，但从 7 月份到 2004 年年初成交量仅仅 500 亿元左右；私募基金力量还不足以抬升领涨的主力——大盘蓝筹股。如此看来，有力量拉升这一轮行情的就只有国际游资了[10]。

不断增强的影响力

近年来，随着中国经济的高速增长，境外投资者对我国证券投资规模不断扩大。据2006年国际收支报告分析，2006年境外对我国的证券投资流入429亿美元，较上年增长102%。其中，境内银行和企业境外发行股票募集资金395亿美元，合格境外机构投资者（QFII）投资34亿美元。可以预见，伴随宏观经济继续平稳快速增长，国内需求保持旺盛，国有银行和企业股份制改造不断深入，境外对我国证券投资的规模将持续增长。在这当中，我们不得不考虑国际游资对我国证券市场的冲击。因为从全球竞争能力来看，目前我国的金融业核心竞争力以及盈利能力并不突出，之前上市的工商银行、中国银行等大盘成分股的股指虚增较大，这直接增大了我国股市大盘指数虚高的概率。以2006年的每股盈利来测算，沪深300成份股的市盈率为26—28倍。根据我国金融统计年鉴，我国股市的长期平均市盈率大约在15—20倍之间。由于不少上市公司盈利能力仍然不强，我国股市市盈率应当更靠近15倍，而不是20倍。可见，当市盈率超过25倍时，就很可能是泡沫了[11]。所以一旦国际游资通过各种渠道进入我国的证券市场，将直接推升上市公司股票的市盈率，股市的泡沫就会越来越大。若不加以管制，泡沫破灭将会对我国经济的长期健康增长带来巨大的负面影响。事实上，由于目前私人资本的迅速膨胀，并逐渐在国际资本流动中占据主导地位，国际金融市场开始真正地"市场化"了，这一方面促使国际游资与机构投资者日益融合，国际游资活动的经济影响不断增强；另一方面，因国际游资的"金钱游戏"和转移速度已经形成一种独立的力量，从某种意义上说甚或已经超越一国金融监管当局和国际金融机构的权利和能力之所及，市场的失衡正在成为常态。所以在这种严峻的形势下，采取哪些行之有效的措施来更好地管理国际游资对我国金融市场的冲击值得管理层深思[12]！

操纵市场，大获其利

中国股票市场作为新兴证券市场，有着这样或是那样的制度性结构性缺陷，这些缺陷往往就降低了国际游资操纵证券市场的成本和难度，但违法收益却很大。例如，我国股票市场的广度与深度有限，少数大蓝筹股在指数成分股中所占比重过大，游资只需要操纵少数大蓝筹股就能够影响股市指数走势[13]。

更令人愤怒的是，国际游资在新兴证券市场，经常利用信息左右市场走势，从而牟取非法暴利。尤其在市场紧张时期，国际炒家常常传播关于政府改变政策或汇率的谣言，有目标地虚售，或者公开卖空头寸的积累情况，引起其他市场参与者的恐慌，高杠杆机构的行为尤其激进。1997年至1998年游资对中国香港特区的攻击已经让市场参与者和社会各界充分见识了国际游资利用信息的手段。在2000年至2001年中国电信类股票的震荡中，信息再次成为国际游资得心应手的工具。2000年11月1日至7日，在没有任何不利公开消息的情况下，外资机构投资者大规模卖空中国移动股票；11月8日、21日，瑞士信贷第一波士顿分两次将中国移动股票估价从76元下调到39元；随后，瑞银华宝借信息产业部下属单位某位研究人员之口传播信息产业部将实行手机单向收费政策的谣言，使中国移动股价跌落到39.6元，与瑞士信贷第一波士顿事先的估价极为吻合。尽管事后证明上述谣言完全不符合事实，但是卖空者已经从中国移动股价和恒生指数的变动中牟取了厚利[14]。

等君入瓮

国际游资除了主动实施对市场的操纵外，还会根据国家的政策、经济走势、环境因素等等进行布局，等待广大投资者自投罗网。

2001年2月19日，有关部门宣布B股市场对内地居民开放，并同时规定，新增换汇资金延迟至当年6月1日方准进场。从2月19日到5月31日，上证B股指数上涨达200%，6月1日之后却掉头向下，两个月后跌幅近半，内地投资者损失惨重，国际资金却获利而归[15]。

2007年8月17日，因港股直通车消息传开，基于对内地资金将大量涌入香港市场的预期，在不到两个月的时间内，H股和红筹指数已分别上升了70%和80%多，而港股每日成交量亦从年中时不满1000亿港元的水平，蹿升至近2000亿港元。究竟是谁制造了这么大的买盘？摩根大通董事总经理龚方雄透露，美国投资者在市场大涨后依然坚定看多，特别是对冲基金。这些投资者显然已经预先部署在中国股票中，并继续持有那些著名的大市值和大权重的中国股票，从而推动香港和内地股市叠创新高。他们希望在内地QDII和DII（内地个人投资者）资金开闸后，将这些股票卖给别无选择而不得不追高的内地投资者，从而获得丰厚的利润。后来由于温家宝总理表态港股直通车将延迟,同时,国内也传出监管层对 QDII 基金投资港股的风险警示,加之外围的 A 股和美股并不理想,获利的做多者选择了胜利大逃亡。没有了期待已久的接盘者,顷刻间大盘急转直下。港股直通车延迟与花旗集团可能计提巨额损失的消息同时传出,继 11 月 2 日大跌 1000 点后,港股 11 月 5 日再出现暴跌。当日恒生指数重挫 1526 点,下跌甚至超过了 1997 年股灾及 1987 年股灾创下的单日跌幅纪录。国企指数急跌 6.39%,创下 2004 年以来的最大单日跌幅,全日共成交 1587 亿港元。11 月 8 日,受到美股暴跌拖累,港股市场再遭重创。恒生指数急跌近千点,大幅跌破二万九大关,收市报 28760.22 点。这让部分先期入港的内地资金损失惨重。如 11 月 5 日中国银行正股下跌 9.68%,而中国银行的一只涡轮跌去 30%。江西铜业 H 股自 10 月 18 日创下 32.40 元的新高后一路下跌,11 月 8 日收盘仅剩下 21.05 元,其认购权证在几天内更是跌得面目全非[16]。虽然这次国际游资狙击内地资金没有成功,但由于中国的金融市场正处于初始发展阶段,以后的类似政策措施还会有更多可能要出台,谁又能保证下次某个政策实施时,国际游资不满载而归呢?

中国资本市场在与国际接轨中迷失方向[17]

从经济基本面的角度已无法解释中国股市现在的境况,这也许提示了我们:至少在现阶段,股市并非"经济的晴雨表",因为股市与宏观经济的关联表现并不明显。如果将此置于一个更高层次来思考,或许能够寻找到答案:2001 年前的中国股市,基本是完全封闭状态;而 2001 年后的股市则是在边缘化和被殖民化上徘徊。前者是关起门来做老大,自行运作;后者则可能是在差异化中受制于人,失去根本的安全性。

因此,中国股市必须认真思考中国这一非经典资本市场所面临的深层次问题——股市的边缘化与被殖民化。而这正是影响中国资本市场安全性的根本性因素。只有拥有主权和在金融市场居于主导地位的资本市场,才是安全的。

我们通常认为只有国家才有主权,只有征服才有殖民。其实,只要是一个单独的主体,无论国家、民族,还是企业,甚至个人,都存在主权问题,即拥有按照一定的游戏规则主导自己行为的权利,一旦丧失这种权利,也就意味着失去主权,意味着被殖民化。

资本市场的"殖民化"与"主权性"相对,一国资本市场的"主权性"主要包括三个方面:一是自主设计市场运行的游戏规则;二是在市场准入方面,自主确定市场的主体;三是在定价方面,自主确定市场客体或者交易对象的运行规则。一个资本市场如果在这三个方面失去主动权,也就意味着被殖民化。

从制度设计来看,2001年以前,中国股市并没有出现被外来力量所左右的情况;相反,还出现了"过度的中国特色"。2001年以后,随着与国际接轨,中国股市逐渐失去了自身特色,成为荟萃世界各国资本市场的试验田。因此,既有股东会、董事会、监事会、经营层四位一体德国风格的治理结构,又添加上"独立董事"的美式格调,整个资本市场的制度设计在矛盾调和中不断演绎和变革,但主线就是在"头痛医头,脚痛医脚"的过程中逐渐被迫放弃自主权而被殖民化。

从市场主体准入来看,中国股市是一个非国际化的市场,它只准许中国境内合法的投资者进行交易活动,不允许海外投资者超过制度规定进入该市场投资。但是,当一些国际资本尤其是国际游资对中国股市发展中的重大利益,在可见不可得的背景下,以"国际化"为口实,提出资本项目的开放与扩大股市的进入权限。更甚的是,尽管有控股权的规定,但事实上,还是存在着不少日常经营基本被外资控制的现象,或者私下承诺一旦条件许可,将由外方控股。市场主体的殖民化将导致中国股市的空心化。

至于定价权,2004年下半年讨论得比较多,主要是指在全球经济环境下,一个开放型经济体是否拥有在本国或本地区内制定各种商品,包括金融产品价格的权力。这种定价权事关该国或地区的整体经济权益甚至事关社会稳定,关系着国民财富是否可能通过股市交易的国际路径而流失,每个国家或地区不仅通过各种相关制度的规定来维护自己的定价权,而且通过严格的监管防范股价被国际资本所操纵。中国股市的定价权不允许也不可能外移给国际机构,目前所讨论的中国本土定价权迷失,实际上是在中国股市连续四年低迷的情况下,市场人士对价值判断标准和投资理念的迷失,市场点位的迷失和上市公司价格的迷失。

资本市场的主权性决定着整个金融体系的安全性,中国股市在与

> 国际接轨的过程中，重要的是股市运行规则和运行机制的接轨，价值投资理念的接轨，而不应该简单的是市盈率接轨，不是A股估值水平要与美国、香港一致，脱离资本市场的主权性而讨论估值水平的国际接轨是没有意义的。
>
> 资本市场作为一种市场化的资源配置方式在一国经济发展过程中所起的作用越来越大，中国过分依赖间接融资的金融体系隐藏着巨大风险。中国银行业资本消耗和粗放经营的模式不仅效率低下，而且引发了严重的道德风险。如果我们不能下决心解决股市所面临的根本制度性问题，化解其系统性风险，恢复其高效率资源配置的功能，而是做些表面工作，显示出所谓的与国际接轨，那么我国的股市将不可避免地陷入被殖民化的境地。

5.2 为什么QFII总能抄底
——五年赚了2100亿元

近15年来，国际资金，尤其是欧美地区的资金在亚洲各个国家的股票市场上有多次成功的投资案例，多次把握了正确的入市时点，投资报酬颇为丰厚。

从QFII基金在中国的情况来看，其总是能做到正确进入市场，从而大获其利。如同2008年11月6日，瑞银证券通过大宗交易系统一举买入3亿元A股，对象为银行石化钢铁通信等蓝筹股；11月7日，瑞银证券交易席位再度现身大宗交易买方营业部名单，出资近6亿元继续建仓A股。由此，两日来，通过瑞银证券交易单元在A股市场的买入金额已经接近9亿元，涉及股票对象几乎囊括两市所有的权重股。而市场走势也给足了瑞银证券面子，11月9日晚间在国务院4万亿元经济方案的提振下，沪指涨幅超过7%。截至11月10日收盘，瑞银席位买入的这些A股仅沪市账面盈利就达8529.0658万元，深市买入和盈利相对较少，但也达到1207.3113万元，两市账面盈利累计9736.3771万元[18][19]。而此前的4月21日，据Topview的数据显示，QFII云集的中金公司上海淮海中路营业部,成为沪市资金净流入金额最大的席位,全天买入9.5亿元,卖出2.7亿元。3天后,降低印花税政策利好出台[20]。

据权威人士透露,已经获批的QFII机构截至2008年5月已累计汇入资金98亿美元,汇出12亿美元。虽然已汇出12亿美元,但5月份时QFII在境内持有的股票市值还超过了2700亿元人民币,从以上数据可推算出,QFII自2003年进入中国资本市场以来,已浮盈2100亿元人民币[21]。

很显然,QFII基金在中国资本市场上是很成功的。可是这种成功并不都是QFII所倡导的价值投资理念所带来。懂得经济学常识的人都知道,利用价值投资理念是不可能在资金有限的情况下于短短的五年时间里获得如此之多的利润的。那么QFII获利的背后究竟隐藏着什么呢?一种可能的解释是QFII总能在股市低点入市,而在高处抛出。可是QFII为什么总能精确地抄底呢?一位资深评论人士的话值得我们思考,他认为,QFII可以凭借手中的两种"核武器"来获得超额利润。一种是中国A股市场的估值体系控制在外资手中,外资可以通过国际投行的研究报告,轻易地给中国的大型公司定出持有或者买入的评级,这种评级从国际市场传导到国内决策层,由此带动资本市场的股指涨跌;其二是外资机构具有强大的公关能力。外资投行洞悉中国资本市场的能力、舍得花钱的魄力远在国内投行之上,外资机构尤其是大投行聘用的外籍中国人,或者具有决策参与权,或者具有"耳语权"。总而言之,拥有一线的情报系统,这使得外资无往而不利[22]。或许这正是可以解释QFII总能抄底的部分原因吧。

价值投资是指以分析影响证券投资的经济因素、政治因素、行业发展前景、上市公司的经营业绩、财务状况等要素为基础,以上市公司的成长性以及发展潜力为关注重点,以判定股票的内在投资价值为目的的投资策略。价值投资哲学起源于本杰明·格雷厄姆的名著《投资分析》,以沃伦·巴菲特成功的实践闻名于世界。价值投资的真谛在于通过对股票基本面的经济分析,使用金融资产定价模型估计股票的内在价值,并通过对股价和内在价值的比较去发现并投资那些市场价格低于其内在价值的潜力个股,以期获得超过大盘指数增长率的超额收益[23]。

总是巧合:在大盘底点批准新QFII基金

我国在货币还未实现完全自由兑换、资本项目尚未开放的情形下,为了实现稳妥及有序的开放证券市场,有意识地引进了QFII制度。QFII制度的推出无疑会成为我国引进外资和利用外资的又一渠道,同时也有利于我国资本市场的完善[24]。

然而,每次我国的监管层向 QFII 开闸放水之日,都巧遇中国股市青黄不接之时。2005 年股改启动后,大盘缩量回调,市场对股改能否成功普遍产生疑虑。在 2005 年第四季度,QFII 的审批和额度下放的节奏加速;2006 年股改正是在船到江心之时,"开弓没有回头箭",于是,4 月份 QFII 资格获批速度再次加快,不到一个星期时间就有五家外资企业相继获得 QFII 资格。于是大盘随之震荡上行,一度站上 1700 点。但是在 2006 年 8 月,扩容压力增大,管理层费尽心思,股市盘整的"瘟疫"仍未有痊愈迹象,资金饥渴症暴露无遗。管理层再次使用 QFII 法宝,先在这月中旬批准了斯坦福大学等三家机构的 QFII 资格,并同时批准安保资本投资有限公司和耶鲁大学共 2.5 亿美元的 QFII 额度,显然是想尽办法给股市提神振气[25]。接着到了 2007 年 10 月,股市率创历史新高,尤其是 10 月 16 日上证综合指数达到历史最高点 6124 点,可以想见,我国既有的 QFII 基金获利是多么丰厚!

2008 年,正是美国次贷危机引发全球金融风暴之时,我国的经济增长率出现下降局面,股市大盘也屡创新低,在 2008 年 11 月份,大盘只有 1800 多点。而证监会 9 月份新批准四家外国公司获得合格境外机构投资者(QFII)资格,允许其投资中国资本市场。这四家公司分别为首域投资管理(英国)有限公司、大和证券投资信托委托株式会社、壳牌资产管理有限公司和普信国际公司。截至 9 月底,2008 年共新增 17 家 QFII 机构,QFII 总数达到 69 家。中国证监会于 2003 年 5 月批准瑞士银行和野村证券株式会社成为首批 QFII 机构,目前 QFII 投资总额度为 300 亿美元[26]。

股市的木马病毒

诚然,我国引入 QFII 基金的初衷是好的,但是有多少 QFII 基金会按照管理层的意愿行事,真正对中国股市进行长线投资呢?也许,我们可以从 QFII 投资总额度变化中发现一些情况。我国自 2002 年开始实施 QFII 制度,初期国家外汇管理局只批准累计投资额度上限是 40 亿美元,在批出额度达到上限之后,在外资的强烈要求下,又于 2005 年 7 月 1 日宣布将 QFII 投资总额度增加 60 亿美元至 100 亿美元。而在 2008 年 5 月中美第二次经济对话会议中,除了宣布将 QFII 额度调高到 300 亿美元外,同时取消外资券商进入中国证券市场的禁令,这对我国目前还属脆弱的证券市场,可能会带来潜在的威胁[27]。从外资强烈要进入中国市场的心态来看,外资对中国金融市场这块诱人的蛋糕的觊觎之心可见一斑。既然如此,外资会真心地帮助中国发展经济吗?显然,这是不可能的。要知道,逐利性是资本的天性。东南亚金融危机之前,西方投资者也十分看好当地的股市房市,但危机来袭一夜之间逃得无影无踪。长短期操作、做市低吸高抛、压迫汇率升值正是他们的拿手好戏。在投机诱导下的QFII,恐怕不但不能成为支撑中国股市发展的"友军",反而会沦为中国股市的木马病毒[28]。

短线操作的"比尔·盖茨"基金

"比尔·盖茨"相中的股票,你是否跃跃欲试?自2004年7月进军A股市场以来,比尔·盖茨基金的动向一直备受市场关注。近几个月,南海发展(600323)逆市大涨,表现相当抢眼,但并不是因其业绩良好,也不见大额分红,最重要原因是其2004年年报十大流通股东中出现了一个QFII:比尔及梅林达·盖茨基金会(The Bill&Melinda Gates Foundation,以下简称"盖茨基金")。

2004年7月19日,A股市场处于整体低迷状态,大盘在1400点左右徘徊。盖茨基金得到中国证监会批准,获准进入中国内地股市,成为中国第17家合格境外机构投资者,拥有1亿美元的投资额度。

此前,盖茨基金已大规模进入香港股市,先后买入海域化工、中国稀土、北人印刷等红筹股,推动这些股票在短期内连续暴涨,甚至带动A股关联企业跟着大涨。随后盖茨基金迅速减持手中股份,短时之内盈利40%,战绩辉煌。分析其操作手法,盖茨基金对中国股票的操作相当激进,基本上遵循着"速进速出"的原则,远非基金管理人员所称的长线投资。

11月,盖茨基金在内地A股市场开设账户,两个月内购入南海发展52万余股,成为其第九大流通股股东。在A股市场上,盖茨基金侧重于选择公用事业股,表明该基金采取了防御性的投资策略。

尽管盖茨基金是一家非营利性的慈善组织,但其进入中国股市绝对不是为广大股民解套来的,其主要目的是为了获利。这一点与一般基金并无二致。

QFII的两面性

在中国股市引进QFII之初，著名学者郎咸平指出，其实QFII是比国内庄家还要厉害的庄家，是互相勾结的庄家。"东方的老虎会吃人，西方的老虎一样会吃人，QFII进来后，同样会操控股价，这是香港市场已证明了的事实。"[30]

摩根国际是第四家获批的QFII，2003年7月3日国家外汇管理局批准摩根国际3亿美元投资额度。在2005年摩根国际在A股市场上演了它的第一次抄底[31]。

一边唱空 一边建仓

2004年4月初，上证指数再次上涨至1780多点后，开始了长达一年多的漫长下跌通道，直到2005年6月6日触及998.23点。事后看来，2005年的剩下时间都是在为2006年即将到来的大牛市行情做最后的准备，但在2005年，几乎没人闻到牛的气息。甚至，摩根斯坦利全球首席经济学家斯蒂芬·罗奇，2005年5月撰文《假如中国变冷》，急切地表达他对中国经济走势的忧虑。在罗奇看来，当时出口占中国GDP的36%，固定资产投资占GDP的44%，而房地产开发则占固定资产投资总值的20%。由于面临外部的贸易摩擦，中国的出口动力在当年下半年显著放缓，而房地产业"降温"措施的出台可能使固定资产投资在下半年出现实质性的放慢，最终影响GDP的增加[32]。

不过，在这一阶段，摩根国际开始了大举建仓。根据Wind数据统计，2005年一季度，摩根国际仅出现在5家上市公司的前十大流通股股东中，这五家上市公司分别是安泰科技、攀钢钢钒、厦门钨业、锡业股份、中兴通讯，总市值5.1亿元；而到了中报明显可以发现，摩根国际投资迅速扩大，出现在十大流通股东的公司家数由5家迅速上升到12家，持仓总市值4.47亿元；第三季度继续上升到17家，持仓总市值约为6.1亿元。同摩根国际心有灵犀的是，其他QFII也步调一致地大举建仓。整体来看，QFII 2005年第三季度投资所有股票和转债的市值为93.58亿元人民币，比第二季度的78.87亿元提高了18.65%[33]。

2005年4月份，26家QFII获得的39亿美元投资额度，已接近QFII制度试行阶段40亿美元的上限。而当时，获批额度的26家QFII都纷纷表

5 股市震荡背后的故事

示,额度已经用完,希望能尽快获得更多额度。2005年9月份,60亿美元的QFII新增额度审批工作启动,随后摩根国际新获1亿美元的额度,这给了摩根国际更多的"弹药"[34]。

2006年一季度,投资者已经可以感受到市场的暖风,但是熊市气氛依然笼罩着市场,机构人士尚不敢轻言牛市的到来[35]。

不过摩根国际继续加仓,据Wind数据统计,上市公司2006年一季报前十大流通股股东里,摩根国际出现了23次,持仓总市值12.1亿元。相比2005年第四季报的8.4亿元,有了近50%的增幅[36]。

其后,A股历史上最大的一轮牛市被确立之后,摩根国际只需静静等待收获果实[37]。

唱空之后再唱多

2006年一季度后,市场开始明显好转。上证指数从1300点不到快速上涨到年末的2675点。而在该年度5月份的时候,摩根国际全球经济师"死空头"罗奇开始唱多。罗奇说:"对全球经济的看法趋向乐观,这种感觉是这么多年来的第一次。"[38]

通过Wind数据(上市公司前十大流通股东)比较可以发现,摩根国际不断获利了结,然后又投资新的股票,范围不断扩大,2006年出现在上市公司前十大股东的次数分别为23、26、28、30。此外,对某些股票不断加仓,相比一季度,二季度摩根国际对6家公司进行加仓,其中宝钢股份加仓1968.69万股[39]。

值得注意的是,尽管摩根国际的投资范围在不断扩大,但是从2006年四季度开始,摩根国际已经开始有意识地在投资总额上减少,了结获利开始减仓。数据显示,摩根国际对宝钢减持2441.759万股,减持鞍钢股份1389.385万股,减持黑牡丹725万股,减持招商银行649万股……在2007年一季度报告上,摩根国际减仓速度明显加快。出现在公司前十大流通股东的次数,第一次出现下降,为25次。到当年三季度时,它的重仓股已经下降到14家[40]。

而在2006年年底,摩根斯坦利亚洲执行董事兼中国策略分析师娄刚就开始唱空A股,在其发布的《2006:熊在守候》中,他明确提出市场将在未来6个月内面临回调。而在5月份,娄刚再发报告表示,A股市场已明显过热,股指过高,监管层应快速采取更大胆的调控措施,避免全球乃至中国股市历史上曾出现过的大调整所带来的破坏性影响。此后A股市场出现了"5·30"的大调整，调整之后，又开始大幅度上涨，直到10月份上证指数攀至6124点[41]。

在这个过程中，摩根国际基本是一直在减仓。截至2007年6月30日，上市公司前十大流通股东中，摩根国际出现的次数已经降为16家，截至年末，则降为12家[42]。

可以想见，摩根国际在中国股市上所扮演的红白脸给自己带来多么丰厚的利润，而中国股民在这之中又损失了多少呢？真是苦恨年年压金线，为他人作嫁衣裳！

国内中山狼

从上面的事例，我们不得不质疑QFII的引入。虽然我国引入QFII制度，看重的是QFII所能带来的价值投资理念，希望它能在我国投机之风盛行的股票市场上独树一帜，利用价值投资理念逐渐引导中国股市的投资者，培养正确的投资理念，使中国股票市场走上健康发展的道路。至少，我们并不希望引入的QFII成为股票市场的乱源。可是，打着价值投资理念旗号的QFII并不像我们所想的那样，利用自己所拥有的资本金买入经过精挑细选的股票，然后长期持有并静静地等待资本投资的收益，相反，QFII利用自己在证券市场上丰富的实践操作经验以及现有的中国股市的种种制度弊端，时不时地在中国股票市场上掀起惊涛骇浪，使中国股市上下起伏，接着QFII贯彻低买高卖的准则，在股市的变化中大获其利。在这之中，眼中盯着QFII一举一动的中国普通股民们，甚至是机构操作者，也疯狂地买入或卖出，使得股市的震荡更加剧烈，而股民的损失也更加惨重。这样羊群效应这一中国股市经常上演的现象又一次发生了。而在无数股民泪洒股市的背后却是QFII赚得盆满钵满的笑脸。因此，我们应该深刻地认识到，QFII所追求的不仅仅是资本投资的收益，而是通过积极布局，获取更大的市场份额，成为中国证券市场的重要主导力量，甚至拥有中国证券市场投资的话语权，以实现自己更大的商业利益或者其他不为人所知的利益[43]。可以不客气地说，相较于说国际游资是国门外面凶狠的老虎，QFII更是国门内部一群狡猾的中山狼！

QFII集体唱空中国股市的巨大阴谋[44]

QFII来到中国既不是解放军,也不是救世主。作为中国股市的投资人,在虚心学习别人的长处的同时,应不忘保持一份警惕。

2004年5月中旬,中国证监会一口气批准了美林证券、恒生银行、大和证券SMBC株式会社三家机构的QFII资格,QFII执照发放似有加快的趋势。至此,中国市场上的QFII达到15家,他们获准的投资总额度达到17.75亿美元。虽然相对于中国证券市场1.3万亿元流通市值的规模来说,17.75亿美元只是一个小数字,但是QFII们的声音而今已经广泛充斥于主流财经媒体上,颇有"一言九鼎"之势。

QFII们集体唱空

与年初高调唱多相反,近期QFII们突然集体看空了。QFII普遍认为,由于宏观调控和紧缩政策,中国股市将持续下跌。"明年年底之前不会有大牛市。"一位QFII人士如此表态。QFII们的观点和近期游访中国的美国著名投资人罗杰斯如出一辙。罗杰斯认为:"中国股市将调整4—16个月。"从某种意义上说,罗杰斯也是一类QFII。他们是英雄所见略同,还是彼此有默契?商界有句行话:"嫌贵的,才是买货的。"这从近期仍有多家QFII向中国证监会递交申请,要求将投资额度增加到最高上限8亿美元,就可以看出端倪。

战略意图有两个

一方面是不看好中国股市,一方面是急切地要求增加投资额度,QFII们的行为似乎是自相矛盾的。有业内人士分析,QFII们的意图可能有两个:一是等待中国股市大跌之后"拣便宜"、"抄大底";二是赌人民币升值。

对于QFII们的上述意图,中国国家外汇管理局已经有所觉察。国家外汇管理局新闻发言人近日表示:"如果我们发现QFII出于对汇率和利率投机目的,长期将资金存放银行而不投资国内证券市场,由于这种投机行为不符合我国引进QFII制度的初衷,我们也将采取措施对这类QFII进行限制,直至将其从我国证券市场劝退。"

回头来看,从中国证监会批准首家QFII合格机构至今,已经有一年时间了。在这一年之中,QFII给我们带来了"价值投资"的理念,

> 使一大批绩优股重新定位。但是 QFII 不是神,也不是常胜将军,他们来到中国,既不是解放军,也不是救世主,而是赚钱来的。
>
> 从某种意义上来说,QFII 既是我们的老师,也是我们的对手。作为中国股市投资人,在虚心学习别人的长处的同时,也应不忘保持一份警惕。毕竟,证券市场是博弈场、竞技场。

5.3 美国次贷危机影响中国股市几何?

中国的 A 股市场一向被视为对外部有免疫力,即不受外部市场表现的影响。但 2008 年 1 月中旬以来由外围市场为肇因的 A 股暴跌,彻底地粉碎了这一信条,并使得人们对外围市场,尤其是对导致外围市场暴跌的美国次贷危机格外敏感起来[45]。

自美国次贷危机爆发以来,中国的股票市场受到的冲击渐强。在 2007 年 2、3 月间美国次贷危机初现时,A 股市场并没有给予多少理会。到 2007 年 8 月份次贷危机第二次冲击全球金融市场时,A 股市场也出现了跟随性反应。8 月 16 日、8 月 17 日,上证综指分别下跌 2.14%、2.28%。但是,境内外的机构仍然相信 A 股市场有免疫力。2007 年 11 月上旬,摩根斯坦利曾发表报告称,尽管美国股市深陷次贷风暴中,但日本以外的亚洲股市将在 2008 年上涨大约 30%,并建议投资者加磅中国的股票。2008 年年初,当暴跌再次降临全球股市时,中国股市未能再次幸免。1 月 15 日,花旗银行宣布 2007 年第四季度亏损 98.3 亿美元,而这个亏损记录在两天后很快被美林集团打破——美林集团公告第四季度亏损 99.1 亿美元。全球金融界信心被重创。1 月 14 日至 1 月 22 日,道指跌 7.11%,日经 225 跌 10.8%,恒生指数跌 17.8%,而上证综指同期跌 17.08%,中国股市跌幅是美股的两倍。1 月 21 日、1 月 22 日,上证综指分别暴跌 5.14%、7.22%,连续刷新半年来最大单日跌幅。有分析师将这次暴跌的矛头直指"次贷恐慌的放大"[46]。

而在中国股市的暴跌中,银行业的股票价值缩水首当其冲。因为有几家大型银行持有美国的次级债券而遭到亏损。据测算,在美国次级债危机

中，中行亏损额最大，约为38.5亿元。建行、工行、交行、招行及中信银行依次亏损5.76亿元、1.20亿元、2.52亿元、1.03亿元、0.19亿元[47]。

可见在经济日益全球化的今天，各国的利益相互渗透，没有任何一个国家能够逃脱主要经济体爆发危机所带来的影响，尤其是对各国股市的冲击。就我国的情况而言，次贷危机有以下几种方式来对我国的股市产生影响。

首先，最直接的影响是使得那些投资美国次级贷款及其衍生品的国内金融机构蒙受一定损失。从了解到的情况来看，大型国有控股商业银行在海外的投资比较多，其中就有次贷及相关产品。其次，次贷危机导致了美国以及世界各国股市的大幅下跌。在经济全球化的大背景下，这种下跌不可能不波及中国股市。进入2008年以来，欧美以及亚太股市普遍表现不佳，这和美国次贷危机的不断深入密切相关。在美林等爆出巨额亏损，进而引发欧美及亚太股市暴跌之后，由此形成的冲击非没有完全开放的中国资本市场所能抵挡。道理很简单，国际化程度很高的香港股市连续暴跌，中国石油H股都下跌到10元以下了，那么中国石油A股怎么可能还站在30元之上呢？显然，海外市场的这种拖累，对境内市场的影响巨大，人们对此无法回避。最后，美国次级贷款问题暴露以后，人们开始普遍担心其经济会否出现衰退。毕竟，次贷危机与美国经济增长趋缓相关。次贷危机出现以后，社会资金流向必然会改变，金融活力会降低，对于经济增长的支持力度会减小。而且，次级房贷风波所引发的金融风险，将成为经济运行中的一个很大负面因素。现在，美国经济问题已经很大了，这对在与美国的贸易中有着大量顺差的中国来说，绝对不是什么好事情。美元的贬值会加大人民币升值压力，美国消费能力的下跌又会制约中国的外贸，并且导致贸易摩擦大量出现，并最终影响到中国经济的增长。这几年，中国股市出现强劲上涨，其最主要的原因之一就是中国经济的持续高速增长。如果这种增长出现放缓，那么对股市的支持力度就会下降。这一段时间来，中国股市中的蓝筹股普遍表现较弱，其中的一个重要原因就在于人们对宏观经济存在担忧，而这种担忧显然与美国经济不振有着内在联系[48]。

虽然中国股市也没能逃脱次贷危机的厄运，但相较其他国家，由于资本账户的管制，次贷危机给我国股市造成的直接影响还算轻微，它主要通过影响投资者的信心来影响我国的股票市场。但是，在经济全球化的背景下，我国的资本账户最终要实现完全开放，如果那时，再出现另一个次贷危机或是金融危机,我们该如何抵御呢?

5.4 2008年一年股市损失20万亿元

据上证所公布的数据,2008年1月14日中国股市的最高市值是34.47万亿元,而9月3日2248点时,市值仅15.4万亿元,7个多月损失了19万亿元。加上2008年上市新股、增发、配股所增加的市值,至少损失了20万亿元。这意味着13亿中国人2007年全年创造的GDP 24.66万亿元中的80%打水漂了。这20万亿元相当于250次汶川地震所带来的损失,相当于居民存款总额的1.3倍,相当于现存1.1万亿股大小非按8元市价全部兑现总额的2.2倍[49]。

近10年来,国家用巨大的财力和人力化解金融风险,保持了金融体系的稳定。有资料表明从1998年至2005年,中国为了保持金融稳定,大体上投入了3.24万亿元的成本。但是请注意,2004年中国的财政收入仅为2.63万亿元。3.24万亿元的金融稳定成本只是中国众多需要支付的成本中的一项。1996年到2005年10年时间里,在中国股市中7000万股民投资损失超过1.5万亿元。这是直接从老百姓腰包里掏钱支付改革成本,而且此种支付还在继续[50]。

5.5 原因及解决思路

原因

A股估值迷失,股市定价权缺失

我国证券市场自从成立以来,一直朝着国际上成熟市场看齐,把成熟市场的各种理念和制度用在自己身上,可是十几年过去了,中国的证券市场相较于成熟的市场,差距依然很大。特别是A股估值的迷失,以及随之而来的股票定价权的缺失,给我国成千上万的股票投资者带来巨大的损失,同时也给国内的 QFII 和变相流入我国的国际游资操纵股价、牟取暴利,甚至控制我国的资本市场,创造了极为有利的条件。

原因一:对"一价定律"的迷失。在对 A 股估值时,国人一度迷失在"一价定律"上。"一价定律"是国际经济学中的一个重要定理。其基本含义是,在假定世界各国之间不存在贸易壁垒的条件下,同一商品在各国的价格应等于生产国价格加运费。如果某国的这一商品价高,那么,其他国家生产的此类商品就有"套利"空间,由此,后者就会将此类商品大量出口到前者,引致前者的价格回落至国际同一水平,因此,同一商品应为同一价格[51]。在这一理论指导下,有很多人,比如市场的空方,总是强调中国的股价要与其他国家(或地区)的股价接轨。他们认为,与国外股价相比,中国股价过高,存在着巨大的下行空间。这种"一价定律"理论衍生了中国股价必须以海外股价为标准来进行衡量。在这种氛围引导下,给我国的投资者造成了巨大的心理压力[52]。同时,以外国的股价来衡量中国的股价实际上是将中国股票的定价权拱手相让给外国证券市场,这不仅对国内的投资者来说不公平,也是我国证券市场的悲哀。

事实上,利用"一价定律"来对 A 股进行估值,并不合理。一个重要原因是,国内 A 股是主体市场,"一价定律"的基础是建立在这个前提下的。从经济学基本原理讲,"一价定律"必须具备一定条件,这就是,它受各国(或地区)法律制度、收入分配制度与水平、资本项目管理、不同市场结构的经济发展水平、交易体制与机制及其他一系列因素影响,任何国家在运用的"一价定律"理论时不可能完全照搬。而更重要是应该清楚看到,"一价定律"所涉及的资产"定价权"是一个国家的主权范畴,任何一个国家都特别重视对"定价权"的控制。西方国家为了控制定价权,总是把行业最优质的资产在本国上市,保证本国对定价权的绝对控制。这些人鼓吹"一价定律"理论,强制性要求中国股市向国际市场看齐接轨,这是具有很大的欺骗性,而有很多想进中国市场的"无形的手"正是想利用这点,鼓吹"中国没有定价权","没有定价的话语权",其目的只有一个,就是做多,看空,以使自己获得低价的筹码[53]。由此可见,在用一价定律对我国股票估值时要考虑中国的实际情况,防止片面向国际市场看齐。

原因二:股权分置的存在。导致 A 股估值迷失的另一重要原因则是股权分置这一制度问题。股权分置的存在，将使得 A 股市场的定价机制始终存在缺陷。成熟市场股市定价功能之所以比中国 A 股市场有效，源于股市定价机制生效的一个重要条件——二级市场的双重套利机制。对于二级市场的套利机制和价值发现功能，各方认识比较一致，即在既定的股市环境下，二级市场的充分套利可以有效消除市场的定价偏差。其实，从股市定价效率角度看，一级市场套利功能的重要性绝不亚于二级市场，甚至比二级市场更为重要。如果一级市场没有充分套利的机制，二级市场的价值发现功能也将被大大削弱[54]。

当前 A 股市场的主要问题不在于二级市场套利功能的不完善，而在于一级市场套利功能的缺失。而造成一级市场套利功能缺失的根本原因则在于股权分置的制度安排。在股权分置的制度框架内，占据控制地位的非流通股价格不受二级市场股价波动影响。因此，如果某只股票的非流通股股东发现该股二级市场定价过高，即可通过发行新股获利。但是，对非流通股股东而言，成熟市场中股东在一级市场从事套利交易时所可能承担的风险现在都不再是问题了：首先，增发有可能压低流通股的二级市场价格，但是非流通股价格早已锁定，因此不会受到影响；其次，只要新股增发价格高于非流通股的锁定价格，增发新股即可获利，非流通股股东财富不受股票二级市场表现的影响，二级市场股价波动与非流通股股东利益无关。由于非流通股股东可以享有一级市场的套利收益，却无需承担一级市场的套利风险，一级市场套利功能因而失效。这也是非流通股股东对于增发配股极为热衷的根本原因。为抑制非流通股股东过度融资，监管部门就不得不对一级市场进行强制性准入监管。同时，由于没有一级市场内生的套利风险对大股东增发配股行为的自动制约，任何对一级市场发行定价机制的改革都无法消除大股东的过度融资冲动，并且这种正反馈机制使得市场始终无法自发达到均衡。这是政府管制一级市场的直接原因，也是 A 股市场定价机制失效的根本原因[55]。

也许有部分人士认为，除强制性分红外，A 股市场亦可仿效成熟市场采用股票回购等多种方式回馈股东。股票回购的机理在于通过拉高二级市场股价而令股东在享有资本利得之余免除现金股利的税收负担。殊不知，由于非流通股价格锁定，占控制地位的非流通股股东无法享有二级市场股价上扬所带来的资本利得，因此，若不是出于其他目的，是不会有公司愿意主动尝试的[56]。

5 股市震荡背后的故事

信息披露差，证券市场透明度缺乏

信息是证券市场正常运行和功能得以有效发挥的基础。信息披露的公正、透明、及时、准确和完整，对减少市场投机，防止市场操纵，保护投资者权益至关重要。美国大法官路易斯·布兰戴斯1914年在其著作《他人的金钱》中认为："公开是救治现代社会及工业弊病的最佳良药，阳光是最好的防腐剂，灯光是最有效的警察。"[57]

然而现实中，我国证券市场的信息披露却存在很多问题。这些问题的存在给大机构利用信息操纵股价提供了机会。

从上市公司角度看，信息披露存在以下几个问题：

第一，信息披露的非主动性。目前我国不少上市公司内部缺乏有效的信息披露实施机制，把信息披露看成额外负担，而不是应该承担的义务和股东应该获得的权利；因而往往不是主动披露有关信息，而是能不披露就不披露、能少披露就尽量少披露。这使得上市公司在信息披露上陷于被动应付的局面。其根本原因是上市公司在经营管理方面存在诸多不愿让公众知道的"暗点"，就害怕公开，或模糊处理和回避，甚至造假[58]。

第二，信息披露的不严肃性。尽管证券监管部门对上市公司信息披露作了不少规定，但许多上市公司不分时间、场合、地点随意披露信息，有的甚至未经监管部门批准，擅自公布涉及国家经济政策方面的重要信息。一些看似言之有据实为空穴来风的"消息"大大助长了中国股市投机性[59]。

第三，信息披露的滞后性。上市公司的经营是动态的过程。由于信息不对称，投资者不可能像公司内部人一样清楚经营的变化，所以上市公司应毫不拖延地依法披露有关重要信息。《公开发行股票信息披露实施细则》规定：股份有限公司提供的中期报告，应于每个会计年度的前6个月结束后，60日编制完成，年度报告应于每个会计年度结束后120日内编制完成。规定的时间宽松，期间容易搞幕后活动，并使投资者不能及时得到有关信息[60]。

第四，信息披露的不充分性。一是关联企业间的交易信息披露不充分。和关联交易定价政策、资金被关联方占用缘由及如何处理、资金占用是否签订了明确双方权利义务关系的协议等，缺乏充分披露；二是企业财务指标揭示不充分；三是资金投资去向及利润构成的信息披露不够充分；

四是一些重要事项披露不充分，投资者很难了解上市公司在扩大就业、维护职工利益、保护资源与环境等方面所做的努力，也就很难规避这方面的风险；五是借保护商业秘密为由，故意隐瞒重要企业会计信息[61]。

第五，信息披露的虚假性。招股说明书过度包装和盈利预测偏差严重。投资者了解企业，只能通过上市公司财务报表、招股说明书及董事会公告等信息，依掌握程度作理性分析。而投资者特别是中小投资者很难在第一时间获取足够信息作出投资判断，往往错失良机，甚至造成损失，这会打击投资者信心，不利于股市正常发展[62]。

第六，信息披露的无效性。现行的上市公司和基金公司信息披露无效内容太多，淹没了很多有效信息。有时公司故意玩弄花招，在信息披露上，以绕口的语言和文字，把关键信息尤其是关联交易方面的信息，弄得模糊和费解，降低信息披露的效率，增加投资者分析信息的难度[63]。

从政府角度考虑，我国的证券市场很大程度上受到政府的操控。因为监管部门以及其他一些经济管理部门主观上存在着对证券市场进行干预的动机，客观上又存在着影响证券市场走势的政策工具，政府可以根据自身的意志调整市场的走势，从而扰乱了市场因素对证券市场的自行调节。对于市场投资者来说，在进行证券投资时，除了要考虑市场因素以外，投资决策在更大程度上要取决于对政策变量的预期。当市场预期政府有关部门对证券市场走强持支持态度时，投资者往往勇于做多；而当市场预期政府忧虑证券市场的泡沫时，投资者一般也会看淡市场走势。由于政府在调控经济时存在抚平经济周期波动的倾向，政府对证券市场的态度无疑也将烙上这一痕迹。正是由于政府对我国证券市场的影响力极大，所以我国证券市场就被视为"政策市"。从中国证券市场短短十几年的发展历史来看，股市的大幅波动后面往往意味着政府政策变动[64]。国际游资和QFII等经常利用政府政策方面的信息大做文章，不管这些信息是真是假，他们总能捞到好处。前文提到的2000—2001年，国际游资利用信息操纵中国移动的股价这一事例就很好地说明了这一点。所以在政府政策信息上的披露亟待加强。

股市监管不到位

自中国股市成立以来，在市场监管上历来存在着缺位、越位与错位的问题。该管的事情不管或管不了、不该管的事情却又管得多或管不好，这

5 股市震荡背后的故事

些都是中国股市监管机制的突出弊端。以融资统揽创新、以指数决定取向、以发展替代监管……中国股市监管制度的这些特征明显地表明了监管的错位,而股票发行与上市的审核权限的归属,更是混淆了交易所与证监会的功能划定[65]。

时至今日,中国股市的监管制度还是明显错位,股市的监管机制还仍然是"危机型",而不是"发展型"。市场监管长期在有为而治与无为而治之间徘徊,就是这种"危机型监管"的集中体现与必然反应[66]。

此外,人为地拖延解决股市中的各种矛盾与问题,用机会主义的观点来对待股市的机制变革与制度创新,是中国股市进一步走向全面危机并一再错失发展良机的一个不可忽视的原因[67]。

解决思路

针对我国证券市场上的种种问题,我们需要采取多种措施加以应对,以争取尽量减少损失。

从应对国际游资角度考虑

考虑到不论一国货币的自由兑换程度如何,由于境外资本可以直接以外汇资本投资,国际游资进出该国外币有价证券市场的渠道一般是畅通的[68],因此采取严格的资本管制不会起到太大的作用,考虑到我国的资本项目对外开放是大势所趋,因此采取严格的资本管制也是不必要的。但是我们可以在资本账户开放上积极作为,尽量减小国际游资对我国证券市场的冲击。具体思路是:与国内经济、金融体制改革协调一致,妥善处理开放资本市场与驾驭市场能力的关系,通过有选择地实行资本管制政策并根据实际情况的变化灵活调整,建立规范性的管理制度和风险机制,最大限度地引导国际游资进入本国物质生产领域,而不是虚拟经济部门,以此弱化国际投机资本冲击的市场条件,将其消极影响减至最低程度。上述思路具体到股市方面,则要对证券经纪机构和投资基金加以限制,加强对境外资本入境后投资方向及滞留时间的管理。在本国货币部分可兑换条件下,资本市场应该保持一定程度的开放,在规定股市投资限制的同时,要求境外投资者投资国内市场必须委托得到授权的证券经纪机构,循序渐进地开放在岸、离岸外国投资基金或合作投资基金投资国内股市。另外,可以仿效智利的做法,研究开征"托宾税",通过增加国际游资的流动成本,来抑制其对国内股市的投机活动[69]。

从建立本土定价权角度考虑

建立立足于中国本土证券市场的估值标准,防止不切实际地追求国际标准,改变股权分置的制度缺陷,真正建立起股票一级市场的套利机制,完善一、二级市场的双重套利机制,从而使A股市场能够在持续套利交易过程中自行达成均衡[70]。由于估值水平的迷失与政府相关政策调节的传闻有关,而且同政府所能调节的证券市场整体供求结构直接相关,所以解决当前市场估值危机,一方面要求政府谨慎推行与国际接轨政策,另一方面必须通过引进新的资金来平衡、改善当前证券市场的供求格局。比如,从对等的角度讲,国有企业和商业银行资金如果禁止进入股市,那么理论上也应该禁止其从股市上融资——或者同一个主体的投融资两个方面都放开,或者都禁止。重视基金是本土证券市场定价权的主导作用。中国的证券投资基金所掌握的资金规模已十分庞大,成为主流投资理念的实践者和引导者,今后这一力量还会进一步壮大。因此基金行业是本土定价权的主导力量。担当这一重任,基金行业必须从前期模糊的价值投资、国际化投资理念中走出来:倡导以成长性投资和价值投资为主的多元化投资理念;倡导国际化投资理念和本土实际情况的有机结合;持续发掘、培育独特的中国概念以及在全球化进程中体现国家比较优势的上市公司,引导全球投资者认识中国企业的投资价值。提升我国证券研究机构的研究水平,引导整个证券市场的研究和投资理念[71]。至于正在实行的股权分置改革,国家需要继续推行下去。

从完善市场法制角度考虑

市场经济需要完善的法制来维护,完善的证券市场法律体系是信息披露制度的根本保证。从立法的角度讲,应及时反映我国证券市场对于证券公司信息披露的立法要求,认真总结成熟的立法经验与技巧,通过更高层次、更为集中的专门立法来完善信息披露规范制度;从执法领域而言,中国证券监督管理委员会作为最主要的相关行政部门,需要在证券公司信息公开的行政执法领域明确主体职权,提高执法效率,正确有效地处理有关行政事务,有效规范证券公司信息的披露和保护投资者的利益;从司法领域而言,我国证券公司信息披露领域刑事司法与民事司法的空间过于局限，应当重视证券公司信息披露制度中司法救济的重要作用。建立并完善证券民事责任赔偿制度会更有利于执法者和司法者进行法律监管和查处。丰富证券损失赔偿处罚层次，使民事责任、行政责任和刑事责任泾渭分明，相互承接，层层演进，形成更为完善的惩罚体系。尽快地完备信息披露领域的民事救济实体和程序法律制度；在证券市场出现严重的违法行为时应重视刑法的作用，充分体现法律的震慑作用，以杜绝证券市场的违法乱纪行为，保证信息披露制度的严肃性和有效性，使我国证券市场的秩序真正得到维护，促进证券市场健康、规范、高效发展[72]。

从加强监管角度考虑

依法加强监管，加大对股票市场犯罪的惩治力度，保护投资者合法权益，将监管对象与监管目标有效地对应起来，消除监管错位现象。从执法方面来看，由于监管部门执法手段有限，同时也还存在着执法效率不高等问题，针对这些问题，一方面根据现有的法律法规，要进一步完善股票市场的规章，细化操作规程，切实提高严格依法执法的质量。另一方面也要认真总结近些年来的监管实践，积极配合相关法律法规的修改和完善[73]。由于对信息内幕操纵进行监管是整个股票市场监管制度的核心，所以这里要特别指出对信息内幕操纵行为进行控制的监管措施，具体为：完善内幕信息操纵的法律监管必须加速实施投资者有效保护的立法和司法体系，完善有效的股市违规惩戒机制，加大内幕操纵惩罚力度，需要构建有效率的股市信息操纵甄别体系，对内幕交易行为进行动态监管，构建多层次的股票市场监管框架，构建证监会、交易所和行业自律协调统一的"三位一体"的监管体系，强化股市信息披露监管，提高股票市场运行透明度[74]。相信通过上述措施的有效实施，股票市场违法行为将会得到有效的遏制，我国对股市监管的能力会进一步得到提高。

参考资料

[1] 上证综合指数，新浪财经。

[2] 梅新育：《国际游资与国际金融体系》，人民出版社2004年版。

[3] "社科院发表报告称中国热钱规模已超外储"，2008年6月27日，搜狐新闻。

[4] 蓝斌男、刘兵权："国际游资对我国资产泡沫形成的影响"，《价格理论与实践》，2008年1月。

5 股市震荡背后的故事

[5] 同［2］。

[6] 同［2］。

[7] 郑小伶："凯地系动物凶猛，百亿资本链锁定9公司"，《21世纪经济报道》，2001年8月27日。

[8] 同［2］。

[9] 同［2］。

[10] 同［2］。

[11] 同［4］。

[12] 耿志民："国际游资与股市发展"，《郑州大学学报（社会科学版）》，2000年5月第3期。

[13] 同［2］。

[14] 同［2］。

[15] "港股急遽减温！股市大跌令国际热钱狙击内资受挫"，《经济观察报》，2007年11月10日。

[16] 同［15］。

[17] 真言："中国资本市场在与国际接轨中迷失方向"，《经济观察报》，2005年2月2日。

[18] "瑞银抄底赚近亿元　机构跟风钢铁股成龙头品种"，证券之星。

[19] "A股大涨中金席位仍抛售　瑞银抄底盈利近亿"，新浪财经。

[20] "QFII'火眼金睛'遭质疑"，证券之星。

[21] "QFII入华五年赚2100亿　反思其如何偷窥政策底"，2008年5月25日，新浪财经。

[22] "上交所调查QFII抄底全记录　低调上报证监会"，和讯网。

[23] "细说价值投资理念是什么"，《上海证券报》，2004年2月5日。

[24] 叶檀："QFII是否会成为中国股市的木马病毒"，《每日经济新闻》，2006年8月28日。

[25] 同［24］。

[26] "证监会新批准四家外国公司QFII资格"，新浪财经。

[27] 吴佩飞："QFII在中国投资的实践及新增QFII额度对中国证券市场的影响"，《企业家天地》，2007年9月。

[28] 同［24］。

[29] 刘会军："揭秘'比尔·盖茨'基金"，《企业家天地》，2007年9月。

[30] 同［21］。

[31] 同［21］。

[32] 同［21］。

[33] 同［21］。

[34] 同［21］。

[35] 同［21］。

[36] 同［21］。

[37] 同［21］。

[38] 同［21］。

[39] 同［21］。

[40] 同［21］。

[41] 同［21］。

[42] 同［21］。

[43] 耿志民：《中国证券市场制度研究》，中国金融出版社2007年版。

[44] "QFII集体唱空中国股市　战略意在赌人民币升值"，和讯网。

[45] "'次级债门'波及中国股市　注意回避A+H股票"，2008年1月28日，人民网天津市窗。

[46] 同［45］。

[47] 钟华："我国6家上市银行次级债投资估计亏损49亿元"，《证券市场周刊》，2007年8月11日。

[48] 李志林："大盘止跌企稳必须具备的条件"，《上海证券报》，2008年9月6日。

[49] 同［48］。

[50] "中国人为何勤劳却不富有"，2005年11月17日，新华网。

[51] 王国刚："中国股市定价权不容外移"，《财贸经济》，2005年第3期。

[52] 于明娥："以'本土定价权'的名义——国际估值的背景下高峰人士纵论A股定价权"，《证券导刊》，2004年第49期。

[53] 同［51］。

[54] 沈可挺："A股估值慎言国际接轨"，《银行家》，2005年第2期。

[55] 同［54］。

[56] 同［54］。

[57] 饶丽佳、王飞："我国证券市场信息披露制度存在的问题以及对策分析"，《价值工程》，2006年第2期。

[58] 同［57］。

[59] 同［57］。

[60] 同［57］。

[61] 同［57］。

[62] 同［57］。

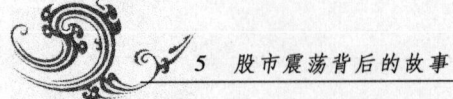

[63] 曹红辉:"我国证券市场信息披露的问题",《经济研究参考》,2005年第15期。

[64] 谢骎:"中国证券市场政策博弈",复旦大学博士学位论文,2004年4月。

[65] 韩志国:"制度缺陷引爆股市危机",《证券市场周刊》,2004年12月7日。

[66] 同[65]。

[67] 同[65]。

[68] 张建忠:"国际游资的进入与管理",《国际金融研究》,1997年第5期。

[69] 同[12]。

[70] 同[54]。

[71] 滕泰:"信心怎可失 谁来主导中国股市定价权",2004年11月15日,和讯股票。

[72] 闫月岭:"试论证券市场信息披露制度",《经济师》,2008年第5期。

[73] 尚福林:"依法股市加强监管,保护投资者合法权益",新华网。

[74] 张宗新:《证券市场内幕操纵与监管控制》,中国金融出版社2007年版。

6 国际期货市场大宗商品交易的巨大失败

大宗商品的国际价格从未像近几年来这样的风云变幻,也从未如此强烈地吸引着中国的视线、牵动着中国经济的神经。中国,作为全球许多大宗商品的最大消费国和进口国,正在成为近年来涨价风潮的最大受害者;在付出惨重代价的同时,作为大宗商品的国际大买家,争取国际定价权已经成为再也无法回避、需要从国家经济安全高度来看待的问题。

大宗商品是指用于工农业生产与消费的大批量买卖的物质商品,在商品期货交易市场进行交易,分为实货交易和期货交易,包括三类商品:一是黄金、原油等金融属性强、避险保值功能强的商品;二是以有色金属为代表的工业品;三是农产品[1]。

所谓期货,一般指期货合约,就是指由期货交易所统一制定的、规定在将来某一特定的时间和地点交割一定数量标的物的标准化合约。这个标的物,又叫基础资产,是期货合约所对应的现货,这种现货可以是某种商品,如棉花,也可以是某个金融工具,如外汇,还可以是某个金融指标,如股票指数。其作用是通过套期保值,锁定成本,规避因现货市场的商品价格波动风险而可能造成损失。

6.1 谁拥有国际期货市场大宗商品的定价权？

美元的霸权主义

美元霸权兴盛于英镑霸权衰落之中，与国际货币体系的演变有着密切关系。美元霸权经历了确立与巩固、由盛转衰、调整与恢复三个阶段。在此过程中，经济实力是最基本的决定因素。美元从美国于 1900 年正式通过金本位法案起，开始登上国际舞台，同英镑争夺世界金融霸权，至 20 世纪 50 年代后期最终取代英镑霸主地位独霸天下，时跨近 60 年。

历史曾赋予了美国难得的财富机遇。第二次世界大战中美国靠发"战争财"迅速增加了黄金储备，大大提升了美元的国际地位。美国的黄金储备数量在 1949 年达到峰值，占同期世界"货币用黄金"总额的 70%。1949 年，据当时美国《联邦储备公告》，美国的黄金储备达 246 亿美元（按 1 盎司 =35 美元计算，下同），而同期世界货币用黄金总额也仅为 351 亿美元；数据还显示，就在十年前，1938 年美国的黄金储备只有 146 亿美元，而 1932 年还不到 40 亿美元[2]。

美元霸主地位的确立和巩固，除了靠发"战争财"大量储备黄金外，还不得不提到"布雷顿森林体系"。这个货币体系的名称来源于一次具有划时代意义的国际会议——1944 年 7 月 22 日，在美国新罕布什维尔州布雷顿森林召开的联合国货币与金融会议。

布雷顿森林体系以黄金为基础，以美元作为最主要的国际储备货币。美元直接与黄金挂钩，各国货币则与美元挂钩，并可按 35 美元一盎司的官价向美国兑换黄金。在布雷顿森林体系下，美元可以兑换黄金和各国实行可调节的钉住汇率制，是构成这一货币体系的两大支柱，国际货币基金组织则是维持这一体系正常运转的中心机构，它有监督国际汇率、提供国际信贷、协调国际货币关系三大职能。

布雷顿森林体系建立初期，英国仍控制着庞大的英镑区，依然是资本主义世界的货币金融中心，英镑仍是资本主义世界主要货币之一，那时美元霸权地位是不完全的。美国为使美元全面取代英镑，成为世界惟一的金融霸主，通过各种手段打击对手。美国趁战后英国经济濒于崩溃、急需援

6 国际期货市场大宗商品交易的巨大失败

助之机，以英国必须承认美元的霸主地位为条件，向英国提供巨额贷款，并迫使英镑大幅度贬值，使英镑地位一落千丈，从此再也无法恢复元气。同时，美国将其控制的国际货币基金组织作为对外经济扩张的工具，利用其他国家经济的困难局面，以"慈善家"的面孔大量地向这些国家输出商品和资本，从而造成本国巨大的国际收支顺差，其他国家出现经常性国际收支逆差，使美元在国际上极端走俏，以致造成了世界范围的"美元荒"。"美元荒"是美元地位如日中天的表现，也是美元完全确立其世界货币金融霸主地位的标志[3]。

当然，布雷顿森林体系的确对当时的世界经济创造了有利的货币环境，对世界经济的发展起到了一定的促进作用。该体系的建立主要是鼓励世界主要贸易国采用美元结算，方便国家间的贸易活动，同时鼓励世界各国与美国开展贸易，以便可以动用其从贸易顺差获得的美元向美国平价兑换黄金，以快速恢复曾大量流失的黄金储备。

表面上看，美国似乎是在"行善事"，因为这将导致美国的黄金储备大量减少。其实不然，美国通过其"巧妙"的伎俩，继续巩固和延续着美元的霸主地位。

黄金的流失让人感觉美国的货币在减少，产生这一错觉的原因是忽视了黄金的"货币等价物"功能。其实，黄金在流失的同时带来了同等价值的"货币流入"。1949 年至 1958 年期间，美国的黄金储备从 246 亿美元减少到 206 亿美元，但同期来自外国的"美元结存"则由 82 亿美元增加到了 176 亿美元，两者相抵净增加 54 亿美元，增幅为 16.5%。这还没考虑黄金美元的流入情况。因此，美国黄金储备的大量减少，是将原本"堆积在储备体系的流动性"转化为"市场所需要的流动性"，通过增加"外国美元结存"快速增加其流动性供给。

与 20 世纪 50 年代数百亿美元的"外国美元结存"相比，随后出现的"外国石油美元结存"，特别是来自日本、中国香港、中国台湾以及中国大陆的"贸易美元结存"多达数万亿美元。而对于贸易国来说这多少是无奈之举，足可见美国在货币领域的狡猾和伪善[4]。

石油美元（Petro - dollar）是指20世纪70年代中期石油输出国由于石油价格大幅提高后增加的石油收入，在扣除用于发展本国经济和国内其他支出后的盈余资金。由于石油在国际市场上是以美元计价和结算的，也有人把产油国的全部石油收入统称为石油美元。

布雷顿森林体系崩溃以后，取而代之的是牙买加体系。《牙买加协定》于1978年4月1日正式生效。它抛弃了布雷顿森林体系下的以美元为中心的"双挂钩"的汇率制度，规定将"特别提款权"作为主要国际储备资产，从而削弱了美元及黄金在国际货币体系中的地位。但是，该体系并没有对涉及国际货币制度的重要方面进行根本性改革，布雷顿森林体系下的国际货币基金组织不仅继承下来，而且作用进一步加强。因此有人认为，从布雷顿森林体系到牙买加体系，是由"美元—黄金本位制"过渡到"准美元本位制"或称"美元为主本位制"。

牙买加体系建立后，美元的国际地位虽然已经明显削弱，但仍是最主要的国际货币。美国为了重振受到削弱的美元霸权，开始瞄准了被誉为现代工业血液的石油。世界石油以美元计价，实际上就是美国垄断了石油销售。美元成为世界货币，实际上就是垄断了国际的货物销售权，在国际交往中目前还只有美元是通行的，特别是石油、粮食这些大宗产品。至少石油必须由美元定价，因为主要产油国只能接受美元的报价。

其实，美国在"制造"石油美元时已经布好了局，它依靠自身强大的经济实力，通过"石油美元环流"使资金又重新流回美国。"石油美元环流"是一种早已引起关注的独特的国际政治经济现象。由于美元扮演着的国际储备和结算货币的角色，因此，美国能够大量发行美元，并在世界范围内采购商品与服务。而其他国家需要通过出口换取美元以进行对外支付，其中相当一部分支付给了海湾国家等石油输出国。而石油输出国剩余的"石油美元"需要寻找投资渠道，又因美国拥有强大的经济实力和发达的资本市场，"石油美元"以回流方式变成美国的银行存款以及股票、国债等证券资产，填补美国的贸易与财政赤字，从而支撑着美国的经济发展，维持着美元的霸权地位[5]。

纵观美元霸权发展历程，美国经济实力变化是美元地位变化的决定性因素。美元霸权与美国经济霸权演变在关键性的转折点（确立、衰弱、重振）上基本吻合。第二次世界大战后，布雷顿森林体系的建立，是美国经济霸权确立的标志，也是美元霸权确立的标志。20世纪60年代，美国国际经济地位下降，是经济霸权的重要转折，也是美元霸权的重要转折，表现为美元危机频繁发生，乃至美元独霸局面结束。进入90年代，美国经济实力明显回升，美元霸权随之出现转机，并呈现恢复和增强态势。美国采取的货币战略、国际货币合作以及国际货币制度变迁的路径依赖等因

素，对美元地位变化的影响也不可忽视[6]。

次贷危机背景下的美元

2000年，世界从互联网的虚拟世界中坠入现实，2007年金融体系的虚拟之梦再次被打落尘世。惨痛的现实和历史教训让我们再次感受到，虚拟经济仿佛一颗等待爆炸的"定时炸弹"，在人们欣喜若狂时，其引爆线已经悄悄点燃。

2007年，美国爆发次贷危机并迅速波及全球，导致国际金融市场以及资源市场等出现动荡。尽管世界主要国家央行罕见地集体出手干预，但仍难阻止次贷危机向纵深发展。2008年9月，曾为美国第四大投资银行的雷曼兄弟控股公司申请破产保护，美国银行则宣布收购同样陷入困境的第三大投行美林公司。加上半年前卖给摩根大通的贝尔斯登公司，曾经的华尔街五大投行仅剩高盛集团和摩根斯坦利公司。无奈之下，美国提出7000亿美元金融救援方案，该方案在历经坎坷之后，最终经美国国会众议院通过并经布什总统签署后生效。这个"大萧条"以来的最大救援方案，表面针对的是陷入危机的华尔街银行业，其深意更在于避免金融危机演变为经济危机。与此同时，世界各大经济体也正合力救市，希望将美国金融危机带来的风险降低到最低限度。

众所周知，此次爆发的次贷危机是典型的资本市场信用危机。然而，当人们深究其因时，则会发现它更是美国金融机构赤裸裸的欺诈，是市场过度发展后诸多潜在问题的集中爆发，同时也是对近年来全球贸易日益失衡和世界格局作出的调整，是新游戏及其规则推出的又一机会和再次瓜分世界财富的起点。

小布什当政以来先后发动了两次海外战争，特别是备受争议的伊拉克战争使得庞大的军费开支成为沉重的财政负担，并使得刚从IT泡沫走出来的美国经济显得步履蹒跚。控制中东石油闸门以后，寻找军费买单者就成为美国利益集团操控国会的首要任务。一方面，他们拿出各种维系被占国安全的议案要求国会两院同意追加发债，扩大财政赤字；另一方面，银行等金融机构也借机放松了对创新的"金融产品"的监管，进一步增加了市场的流动性；在维系经济繁荣的同时，掩盖了控制石油闸门背后的战略意图。

期间，美国利用强势货币的地位，在没有汇兑资产的情况下肆意进行货币创造，并将这种创造出来的过剩流动性和风险成功地转嫁到全球。其结果，必然是在美元持续贬值的同时，泡沫化全球财富，造成全球性的通货膨胀。然而，长此以往必然会动摇美元的国际地位。《华尔街日报》指出："美元在世界金融体系中的优势地位是美国国家实力最最关键的非军事工具。忽视美元，从而放弃发行世界主要储备货币所带来的全球影响力，这是美国承受不起的损失。"美国当然不会放弃已有的既得利益，于是就有了应对次贷危机和挽救美国当下国内经济衰退的策略，即连续七次大幅降息，将利率从2007年9月的5.25%降到2.0%。

观察连续降息后的美国CPI数据可以发现，美国CPI不但没有大幅度提高，反而保持在较低水平，甚至还略有下降。客观地说，美联储降息救市政策导致的全球大宗商品价格暴涨没有引起美国国内通胀水平的提高，这证明，美国把通货膨胀通过金融市场转嫁到了世界其他国家，而这种转嫁也必将进一步加剧世界性的通货膨胀[7]。

美元贬值是美国政府转嫁和化解次贷危机的一种"有效手段"，因此美国政府纵容了美元不负责任的贬值。美元贬值所造成的通胀只要在美国人尚可承受的范围内，通胀也会发挥积极作用。油价和金价的上涨与美元贬值有直接关系，美元贬值一方面会导致以美元计价的石油价格和黄金价格上扬；另一方面，投资者通过抛售美元、购买石油黄金来使资产保值，进一步推动石油、黄金增值。因此，油价、金价的上涨，也间接地受到了次贷危机的波及[8]。

次贷危机通过特有的途径，把全球的资金从西方国家大量转移到了新兴市场，尤其是中国市场。毫无疑问，一场没有硝烟的战争已经开始打响。虽然表面上来看，中国目前好像暂时占据了主动，但是最终的结果如何，很难预料，我们应该做好打持久战的准备，积极应对潜入中国的热钱，防止其兴风作浪。

人民币游离在国际货币之外

谁的黄金储备更坚实，谁在国际货币市场上的发言权就越大[9]。

前面已经提到，虽然美国的黄金储备在大量减少，但这并没有削弱美元在国际货币体系中的"储备地位"。而欧洲主要贸易国在"布雷顿森林体系"下逐渐恢复了黄金储备，为欧元的推出奠定了汇兑基础，也使欧元逐渐被一些国家接受为"储备货币"。然而，除美国与欧元区国家之外，世界上没有第三种力量可以与之抗衡，因此，就目前来看要形成第三种储备货币或者取代前两种不太可能。就中国来看,黄金储备在中国的外汇及黄金储备中的比例不及1%,这必将成为人民币走向世界的一大障碍。

从另一个角度看,一国货币走向国际化首先是由该国的经济基本面决定的:较大的经济规模和持续的增长趋势是建立交易者对该种货币信心的经济基础;同时,经济开放度较高、在世界经济中占有重要地位的国家能够获得交易者对该国货币的需求和信心。因此,需求和信心决定了该种货币在世界货币体系中的作用和地位,并促使该货币最终成为国际货币。另外,一国的金融体制作为外部条件决定了货币的国际化进程。

中国改革开放以来,无论在经济规模、增长趋势还是开放度和国际地位上都得到了一定的增长和提升。正因为此,人民币在部分领域、部分地区已有了一些国际化的趋势,如人民币在东南亚地区已经成了仅次于美元、欧元、日元的又一个"硬通货";在西南边境地区,人民币有"小美元"之称,被当作硬通货使用,流通范围较广;另外越南、俄罗斯、朝鲜以及蒙古国等国人民币的流通也是相当广泛。近几年,人民币有向世界部分发达国家和地区流通的趋势。随着中国出国出境游客的不断增多,在欧美一些国家的机场以及酒店等也开始开展人民币兑换业务,像纽约的机场、唐人街等区域。

虽然如此,人民币国际化道路仍然存在许多障碍。有学者认为这些因素主要包括:人民币国际流通量增长不足;国内金融市场深度、广度和国际标准化程度不足;国际化过程中人民币对外价值可能发生巨大变动,妨碍经济政策自主性等。其中,人民币国际流通量不足将成为最大问题。因为在金本位的黄金时代,英国虽然存在庞大经常项目顺差,却通过资本输出向世界各地输出了大量英镑;布雷顿森林体系建立之后,美国通过经常项目逆差向世界提供了美元流动性。尽管中国已经成为全世界贸易顺差最大国之一,但对外直接投资规模仍然较小。而且,纵观全球主要国家的货币国际化的实践,一国货币国际化进程要求该货币发行国应具备以下条件:占有全球经济较大份额的经济实力,政治上高度稳定,宏观经济环境的稳定和完善的市场经济体系,经济的可持续发展能力。

然而,有学者认为我国还无法完全达到这些条件。首先,经济实力有待进一步加强。与货币国际化程度相对较高的国家相比,中国的经济实力还有一定的差距。其次,现有经济体制有待于进一步完善。中国市场经济体制建设初见成效,但仍存在难以支撑人民币迅速实施国际化进程的诸多问题，如利率市场化问题、人民币汇率机制完善问题、资本项目可自由兑换问题等[10]。

中国是实体经济"大国"，虚拟经济"小国"

实体经济和虚拟经济是两个相对应的概念。所谓实体经济是指物质资料生产、销售以及直接为此提供劳务所形成的经济活动，其主要构成部分包括农业、工业、交通运输业、商业、建筑业、邮电业等产业部门。虚拟经济则不同，它是指与虚拟资本的循环运动有关的经济活动，由于虚拟资本的循环运动要以金融系统为依托，因此，所谓的虚拟经济通常涵盖整个金融业，不仅包括货币市场、资本市场和外汇市场，也包括银行业、证券业等各个金融部门[11]。

自20世纪80年代以来，世界主要工业国家和一些新兴市场国家的虚拟经济飞速发展，全球经济形成一个倒金字塔结构，最基础的层面由物质生产构成，第二层面由商品交易和服务贸易构成，顶端层面由完全虚拟的金融衍生品构成。

目前全球虚拟经济的总规模已经大大超过实体经济。到2003年年底，全球虚拟经济总量已超过214万亿美元，其中股票市值和债券余额约为43万亿美元，金融衍生品期末账面余额超过170万亿美元。而当年世界各国国民生产总值之和也只有约36万亿美元，即虚拟经济的规模相当于实体经济的6倍。全世界虚拟资本日平均流量高达2.4万亿美元以上，大约是世界日平均贸易额的96倍[12]。

我国与发达国家相比，虚拟经济的发展仍处于初级阶段，规模还比较小，这与我国的实体经济大国地位不相符。

2005年年底，我国A股总市值仅为GDP的18%。而此时美国股市市值已达到GDP总量的130%，日本、韩国等国则为100%左右。在随后的两年多里，我国股票市场发展迅速，2007年中沪深股市总市值突破了20万亿元，接近2006年我国内地GDP总量21.09万亿元的数值。按照这一数据计算，我国的证券化率水平达到了95%。然而，虽然沪深总市值已经接近我国内地GDP总量，与一些发达国家的比例相当，但因我国流通股市值数量较小，仅占总市值的1/3，股市结构尚不完善，实际的证券化率远没有想象的那么高[13]。

证券化率（股市总市值与GDP总量的比值）是衡量一国或地区证券市场发展程

度的重要指标。一国或地区的证券化率越高，意味着证券市场在该国或地区的经济体系中越重要。发达国家由于市场机制高度完善、证券市场历史较长、发展充分，证券化率整体上要高于发展中国家。

另外，我国的债券市场、货币市场和期货市场规模也相对较小，金融衍生产品少且不普及。美国、欧洲等发达国家的资本市场，除了股票市场，权证等衍生品市场都很发达。相比之下，沪深股市则显得相对单一，由于没有债券等基准市场相对照，整个股市也显得很不稳定。为此，我国还需大力发展完善资本市场，从而使我国的虚拟经济在实体经济的大力支撑下，在国际角逐中占有一席之地。

当然，在积极发展虚拟经济的同时，要把握好一个"度"，任何事物都有一个适度性。美国的次贷危机就是一个教训，其金融衍生品的泛滥，最终动摇了虚拟经济的根基，究其根源就是实体经济和虚拟经济的严重不对称。现在全球金融衍生品总体市值已达681万亿美元，而全球的GDP规模却不到60万亿美元，虚拟经济无限放大了很多机构的资产，而这个资产反过来可以扩张机构的信贷规模。一旦当市场预期出现问题，虚拟经济将会对实体经济造成毁灭性打击。

期货市场大宗商品定价权之争

国际期货市场定价权现状

当前国际初级产品的定价权主要分布于两个领域。对于有着成熟的期货品种和发达的期货市场的初级产品来说，其价格基本上由最著名的期货交易所的标准期货合同的价格决定，如CBOT（芝加哥期货交易所）的大豆合约、NYMEX（美国纽约商业交易所）的石油合约，以及LME（伦敦金属交易所）的铜合约。对于还未受到广泛认可的期货品种和期货市场的初级产品而言，其价格基本上由市场上的主要卖方和主要买方每年谈判达成。以铁矿石为例，铁矿石的亚洲基准价格每年都由日本最大的钢铁企业新日本钢铁公司和全球三大铁矿石供应商必和必拓、力拓与巴西淡水河谷在4月1日之前进行价格谈判后达成。

在第一个领域内，中国国内不但缺乏一个成熟的和大规模的商品期货市场，而且缺乏成熟的和经验丰富的机构投资者。此外，中国政府还对中国企业充分利用国外商品期货市场进行套期保值和投资施加了严格的限制，因此中国的进口需求往往被国外机构投资者充分利用。例如，在预测到中国企业将大量购买某初级产品的情况下，这些投资者就会在国际市场上提前抬高该产品的期货价格。

在第二个领域内，虽然中国在铁矿石的进口份额上已经取代了日本的地位，但是中国企业迄今为止尚未从日本企业手中得到亚洲铁矿石谈判的主导权，其原因在于：其一，定价权的形成具有历史惯性，路径依赖决定了中国只能逐渐挑战日本在价格谈判上的主导权；其二，中国国内钢铁业集中度不高，难以选择令人信服的代表以及难以形成集体行动；其三，日本企业在主要的铁矿石供应商中都拥有股份，因此日本企业在铁矿石价格上涨中的损失可以从供应商的红利中得到补偿，因此在价格谈判时具有更大的灵活性[14]。

大宗商品国际定价权取决于谁

我国已经成为全球最大的能源、有色金属、农产品等的生产、消费和进口国之一，但是我国缺乏自己的国际商品定价权，在国际商品贸易中处于不利的地位。另外，由于所谓"中国因素"的影响，凡是我国有大量潜在需求的商品，近年来价格都有大幅上升，致使我国需要支付更多的外汇来购买商品。

究其原因，全球商品定价机制是问题的关键所在。在国际市场上，大宗商品定价基本上是采用期货定价方式，例如，我们从智利进口铜，价格却是按照伦敦金属交易所的三月铜期货价格，然后加上一个升贴水（premium）。这就是说，只要控制了期货价格，那么就掌握了定价的主动权，不难想象全球多少资金觊觎期货定价权。

那么究竟是谁主导着期货价格，从而左右着国际大宗商品价格？

毫无疑问，是那些在国际金融市场上时刻伺机获利的投机资本。自20世纪70年代布雷顿森林体系崩溃后，为应对汇率和利率等主要金融价格的频繁波动，金融创新工具不断涌现，大宗商品的衍生交易在这一阶段也随之发展并逐渐成熟起来。随着投机资本不断增加，加上各种先进的交易手段，投机资本逐渐成为国际金融市场上的一支重要的决定力量。就某一衍生品种的价格来看，平时波澜不惊小幅涨落，而一旦被投机资本盯上，价格就会巨幅变动，并且可能远离价值。从布雷顿森林体系崩溃后的30多年的实际运行来看，投机资本左右大宗商品价格的能力越来越强大[15]。

那么，国际投机资本为何有如此大的能耐呢？毋庸置疑，这背后必定有国际政治势力的干涉和参与。

"定价权之争"中国何去何从

大宗商品的国际"定价权"不是靠"争"就能夺来的，它是市场自然选择形成的一个过程，同时也是一个国家政治实力和经济实力的体现。最近几年我国也相继推出了铜、铝、小麦、玉米等大宗商品的期货品种，尽管交易量和交易价格在全球的重要性有所提高，同时也逐渐被重视，但是交易价格的形成主要还是跟随国际市场，我国的期货交易以及市场主体并不能决定这些商品的价格。目前就国际期货交易市场而言，CBOT 大豆交易的历史、规模和市场认可度等都是世界上独一无二的，因此其成为国际定价中心是市场的必然选择。我国大连商品交易所的大豆期货尽管近几年来发展迅速，但何时能成为国际定价中心，仍需要一个漫长的发展过程，需要国际市场参与者的选择和认可。其他商品期货市场亦是如此。

近年来，中国屡屡成为国际商品期货市场的焦点，如中航油、中储棉、国储铜、中盛粮油等一系列事件，无不刺激着中国对于国际大宗商品定价权这一敏感的神经，同时，也正是在这些事件中中国与国际资本展开了一场场"浴血之战"。

6.2 国际期货市场成为中国资金的"铩羽地"

其实，在 1996 年之前，西方国家也发生过很多影响较大的衍生品亏损事件，如 1994 年宝洁受信孚银行误导，因复杂的汇率和利率互换交易损失 1.57 亿美元；1994 年德国 Met - allgesellschaft 损失 15 亿美元；1995 年巴林银行倒闭；1996 年住友（Sum - itomo）损失 18 亿美元。然而 1996 年以后，西方国家因衍生品交易而发生的巨大风险事件明显减少。

而我国近年来，由于国际期货市场中隐藏的巨大风险，加上国际资本"图谋不轨"，一次又一次地使中国资金"大铩羽"。"株冶事件"发生时正值中国刚刚介入国际期货市场，一起步就被国际基金打了一个"多逼空"的反击战，给了中国一个下马威。之后，2004 年，中航油在新加坡

豪赌石油期权，最终以亏损5.5亿美元折戟沉沙；继而，国储铜、中盛粮油等又分别在期铜、豆油等国际期货商品市场频频折腰；而2008年，中信泰富和中国国航相继失手国际期货市场，给本就不平凡的"中国年"添加了几丝"凉意"。

株冶锌巨亏近15亿元

初战国际期货市场

株洲冶炼厂也就是如今的株洲冶炼集团有限责任公司（以下简称株冶），是我国最大的铅锌生产和出口基地之一，其生产的"火炬牌"锌是我国第一个在伦敦交易所注册的商标，而且经有关部门特批，该厂可以在国外金属期货市场上进行套期保值。而此时，中国正处于进入国际期货市场的起步阶段。

1997年株冶在期货市场做套期保值时，具体经办人员越权透支进行交易，出现亏损后没有及时汇报，反而继续在伦敦市场上抛出期锌合约，被国外金融机构盯住而发生逼仓，导致亏损越来越大。最后在势态实在无法隐瞒的情况下报告株冶时，已在伦敦卖出了45万吨锌，而当时株冶全年的总产量仅为30万吨，这也就是国外机构敢于放手逼仓的根本原因。

事发后，时任国务院总理的朱镕基专门召开办公会议处理"株冶事件"，相关主管部门负责人还亲自到工厂蹲点近一个月。同时，一边采取头寸止损、追加保证金、合理调期等措施紧急处理头寸，一边通过各种渠道调集其他锌厂的货源，组织交割，力争将损失降至最低。但是终因抛售量过大，为了履约只好高价在期货市场上买入合约平仓。从1997年年初开始的六七个月中，伦敦锌价涨幅超过50%，而株冶最后集中性平仓的3天内亏损达到1亿多美元。最终造成近15亿元人民币的损失。整个企业因此元气大伤[16]。

原因及启示

监管缺位。1997年株冶事件发生时，株冶从事锌的套期保值已经两年多了。由于监管不力，具体经办人员逐渐开始越权交易，并且在出现亏损后没有及时汇报，而是以赌博之心继续加仓，以搏转机，结果导致亏损不断加大，直到巨大的损失成为事实，在对方"逼债上门"时企业领导和主管部门才察觉此事。

过度套保。套期保值的目的是为了规避风险，因此不能无限制地进行套保，特别是空头套保需要交货履约的风险更大。株冶全年的总产量才仅为 30 万吨，却在伦敦卖出锌合约货量达 45 万吨，卖出自己没有的东西无异于走入死路。

风险意识不够。初入国际期货市场，犹如刚刚放飞的雏鹰，面对异常强大和狡猾的竞争对手，我们必须格外小心，时刻提防国际资本从中作梗，任何的疏忽都会给他们以可趁之机。

中航油巨亏5.5亿美元

在一架刚从上海起飞的飞机上，一位长相年轻的中国男子穿过走道，他是要去和当代新加坡之父李光耀谈生意。这位81岁的新加坡前总理是个魅力超凡的人物，亚洲各地的人们对他相当敬畏。他没料到那位陌生人会来找他。"当他递给我名片时，我吃了一惊"，李光耀回忆说。这位男子是来寻求李光耀先生对一项收购的支持，收购目标是新加坡国有炼油商"新加坡石油公司"的部分股权。他的名片上写着：陈久霖，董事总经理兼首席执行官，中航油（新加坡）有限公司[17]。

曾是国企跨国经营的典范

中国航油成立于 1993 年，由中央直属大型国企中国航空油料控股公司控股，总部和注册地均位于新加坡。公司成立之初在经营上困难重重，一度濒临破产，后在总裁陈久霖的带领下，一举扭亏为盈，从单一的进口航油采购业务逐步扩展到国际石油贸易业务，并于 2001 年在新加坡交易所主板上市，成为中国首家利用海外自有资产在国外上市的中资企业。经过一段时间的扩张运作后，公司成功从一个贸易型企业发展成为工贸结合的实体企业。短短几年间，其净资产增长了 700 多倍，股价也是一路上扬，其市值增长了 4 倍，一时成为资本市场的"明星"企业。

2003 年，《求是》杂志曾发表调查报告，盛赞中国航油是中国企业"走出去战略"棋盘上的过河尖兵。同时，国资委也表示，中国航油是国有企业走出国门、实施跨国经营的一个成功典范。公司取得的成功为其赢来了诸多声誉，新加坡国立大学将其作为 MBA 的教学案例，2002 年公司被新交所评为"最具透明度的上市公司"奖，并且是惟一入选的中资公司。公司总裁陈久霖也被《世界经济论坛》评选为"亚洲经济新领

袖"[18]。

兵败豪赌

中航油（新加坡）进入石油期权交易市场始于2003年下半年，年底公司的盘位是空头200万桶，而且此时公司在衍生品交易上获得了一定的盈利。这显示该公司当时已明显违背《国有企业境外期货套期保值业务管理办法》，涉身险地，从事投机性交易。但管理层并没有作出应有的反应。随着2004年石油价格一路上涨，到3月28日，公司已经出现580万美元账面亏损。面对这一亏损，陈久霖决定用展期来掩盖，而这导致交易盘位放大。到了6月，公司因期权交易导致的账面亏损已扩大至3500万美元。直到此时，陈久霖仍没有设定交易头寸上限，豪赌之心益重，当期将期权合约展期至2005年及2006年，并同意在新价位继续卖空。到2004年10月，中航油持有的期权总交易量已达到5200万桶之巨，超过公司每年实际进口量三倍以上，公司账面亏损已达1.8亿美元，公司现金几乎全部耗尽。

10月10日以后，陈久霖开始向母公司中国航油集团写报告请求救助。中国航油集团本应立即对此违规操作进行制止，强令其择机斩仓。恰恰相反，集团领导不但没有制止，反而不顾国内监管部门有关风险控制的规定，决定对此疯狂的赌徒行为施以救助。10月20日，中国航油集团以私募方式卖出手中所持15%的股份，获资1.08亿美元，立即交给中航油（新加坡）补仓。此举愈发使公司深陷泥潭。

我们知道，在资本市场上"现金是王"，因此保持一定的现金对防范风险尤为重要。而身为CEO的陈久霖甚至没有根据公司的财务实力，为此次投机交易明确设定一个现金头寸的上限，从而导致赌注越下越大。无限开放的赌注，加上永不服输的心理与支持这种心理的"市场判断"，爆仓只是迟早的事。

期权是指在未来一定时期可以买卖的权利，是买方向卖方支付一定数量的金额（指权利金）后拥有的在未来一段时间内（指美式期权）或未来某一特定日期（指欧式期权）以事先规定好的价格（指履约价格）向卖方购买或出售一定数量的特定标的物的权利，但不负有必须买进或卖出的义务。期权交易事实上是这种权利的交易。买方有执行的权利也有不执行的权利，完全可以灵活选择。

《财经》披露的大量事实显示，中国航油集团管理层的纵容、犹豫和

对法律法规的漠视，其实是此次中航油（新加坡）的亏损后期被加倍放大至高达5.5亿美元的主要原因[19]。

原因分析

根据新加坡普华永道会计公司（简称普华）提交的针对中航油新加坡公司发生石油期权亏损事件所做的第一期调查报告显示，中航油新加坡公司的巨额亏损由诸多因素造成。调查报告认为，中航油新加坡公司出现亏损的原因包括以下几方面：2003年第四季度对未来油价走势的错误判断；公司未能根据行业标准评估期权组合价值；缺乏推行基本的对期权投机的风险管理措施；对期权交易的风险管理规则和控制，管理层也没有做好执行的准备等。

2003年底至2004年，中航油新加坡公司错误地判断了油价走势，制定了相反的交易策略，卖出了买权并买入了卖权，作为期权的卖方，油价高于限价的部分，都要中航油来承担，这个风险根本无法预测。而恰恰市场的油价走势出人意料，最终导致期权盘位到期时面临亏损。为了避免亏损，中航油新加坡公司在2004年1月、6月和9月先后进行了三次挪盘，即买回期权以关闭原先盘位，同时出售期限更长、交易量更大的新期权。每次挪盘均成倍扩大了风险，该风险在油价上升时呈指数级数的扩大，直至公司不再有能力支付不断高涨的保证金，最终导致了后来的财务困境[20]。

其实，中航油的亏损远没有普华所说得那么简单，"错误地判断油价走势"这应该归咎于谁？要知道与中航油进行豪赌的都是国际老牌金融巨鳄（高盛、巴克莱、三井住友、渣打银行等）。2004年在世界石油供求整体基本处于平衡的状态下，石油价格居然能在短短的两个月内波动如此大的幅度，这显然是有巨额资金在背后兴风作浪。当大量对冲基金一起涌向石油领域，国外金融炒家联手狙击的时候，中航油就显得太弱不禁风了。在如此强大的资金冲击下，中航油的"爆仓"也就无法避免了。

启示

中航油巨亏事件充分表明，我国企业从事境外衍生品交易，特别是境外的场外衍生品交易，与在国内由政府监管部门严格监管的期货市场里进行避险交易相比，不仅风险大，且风险程度难以掌控。

事实证明，长期在一中一新、一官一商、一国有公司一上市公司等两种体制、两种市场、两类文化的边缘结合处游走的中国航油（新加坡），并没有如此前人们盛赞的那样建立起了一套符合海外上市公司的治理文化和治理机制。这同时映射了中国企业20多年来依托国内市场和环境建立起来的商业伦理与商业习惯，正面临国际商业环境的重新估量[21]。

中储棉巨亏近10亿元

事件始末

成立于2003年3月的中国储备棉管理总公司（以下简称"中储棉"）是经国务院批准成立的国有独资企业，注册资金10亿元。负责国家储备棉的经营管理，自主经营，自负盈亏。下设18个直属棉花储备库，分布于全国各主要棉花产销区。

2003年中国主要棉花产区都普降大雨，棉花减产。市场预测棉花市场将出现严重的供需缺口，最悲观的估计其缺口将达到230万吨。在较为一致的市场预期下，从2003年8月开始，棉花价格开始走强。9月初，棉花的收购价格尚在1万元/吨左右，销售价格是12000元—13000元/吨。到了10月底，棉花收购和销售价格分别达到了14000元/吨和16000元/吨。到了11月，棉花销售价格达到19000元/吨以上。而且此次的收购市场与往年的有所不同，除了以棉麻系统公司为收购主力外，还有大批民营企业和个体棉商也进入到棉花收购市场。根据中国棉花协会公布的数字，2003年以温州游资为首的民间资本流入新疆棉花收购市场的超过100亿元。

在这种背景下，中储棉于2003年8月，在16000元/吨的高价位上，进口了15万吨棉花，随后几个月又陆续进口了10多万吨。据当时新华社报道，中储棉进口大量棉花以后，作为业务指导部门的国家发展改革委员会，曾劝说该公司配合国家宏观调控政策，尽快以合适的价格组织销售，中储棉没有采纳，因此，有囤积棉花待价而沽之嫌疑。

然而令中储棉万万没想到的是，半年多以后，因为宏观调控等多种因素影响，国内棉花价格开始逐渐走低，参与炒作棉花的贸易企业相继被套牢。据当时棉花业界推测，中储棉应该尚存20万吨棉花。从16000元/吨到11824元/吨，显然其亏损额已达9.46亿元之多。中储棉以及总经理雷香菊此时已经陷入了泥潭[22]。

6 国际期货市场大宗商品交易的巨大失败

2004年6月1日，中国棉花期货正式挂牌交易。这是期货市场经过多年清理整顿后开始交易的第一个新品种。有助于中国棉花权威价格的形成，进而争取中国棉花的国际定价权，对提高中国纺织业在世界上的影响力具有重要的作用。

据了解，中储棉进口的这批棉花一开始也并非以储备为目的，而是以"自主经营、自负盈亏"的形式申请配额并进口的。据有关部门介绍，在亏损发生后，中储棉曾希望有关部门按其成本价格收储这批棉花，然而中储棉这一"企业亏损、国家买单"的想法一度被否决。到了2004年8月底，有关部门最后改变了以往的态度，同意将中储棉进口的棉花以不高于13100元/吨的价格收购。新华社则据此作出保守估计，中储棉亏损应在6亿元以上，大胆估计可能接近10亿元。

启示

对棉纺织行业来说，2003棉花年度（从2003年8月到2004年8月）经历了大喜大悲。在这一棉花年度里，棉花价格犹如2007至2008年的股市，经历了前所未有的暴涨，继而是暴跌。

与中航油豪赌金融衍生工具不同的是，中储棉在进口过程中没有（确切说是被限制）选择期货作为避险工具，否则损失有可能大幅降低。对于期货或期权等衍生品市场，我们既不能像中航油那样滥用，也不能像中储棉那样拒之门外。在国外大型棉花企业要想在金融机构获取贷款，进入期货市场进行正常的避险是获得贷款的一个前提。国内棉花企业、金融机构以及监管部门都应该以正确的态度来看待期货市场，期货市场并非洪水猛兽，只要合理适度的利用，而不是搞投机，那么就可以做到为我所用。

根据当初国务院的批复精神，中储棉主要负责国家储备棉的经营管理，自主经营、自负盈亏。但作为国家政策性公司，它又肩负着调节棉花余缺、平衡市场供求的职能，是国内棉花市场的"稳定器"和"调节器"。那么，像中储棉这样承担着国家棉花储备职能的特殊企业，是否应该从事经营活动，参与市场逐利，值得深思！国家储备类企业同时从事经营活动，很容易导致企业将随时可能产生的经营性风险，向储备活动转嫁，进而加大了国家储备的风险和成本，降低发挥国家储备职能的效率[25]。

资料阅读

成立仅两年的中国储备棉管理总公司，因"炒棉"巨额亏损。看到这条新闻，不由让人想起中航油事件，同是"押了大点开盘后却是小点"的豪赌，中储棉输掉了至少6亿元，中航油输掉了5.54亿美元。

中储棉、中航油为什么能拿国有资产进行豪赌？分析其中的缘由，"垄断、制衡、推责、买单"这四个关键词，基本上能概括这两家"航母型"公司同途同归的命运。

垄断。中储棉是在国内棉花市场和棉花进出口业务上具有垄断地位的国有独资企业。国家赋予其特殊垄断地位，是为了关键时期平抑棉价。而中储棉却恰恰相反，他们利用垄断地位，恶意囤积棉源，形成有价无市假象，进而恶意抬高棉价。中航油则几乎垄断着中国内地航油供应的全部市场，同时享有独家进口权，导致中国航油价格是新加坡航油价格的2.5倍。正是巨额垄断利润为他们豪赌提供了资本基础。

制衡。国有企业的经营管理权是一种公权，公权则意味着责任，必须要有制衡。然而，中储棉炒棉，完全由主要负责人拍脑袋，个人决策，根本无人监督。而中航油新加坡公司则是陈久霖一人的"天下"，所有的内部、外部监督控制机制形同虚设。正是制衡机制的缺失，为豪赌提供了制度土壤。

推责。中储棉把输的责任推到了国家宏观调控上，把自己说成受害者。同样，中航油也把责任归结于"外国陷阱""偶然失手"等。不难看出，这些赌徒推卸责任的技巧远远高于赌技。

买单。中储棉也好，中航油也罢，豪赌时就抱着"企业亏损、国家买单"的想法。在中储棉事件中，财政部、发改委也敲过警钟，但都未能阻止恶性事件的发生。或许真如里森在《我是这样搞垮巴林银行的》里所写到的："我觉得吃惊，没有人来制止我的行为。"真可谓无知者无畏。为何无畏，不用自己买单罢了。

国家为这些豪赌买单的同时，如果不对直接和间接责任者问责，如果不能堵塞这些巨大的体制机制漏洞，谁能说不会出现第N个中储棉、中航油？

资料来源：新华网。

国储铜巨亏 6.06 亿美元

记得好莱坞大片"夺宝奇兵"三部曲中,有一个经典镜头。扮演英雄的哈里森·福特在战场上大打出手,拳脚并用。突然一个壮汉抢起大刀,恶狠狠地向他冲来。福特收住步伐,拔出手枪,轻松地解决了壮汉。据说这是福特兴起之作,带来观众一片笑声。然而现实中,国家物资储备局竟拍储备铜一事,是否与此情景有相似之处?值得大家深思。国储局在投资失误、准备不足、知己不知彼的情况下,与对冲基金玩了一场对方熟悉的游戏。对方枪响时,轰然倒下的是国储局的金字招牌。不仅投资损失的钱没有赢回来,更赔上了信誉和尊严[26]。

刘其兵掀起轩然大波

从 2005 年 11 月 13 日开始,外电纷纷披露,中国国家资源储备局(以下简称国储局)一名交易员刘其兵在 LME(伦敦金属交易所)铜期货市场上通过伦敦金属交易所场内会员 SEMPRA,在每吨 3000 多美元的价位附近抛空,建立空头头寸约 15 万至 20 万吨。这批头寸交割日在 12 月 21 日。但自 9 月中旬以来,铜价每吨上涨了约 600 多美元,这些空单无疑已经造成巨额亏损。初步估算,其损失约 6.06 亿美元之巨。而该交易员刘其兵则神秘失踪。

尽管国储局在此期间否认刘其兵为其下属员工,并称其做空是个人行为。然而在具体行动上,国储局还是大张旗鼓地开始干预铜价。当年 11 月上旬,国储局对外宣称其铜储备已达到 130 万吨(是 LME 铜库存的 20 倍)。同时,国储局分别于 11 月至 12 月连续四次公开拍卖储备铜(每次 2 万吨),但对市场价格的"狙击"并不理想。

国储局之所以公开大规模调动铜库存,目的是为了显示国储局有能力在 12 月 21 日交割实物铜。然而,LME 库存显示,LME 亚洲交割库(釜山和新加坡)的库存增减变化并不明显。这一公开行动被向来谨慎行事的对冲基金解读为国储局的"虚张声势",他们相信国储局存在巨大空头头寸但是没有足够交割的现货铜。

在各路国际基金(商品基金和对冲基金)组成的金融大鳄的"狂轰滥炸"下,最终国储局败下了阵。12 月 12 日,银监会主席刘明康坦言,由于缺乏对市场风险的有效控制,"国储铜"事件代价惨重。这也是国内

6 国际期货市场大宗商品交易的巨大失败

政府高官首次对"国储铜"事件作出回应[27]。

与国储局对阵的金融大鳄主要有斯迈尔金属公司、瑞福期货、伦敦标准银行、巴克莱银行、曼氏集团、AMT、萨顿公司,以及一家总部在法国里昂的基金公司等。

株冶、中航油事件重演?

仔细分析株冶、中航油与国储风波等几大事件发生的来龙去脉,发现它们有许多相似之处。

监管缺位

株冶事件、中航油事件之所以发生且损失巨大,与交易员或直接操作者的胆大妄为和所在单位主管领导及上级单位监管不力有着不可分割的关系。如果说株冶事件中交易员的越权交易和中航油事件中对境外衍生品交易没有受到有效监管直接相关,那么从这个角度讲,此次国储铜事件再次暴露了境外期货监管的真空地带。

事情败露之前,刘其兵跟巴林银行事件中的里森以及中航油事件中的陈久霖一样,都是所谓的"优秀交易员"。然而恰恰就是这些"优秀交易员"捅破了监管系统蝉翼般的"窗纸"。

据有关人士介绍,在本次国储局期铜风波发生之前,国储局对交易员在 LME 的交易有着"严格的监控",特别是提到因为我们是缺铜国,严格来讲"只能买不能卖"。可是即使在如此严格的"监管"下,刘其兵还是把十几万吨期铜空单抛向了市场,而且对于如此大笔的空单竟然无人过问!另据报道,在此前的 2004 年上半年,仅有的另一名交易员被国家储备中心剥夺了下单资格,结果只剩下刘其兵一人有下单权。

都是空头,且头寸巨大

在多年境外期货交易实践中,我国企业巨大损失大多发生在抛空上。1997 年的株冶事件,株冶在伦敦累计卖出的锌空头头寸达到 45 万吨,而当时株冶一年的总产量才 30 万吨。2004 年中航油事件中,中航油在伦敦、新加坡、美国的期货、期权市场上卖出了大量看涨期权,累计数量达到 5200 万桶。而国储风波依然如此。不论是个人行为还是企业所为,传言的 15 万—20 万吨铜空头头寸都不是一个小数[28]。

从定价权角度来看,这次国储以国家名义抛铜,与 1998 年"株冶事件"、2004年"中航油事件"有着本质不同。国际市场上,基金无限夸大"中国因素",挤兑空头,迫使中国在高价买单,而长期居高不下的铜及其他大宗商品价格使得我国加工工业陷入困境,长期的"高进低出"直接蚕食了企业的利润,也使得我国一成为"世界加工厂",就陷入了专家所称的"悲惨式增长"。国储的背后有着明显的国家的影子,国储通过增加库存,并在期货、现货市场上同时操作,一方面以达到平抑铜价、缓解国内铜供应紧张的目的;另一方面也试图进行争夺商品定价权的尝试[29]。

国储铜事件的背后:举足轻重的定价权

尽管我国在国际期货市场上屡屡受挫有其共同的国内制度等因素,然而除了这些客观存在的因素之外,也许更让人不安的是,这些事件的背后可能隐藏着不为人知的秘密。

在此次国储与国外资本的较量中,国外基金利用资金优势进行逼仓,使得国储处于被动局面。国储为了进一步贯彻其"降温"铜价的目的,随后采取了更为高调和激进的措施,打算与国际资本奋力一搏。只可惜孤身作战的国储面对的是国外基金和国际矿业公司相互勾结的巨大利益团体。当时在铜价持续高企的情况下,世界第一大铜生产国智利突然宣布,由于其预计2007年铜价将下跌所以智利将减少铜的产量。在铜处于历史最高价的时候宣布减少产量,这种由于预计铜价下跌而减产的离奇利空消息再度给"后方失火"的国储火上加油。更令人遗憾的是,当国储局决定反击,与对冲基金博弈时,他们对对手了解甚少。今天的对冲基金,已不是传统金融市场的一个普通参与者。他们在巨额利润的驱使下"无恶不作"。他们曾有过出动以色列情报机构摩萨德刺探商业情报的历史,有爆炸桥梁制造工潮的"前科",许多商业情报CIA未必能拿到,对冲基金却可以[30]。

在如此复杂的国际金融军团的"围剿"下,孤军奋战的国储终于倒下了。

新华社曾在一篇题为《国际铜价迭创历史新高中国成为最大受害者》的报道中指出:"中国是世界铜第一进口国,长期的高价位使中国铜贸易逆差剧增。据海关统计,2004年中国各类铜产品进口额高达127亿美元,逆差105多亿美元;仅2005年1至9月进口额就已经达到120亿美元,逆差103亿美元,相当于2004年逆差总额,中国已成为高铜价的最大受害者。"

从这个角度来看,此次铜交易背后或许有着政府良好的意愿:通过期货市场来调控价格,进而参与国际期货市场定价。如果要掌握定价主动权,就必须主动参与期货市场。当今世界的发展,已不能仅局限于有形的实物市场,而是要拓展到国际金融以及衍生品市场。因为,一场没有硝烟的"金融战争"已经悄然打响,在这场持久战中,要想取得胜利,必须主动攻击,出奇制胜,否则必将成为别人的"盘中餐"。中国在发展的过程中,必须从战略的高度保证国家利益,避免一而再、再而三地在国际采购中吃亏[31]。

中盛粮油巨亏1.8683亿港元

中盛集团成立于1998年,总部设在香港,集团旗下有4家全资控股公司。其产业涉及粮油生产加工、国际贸易、中转仓储、港口分销等业务以及投资、IT、生物化工、汽车仓储等多种领域。集团总裁廉华,在2004年福布斯大陆富豪榜上以0.79亿美元资产排名第197位。

2000年,中盛粮油开始涉足国内粮油行业,陆续投资兴建多个粮油加工及仓储设施。到2004年年底,投资总额已超过1亿美元,在沿海地区形成了以天津、镇江、东莞及厦门为主体的生产基地,在全国拥有数十个产品配送中心,从原料的国际采购、物流、生产加工到成品的销售配送建立了完整的供应链管理体系,其产品覆盖国内三北、长江流域和华南地区,已居行业领导地位[32]。

演绎"美国版中航油"

2005年7月14日,中盛粮油(1194.HK)发布盈利警告称:自公布2004年全年业绩后,公司财务状况受到若干非常不利的市场因素而发生重大影响,因此,公司董事会预期集团上半年的业绩将亏损。

7月15日,中盛粮油在向香港股票交易所送交的声明中称,由于在芝加哥大豆和豆油期货合约上做错方向,将给公司带来数量不详的亏损。

继中航油、国储铜等分别在石油、铜等国际期货商品市场巨亏风波之后,中盛粮油这次成为第一个在国际大豆市场上的摔跤者,上演了"美国版中航油"事件。

套保失败造成巨亏

中盛粮油的主要业务是大豆油的销售（包括毛油和精炼油）。公司向国际供应商采购大豆毛油，转售给国内的其他加工企业，或者自己加工成各类精炼大豆油产品，在国内市场销售。因此，中盛粮油的利润空间主要由国内和国外两个因素决定：一个是原料价格，即国际市场上的大豆毛油价格；另一个是销售价格，即终端产品（主要是精炼大豆油）在国内市场的售价[33]。

过去中盛粮油在采购大豆毛油后，出于风险控制的考虑，一般通过美国芝加哥商品交易所（CBOT）利用大豆、豆油期货合约进行套期保值，以减少集团大豆油风险。根据以往的经验，中国成品大豆油的现货价格和芝加哥商品交易所的大豆油期货价格基本呈同方向变动，因此中盛粮油采取的套期保值操作一直有效避免了其原材料价格波动的风险。

套保又称套期保值。套期保值是利用期货市场进行价格保护的操作，该操作通过在期货市场持有相等但相反的头寸来对冲掉现货市场头寸的价格变动风险。

然而，2005年2月至4月期间，CBOT豆油期货一路走强，而内地大豆油现货价格却出现下跌。这一背离使得中盛粮油套期保值不但失去作用，而且在期货和现货市场都出现亏损。

造成中盛错误判断的原因业界普遍认为，基于2004年一年熊市后，心态上比较看空，加上国内价格一直下跌，由此认为国外市场也会跌，所以其在芝加哥期货交易所大量抛空。结果国外豆油期货价格却一路上涨，最终造成巨亏[34]。

"套保"还是"投机"

中盛粮油在2月至4月期间对所持合约进行平仓，据判断，为每手亏损1700美元左右。按亏损超过1.3亿港币计算，中盛粮油在CBOT至少抛空了1万手左右豆油期货，大约27.2万吨。中盛粮油在CBOT豆油市场一度持有如此高空头头寸，到底算是套保还是投机行为？另外，从理论上说，中盛应该在CBOT豆油期货做多，但是中盛粮油显然是在做空。那么本来该做多的中盛为什么做空？中盛是否在投机？[35]

中信泰富巨亏逾150亿元

中信泰富因购买一种杠杆式外汇合约导致超过150亿港元的亏损。这可以说是美

国次贷危机以来全球公司投资外汇衍生品最大的一宗亏损事件。消息曝光后，公司股价暴跌逾七成，市值损失超过200亿港元。

中信泰富为何许"人"

中信泰富的前身为泰富发展有限公司，成立于1985年。次年2月，泰富发行2.7亿股新股予中国国际信托投资（香港集团）有限公司，使中信（香港集团）持有泰富64.7%股权，从而使泰富成为中信子公司。1991年泰富正式易名为中信泰富。

中信泰富的业务集中在香港及广大的内地市场，其业务以基建为主，包括投资物业、基础设施、能源项目、环保项目、航空以及电讯业务。目前在香港联合交易所上市，并为恒生指数成份股之一。

折戟外汇期权

将中信泰富一步步推向悬崖的是一款以澳元累计目标的杠杆外汇合约，即变种Accumulator（累计股票期权），有人根据英文谐音戏称为"I kill you later"（我晚一点杀你）。

中信泰富投资的杠杆式外汇合约主要有4种，分别为澳元累计目标可赎回远期合约（每月结算）、每日累计澳元远期合约（每日结算）、双货币累计目标可赎回远期合约（每月结算）、人民币累计目标可赎回远期合约（每月结算）。其中，杠杆起到了放大收益和风险的作用。

那么在上述4种合约中，中信泰富与银行签订的是澳元累计目标可赎回远期合约和每日累计澳元远期合约。这两项合约的利益平衡点在于澳元兑美元汇率等于0.87，当汇率高于0.87时，公司可以较低价格购买澳元，但当澳元兑美元低于0.87水平的时候，公司则需要以2倍的金额接收澳元。

那么，中信泰富为何要购买如此高风险的外汇合约呢？其动机在于，2008年上半年澳元汇率持续走高，而中信泰富在澳洲有一个西澳最大的磁铁矿项目，此项目需要大量澳元的支持来维持运作，为了锁定澳元升值所带来的汇率风险，于是购买了这些衍生产品。

然而，资本市场让人永远琢磨不透。从2008年7月中旬到8月短短一个月时间，澳元开始出现持续贬值，澳元兑美元汇率跌幅高达10.8%，这几乎抵消了当年的上涨幅度。按照合约规定，当澳元兑美元低于0.87

水平的时候,其亏损额将成倍放大。

目前,因澳元大幅贬值跌破锁定汇价,使公司已有超过 150 亿港元的亏损,其中逾 8 亿元亏损确认于当年入账,其余部分则为未实现亏损。一度被认为是蓝筹"样板"的海外国企中信泰富,此次亏损额超过了公司市值的一半[36]。

不对等条约

按照合约规定,每份澳元合约都有最高利润上限,当达到规定的利润上限水平时,合约将自动终止。所以虽然在澳元兑美元汇率高于 0.87 水平时,中信泰富可以赚取差价,但是当其达到规定的最高利润时,合约将自动终止。据估算,把中信泰富手中所有的澳元合约加起来,最高利润总额仅为 5150 万美元,约合 4 亿港元。但是如果当该汇率低于 0.87 水平时,合同却没有自动终止协议这一规定,在这种情况下,中信泰富必须不断以高汇率接盘,理论上亏损可以无限大。

在风险和收益如此不对称的情况下,当澳元开始持续贬值,并且跌破锁定价位时,其亏损可想而知。据中信泰富公布,按照其公告前最后汇率水平计算,即澳元兑美元 0.7、欧元兑美元 1.35、美元对人民币 6.84 计算,剩余的合约将产生 147 亿港元的亏损,加上之前已经确定的亏损 8.07 亿港元,目前预计的总亏损约为 155 亿港元。而花旗集团的一份研究报告中指出,如果澳元对美元汇率下跌到 2001 年的 0.5 水平,那么中信泰富的亏损总额可能扩大到 260 亿港元[37]。

在这起巨额亏损事件中,其表面原因主要是由于中信泰富对澳元走势的错误判断,加上只控制了澳元的升值风险而没用控制贬值风险的"避险工具",在各种如此"蹊跷"的因素下,亏损也就不足为怪了。然而,深究其因,让人迷惑的是,在如此明显的不对称合约下,为何还有人"上钩"?

中国国航失手燃油期货

2008 年 10 月中旬,中国国航发布预亏公告表示,公司财务部按照中国《企业会计准则》对 1—9 月的财务数据进行了初步测算,预计公司 1—9 月将发生亏损。

上年同期,国航未经审计的三季度报告净利润达到了人民币 34.88 亿元,基本每股收益为人民币 0.287 元。而 2008 年上半年净利润还一度达到12.8亿元，却在短短的第三季度居然转盈为亏。这将意味着其2008年第三季度净亏至少有12.8亿元之多。

国航一度被誉为三大航中抗油价风险能力最强的公司，在2008年上半年油价疯涨期间，国航业绩远远好于另两大航空公司。然而，在油价大幅回落的2008年三季度，国航却出现巨亏，这不得不令人惊诧万分。

失手燃油期货

公告显示，此次亏损是由于受四川地震、奥运会期间的市场波动及全球金融危机的影响，除此之外值得注意的是，公告还提到，由于近期国际原油价格急剧下降，公司持有的燃油套期保值合约于2008年9月30日的时点公允价值出现了负值，该公允价值将随着原油价格的变化及金融市场的波动情况而变动。说明此次亏损的原因不仅仅是业务方面受到影响，更主要的可能还在于原油套期保值中出现了问题。

目前，国内航油价格没有完全与国际油价同步联动，而是采取定期调整，因此在国际市场上，套期保值成为中国航空公司锁定航油成本的一种方式。国航高层曾透露，国航已经对2/3的航油进行了套期保值，目标价定为每桶80美元左右。而国航此前的中报也显示，上半年，套期保值帮助公司抵消燃油成本3.13亿元。然而，油价自2008年7月创下历史新高后，一路狂泻，已经跌破目标价80美元，因此导致国航亏损[38]。

证监会在沪召开座谈会：国企不得投机境外期货

10月10日，中国证监会召集25家取得境外期货套期保值业务许可证的国有企业的有关负责人在上海座谈，就应对近期国际商品期货市场的巨幅波动、加强企业风险控制作出紧急部署。

证监会主席助理姜洋在会上指出，目前境内外市场相关度越来越高，很多大宗原材料高度依赖进口，而这些大宗商品国际现货贸易主要参照境外期货市场的价格定价。近来由于次贷危机引发的经济动荡、美元贬值、金融资本的参与等各种因素导致商品期货价格剧烈波动，企业面临的经营风险增加。在这种情形下，境外期货套期保值业务为企业规避价格风险，锁定成本和利润发挥了重要作用，已日渐成为持证企业实现经营目标不可缺少的风险管理工具。

> 姜洋针对近期商品期货价格剧烈波动可能引发的市场风险，提出三点要求：一是严格依法合规运作，坚持套期保值原则不动摇。国有企业在期货市场上只能从事套期保值，不得投机交易。二是进一步完善风险管理制度，持证企业应根据监管部门的有关指引和企业自身实践经验，建立严格的内控制度，形成完善的制衡机制。三是加强市场研究，培养合格人才，提高套期保值水平。
>
> 资料来源：《东方早报》，2008年10月16日。

6.3 国际油价上涨与中国经济

石油是当今世界的重要能源，目前约占全球能源消费的40%。长期以来，石油在社会经济发展和人们生活水平提高中扮演着极其重要的角色，其价格变化自然牵动着经济领域的敏感神经。中国作为一个发展中国家，石油的消耗量日益增多，2006年我国原油进口14518万吨，进口额达664.113亿美元，我国石油的依存度已接近50%。

正因为石油对社会经济生产有着如此重要的作用，石油价格冲击也一直被视为全球通胀和经济发展的一种威胁。特别是20世纪70年代至今，全球已经经历了5次大的石油价格冲击。

第一次大概从1973年10月到1974年3月，第四次中东战争、阿拉伯石油禁运等一系列事件最终导致第一次石油危机爆发，油价从起初的3美元/桶上涨到10美元/桶；第二次石油危机发生于20世纪70年代末，油价从13美元/桶上涨到34美元/桶，"两伊战争"又直接导致油价上涨到40美元/桶以上；第三次石油危机于20世纪90年代初伴随着伊拉克入侵科威特以及海湾战争等事件而爆发，油价从战前17美元/桶上涨到了1990年10月34.52美元/桶，油价几乎翻了一倍；第四次由OPEC成员国进行第三轮原油减产，油价从1999年17.7美元/桶，上涨到2000年的35美元/桶[39]。

最近一次油价冲击是从2003年开始，石油价格进入了持续上涨阶段。特别是2007年以来，国际油价快速上涨，美国西德克萨斯中质原油

（WTI）期货价格从2007年初的55美元/桶，一直到2008年年初油价突破百元大关，之后，屡创历史新高，最高达到了147美元/桶，短短一年半时间上涨了近3倍。

国际油价上涨的原因

自美国爆发次贷危机后，一方面，作为信贷资金主要来源之一的银行纷纷采取避险措施，惜贷气氛陡增，同业拆借利率飙升，货币市场利差扩大，交易量降低；另一方面，避险资金纷纷撤离高风险市场，进入资源市场，使原油、黄金、外汇等市场出现大幅波动，并使大宗商品市场出现了泡沫化，最终导致国际通胀形势进一步恶化和国际投机资本的大流动。

20世纪70年代初期，以美元为基础的布雷顿森林体系崩溃，此间正是两次石油危机相继爆发之时。历史证明，美元危机与石油危机是存在密切关系的。今天在次级债危机背景下，美元持续贬值加上不断出现的信用危机以及长期累积的金融风险，使得作为货币战争伴生工具的石油，又有了用武之地。由于国际市场原油交易以美元计价，美元贬值一方面会增加原油期货对持有其他强势货币投资者的吸引力，另一方面还会推动部分持有美元资产的投资者转而买入原油期货，以弥补美元贬值带来的损失。特别是美联储选择低息政策刺激经济，就更加刺激了投资者选择购入石油以对冲通胀风险，结果出现了"油价上涨——通胀加大——美元贬值"的恶性循环[40]。

石油需求旺盛，供求矛盾加剧

国际能源署（IEA）于2008年年初发表的报告中预计2008年全球原油需求将达到每日8780万桶，较2007年增加2.3%。同时，IEA在《世界能源展望2007》中也提到，世界各国政府继续奉行目前的政策，与目前能源消费量相比，2030年的世界能源需求增幅将远超过50%，年均增长率为1.8%，其中石油年均增长率为1.3%。

在供应方面，由于中东地区紧张的地缘政治仍在持续，使得中东地区的石油供应充满不确定性；尼日尔三角洲地区国内的冲突，导致2007年中期尼日利亚平均每天有总计75万桶的石油输出被阻断；石油输出国组织分别于2006年11月、2007年2月宣布减产120万桶/日、50万桶/日、等等，这一系列事件导致全球能源市场供应紧张，在旺盛的需求下，使得石油价格一路攀升。

根据美国能源署统计，2005—2007年全球原油日均消费量分别为8365万、8462万、8538万桶，而全球原油日均生产量分别为8463万、8459万、8455万桶，供给增长慢于需求增长。

美元的持续贬值

另一个重要原因是近年来美元的持续贬值，由于长期以来石油交易都以美元计价，美元的持续贬值，致使用美元计价的石油价格上升。美元从2002年2月开始下跌，对主要国家贬值幅度达30%以上。据BIS统计，以2000年为100，2008年6月美元实际有效汇率指数为82.58，比2007年8月次贷危机爆发前降低了5.88个百分点，贬值幅度达6.6%[41]。而人民币自2005年汇改以来，对美元累计升值幅度已超过20%。之前一段时间美元的持续走弱，加上世界经济的不确定性增加，石油自然成为国际投机资本主要的避险和获利工具之一，这进一步增加了石油的需求。

市场投机因素的影响

石油生产能力不足，地缘政治冲突等多种不确定因素频发，全球流动性过剩和次贷危机的影响下，美欧等主要金融市场动荡加剧，国际金融资本为寻求相对安全的投资去向，加剧了原油期货的炒作。

国际投机商的大肆炒作，人为抬高了国际油价，放大了短期内石油供求的紧张关系；高涨的石油价格，进一步增强了人们对市场原油供应紧张的心理预期，反过来刺激石油价格的进一步上涨，从而形成一种恶性循环。据估计，目前国际石油期货交易中，约有70%的交易属于投机行为。美国《财富》杂志称，据估计，在一年内每桶油价上涨10美元中，投机炒作因素就占6—8美元[42]。

"弱美元、高油价"或许就是美国近些年来利益集团的不二选择，用美元来支撑油价，再用油价来攫取更多的利益，这种逻辑体系已成为美国利益集团深入骨髓的"理念"。在如此强大的带有政府背景的利益集团的驱使下，市场的力量似乎与他们的意图形成了天衣无缝的默契。在此背景下，油价飙升不再是一个独立的金融问题，而是成为了被某种利益趋势操纵的工具。因此仅仅从供需、成本、地缘政治、稀缺性等基本因素来看，已经无法完全解释短期内油价急剧上涨的原因。从另一个角度看，油价的高涨，给正深陷泥潭欲拔不能的华尔街金融资本提供了绝佳的喘息休整时机，它们从原油相关的衍生品价值增值中获得暴利，从而暂时缓解了危机对它们造成的负面影响。

为未来货币战准备　美国借助油价暴涨绞杀中国

在过去的5年，美国在国际政治与经济事务中四处受挫，国内经济实力因为军事负担过重、IT科技红利减弱而逐步减弱，去年以来更因为次贷危机的爆发而陷入困境。与此同时，中国、印度和俄罗斯等新兴经济体已经成为世界经济增长的发动机，所有新兴经济体和发展中国家的经济增量占全球经济增量的2/3（按购买力平价汇率计算）。随着美国地位的下降和新兴经济体地位的上升，国际社会开始出现"去美国化"的苗头。重振世界霸主雄风，有效打击新兴经济体的经济增长势头，此时便成为美国决策层心头一个"不便公开的秘密"。

打击新兴经济体的最有效方式莫过于提高粮食和石油资源价格。据《世界经济展望》的数据，"自2002年以来，全球石油产品和金属消费增量的90%以上、全球粮食消费增量的80%以上"来自这些经济体。粮食和石油资源价格的上涨毫无疑问将直接增大新兴经济体的生产和生活成本。其中，油价上涨对美国实现其战略企图尤其重要：既为粮价上涨提供了坚实基础，也使美国财团在生物能源领域的投资能够获得利润，从而可在生物能源领域为未来发起能源战抢占先机。

根据"权力平衡外交"的不二法则，当前对西方霸权主义构成挑战的就是新兴经济体，在新兴经济体中发展最快的就是中国。正因为如此，前年华盛顿的一个智囊机构得出了结论：中国，而不是俄罗斯，将成为"惟一一个能够在未来对美国构成全方面挑战的国家"。此结论一出，中国就毫无悬念地成了美国未来"权力平衡外交"需要修理的头号对象了。事实上，油价上涨让俄罗斯也成了最大赢家之一，并成了世界上最大产油国，这本身就表明俄罗斯并不在这次美国的绞杀范围。

对此，我们不应该心存侥幸！对未来相当长的时期内欧美国家可能对我国使出的各种绞杀阴谋也不应该心存侥幸！

6 国际期货市场大宗商品交易的巨大失败

> 或许有人还有些困惑：美国发起的价格战不同样也给自身经济带来了困难？对此，可从以下两个方面解释：一是所谓"杀敌一万，自损八千"，任何阴谋诡计也需要付出代价，只要收益更大，这种代价就值得。美国是世界上最大粮食出口国，粮食涨价只会给其带来巨大收益。石油是美国需要进口的商品，但是美国制造业只占其GDP的13.6%，价格上升对生产成本压力并不大。二是美国的国家利益在很大程度上体现为金融与石油财团的利益，在必要时，白宫会毫不犹豫地让国内其他阶层作出牺牲。
>
> 当然，谁都没有办法让中国在短期内陷入经济危机，现在所能做的只是在中国经济成长路上设置障碍，减弱中国经济的强劲增长势头。具体来说，就是通过持续的高通胀伤害中国经济肌体。与此同时，不断地施加压力要求进一步开放金融市场，实际上就是为未来的货币战作准备。
>
> 面对现实，我们别无选择，只有保持高度警惕，积极采取防范措施。首先，进一步加强资本管制，在适当时机，将"严进宽出"的外资管制政策改为"严进严出"的政策。这是中国应对国际投机的最重要也是最后的屏障。如果我们能够让投机资本知道，未来即使在中国境内获得的利润，想顺利汇出去并不容易，投机资本的流入将会大大减少。其次，加速发展循环经济，大幅度减少国民经济的能源消耗强度，那样，价格战对我们的损伤也将随之大幅度下降。
>
> 资料来源：《上海证券报》，2008年7月2日。

国际油价上涨对中国经济的影响

2003年以来，我国经济实现了持续平稳快速增长，连续五年保持两位数的增速，我国经济步入了一个快速稳定的增长期。然而相对于经济的快速增长，我国的产业结构调整缓慢，这导致石油需求及进口依存度持续较快上升。2008年上半年原油进口9054万吨，同比增加898万吨，进口依存度达到49.0%，同比提高2.4个百分点。进口量的增加以及国际油价的大幅上涨导致我国石油进口价格涨幅扩大。毫无疑问，这会对我国经济运行和居民生活带来不小的负面影响，高油价不仅增加外汇支出、加大企业成本、增加居民消费支出，而且将会加剧通胀压力。国际能源署于2004

年曾做过一个预测，其指出当油价持续上涨10美元/桶时，将减少中国的真实GDP 0.8个百分点，同时提高通胀率0.8个百分点[43]。

加大国内通胀压力

国际油价持续上涨，将抬升国内能源价格，并使以石油为能源或原材料的相关行业的价格上涨，形成新的涨价因素。我国消费物价指数（CPI）在2007年年初还只有2%左右，但短短一年时间却上升到了2008年年初的8.7%。本轮物价上涨主要有两个源头，一个是粮食价格的上涨，另一个就是能源、原材料价格的上涨。

国际油价上涨使国内成品油定价问题更加突出。为应对国际油价上涨，自2008年6月20日起，国家发改委将汽油、柴油价格每吨提高1000元，航空煤油价格每吨提高1500元。提价在短期内可能会使通胀压力显性化，但长期看，适时理顺成品油价格可以从根本上缓解通胀压力。

加大企业成本，压缩利润空间

随着石油价格上涨，必然引起与石油相关产品的价格上涨，造成我国企业成本提高，直接给交通运输、冶金、渔业、轻工、石化、农业等相关产业带来程度不同的影响。在近年供过于求的国际国内市场上，这些产业因油价上升抬高的生产成本不能全部或大部分向下游企业或最终消费者转嫁出去，各行各业的盈利水平就会因此下降甚至导致严重亏损，企业可能收缩生产规模，全社会的经济活力会因此下降。

增加外汇开支，恶化我国外部经济环境

国际石油价格的上涨使我国在进口石油中必须增加外汇开支，由于我国是石油消费大国，且石油进口依存度已高达49%，因此油价上涨将大量耗费我国的外汇储备。另外，高油价已经对美日欧等国的经济产生了一定的负面影响，经济增速明显放缓，这将在很大程度上减少我国的外部需求，影响我国的贸易出口。

6　国际期货市场大宗商品交易的巨大失败

6.4　铁矿石涨价背后折射的游戏规则

中国进口铁矿石涨价回顾

全球铁矿石谈判定价体系自1981年起运行，至今已有28年。根据惯例，每年第四季度开始，由世界主要铁矿石供应商与其主要客户进行谈判，决定下一财政年度铁矿石价格（离岸价格），任何一家矿山与钢厂达成铁矿石买卖合同，则其他各家谈判均接受此结果。谈判分为亚洲市场和欧洲市场。

从2003年开始，进口铁矿石开始出现不同程度的涨价浪潮。中国也正是从这个时候开始逐渐意识到争取"话语权"的重要性。于是从2003年年底起，在钢协及各方的推动下，宝钢作为中国钢铁业的代表，开始参与亚洲铁矿石价格谈判。

在此之前，中国已连续9年钢产量居世界第一位。业内人士认为，中国在世界钢铁业界有着重要的分量，理应拥有相应的发言权。而国内的钢铁企业也开始逐渐认识到参与进口铁矿石年度价格谈判的重要性，为此业界各方呼吁国内协调一致联合谈判，有关政府部门和行业协会为推进此事也开展了很多工作。但是由于各种因素难以协调，效果并不理想。

然而，2005年度的全球铁矿石谈判把"涨价风波"推向了高潮，在与全球铁矿石巨头的"明争暗斗"下，中国在国内外因素的制约下，最终由于自身实力不济，接受了国内进口铁矿石价格上涨71.5%（离岸价）的新价格。然而，此次铁矿石风波的发生，也让事情出现了转机。由于国外铁矿石巨头的"不合理要求"（在铁矿石价格涨幅71.5%以外增加海运费价格），促使国内钢企行动更加一致。作为中国最大的钢铁企业，宝钢首次以明确的行业"首席谈判代表"身份引领此次谈判，并成功促使矿石巨头放弃额外加价的要求。此事对日趋国际化的中国钢铁业来说，具有非同一般的意义。它表明，国内大型钢企已开始协调步伐，以整体力量加重在国际市场的谈判筹码，使得以往国外企业"一锤定音"的局面难以为继[44]。

继2005年度铁矿石涨价事件之后，每年的铁矿石谈判都成为了业内关注的焦点。

2006年，宝钢集团代表中国钢厂与必和必拓公司达成价格协议，精粉矿和块矿价格比上一年度上涨19%。虽然在此次谈判中中国的"话语权"已明显增强，但是最终业内关注的"中国价格"并没有出现。显然，"话语权"并没有转化为实质性的"定价权"。

2007年度的谈判是具有非凡意义的一年。2006年年底，宝钢与铁矿石生产商巴西淡水河谷就2007年度铁矿石基准价格达成了一致，粉矿价格和块矿价格比上一年度上涨9.5%。这是中国钢厂在连续4年参与全球铁矿石价格谈判过程中，首次取得首发定价权，意义重大。

2008年度的谈判最终使亚洲市场第一次出现了两种铁矿石长协价格。宝钢集团在当年2月与巴西淡水河谷公司达成粉矿和块矿价格分别上涨65%和71%的协议，之后由于受到各方面的压力和资源约束，其又与澳大利亚力拓公司达成粉矿和块矿分别上涨79.88%和96.5%的协议。此协议的达成是中国钢厂万般无奈之下的权宜之计，其最大的获益者是力拓公司。更为重要的是，两种价格的出现使得铁矿石首发价格机制被打破，同时也意味着沿袭几十年的铁矿石价格谈判机制开始瓦解[45]。

铁矿石涨价对中国经济的影响

对通货膨胀的影响

铁矿石、钢材价格的上涨影响的是家庭设备用品和交通、通讯等一些大众消费品的价格，以及居住类价格。由于钢铁等原材料涨价向下游传导存在较长的滞后效应，因此，此次铁矿石涨价不会立刻反应到CPI中，也不会引起明显的通货膨胀。但是，经过一段时间后，原材料价格的连续大幅上扬，必然会有一部分价格传导到下游去，进而成为CPI上涨的重要源头之一。

对钢铁行业的影响

进口铁矿石涨价将显著增加我国钢铁行业的生产成本。2003年，中国消费了2.57亿吨钢材，占世界钢材消费的27.2%，已经成为世界钢材第一大消费国。2005年度铁矿石价格上涨71.5%，使每吨生铁成本提高约270元，由于通常一吨生铁产出0.95吨钢，若其他条件不变，矿石涨价将导致每吨钢材成本提高约280余元。即使2005年铁矿石进口量维持在2004年的水平不变，进口铁矿石涨价也将使中国钢铁行业新增成本约397

6 国际期货市场大宗商品交易的巨大失败

亿元，相当于钢铁行业2004年利润总额的46%[46]。

在高成本时期，企业如果能够通过提高产品价格来转嫁成本，那么可以最大程度降低成本上涨压力。然而2008年以来，随着金融危机的不断深化，全球经济放缓，导致钢铁需求锐减，钢材价格急剧下跌，居高不下的成本使得钢铁企业的生存空间越来越小，并进一步促使钢铁行业出现大幅度的调整和洗牌。钢材价格和成本价格的严重倒挂使得钢铁企业面临巨大亏损。据中钢协数据显示，2008年12月份全行业再度亏损，亏损额达到127.7亿元，亏损面扩大至67.7%[47]。

在2008年钢铁企业遭到上下游的双重打击（上游原材料铁矿石价格出现大幅上涨，下游遭遇房地产、汽车行业的萎缩和需求乏力）之后，钢铁企业的库存激增，库存量持续居高不下。据有关资料显示，2008年8月底，钢铁库存达到949万吨，之后，虽然由于政府4万亿元的经济刺激计划使国内钢铁需求暂时小幅回升，但是，在全球经济持续衰退的背景下，单方面的人为刺激无法长期支持下游的需求，2009年年初，钢材价格又开始下跌，库存大幅上升，截至2009年2月，钢材库存再次上升到833万吨[48]。以上数据表明去库存化将会是一个漫长而艰难的过程。

对下游行业的影响

钢铁工业向众多下游行业提供基础原料。原材料成本急速上升，厂商的第一反应就是调高产品的出厂价。在2005年提价71.5%之后，宝钢和武钢等几大钢铁厂立即宣布上调钢材的出厂价300—400元。

因此，钢铁价格的上涨将削减汽车、机械制造、房地产、造船、轻工、家电等下游行业的利润空间，一些市场竞争激烈的产品所受影响更大。

由于汽车行业是用钢大户，按照综合钢材价格10%的上涨幅度计算，每辆1吨重汽车的制造成本平均将上涨800元到1060元不等。平均来看，铁矿石价格上涨将影响每辆车的制造成本大概在1000元左右。在汽车市场由卖方市场转变为买方市场之后，上游原材料的涨价将给汽车行业带来相当大的压力。包括钢铁在内的原材料价格上涨所带来的负面影响，几乎在2004年绝大部分该类公司的定期报告中均有反映。

工程机械行业方面，钢材占行业原料成本的平均比例在70%左右。由于目前机械行业大部分产品市场竞争激烈，很难通过产品提价来转移成本。钢材价格上涨将使得该行业利润大幅减少。有研究机构测算，在钢材成本上升 10% 的情况下,行业毛利润率将下降 5.2 个百分点,净利润率下降 3.5 个百分点;若能将一半成本因素转嫁,即价格提升 5% 左右,行业毛利润率和净利润率都将下降 1.1 个百分点。

造船业方面,钢材成本平均约占造船业总原料成本的 20% 左右,据估算,钢材涨价将使当年中国造船业成本增加约 30 亿元人民币。由于造船行业的净利润率较低,几个大的造船企业如广州、上海造船厂等面临较大压力[49]。

同涨不同因

随着我国经济的快速增长,国内对原材料需求快速增长,石油、铁矿石等战略性资源日益依赖大规模进口,给我国经济带来了巨大的影响。由于我国基本没有国际战略性资源的定价权,国际市场对这些资源价格的操纵,将通过进口、零售、成本、效益等环节对消费、投资、出口等构成全面影响,从而影响到整个国民经济发展。从短期看,铁矿石等资源涨价挤压了许多相关产业的利润空间,带来了通货膨胀的压力。从长期看,这将影响到我国对于资源的掌控权,进而牵涉到我国的经济安全。

在铁矿石涨价事件中,中国却几乎是惟一受害者。比如,因为日本的钢铁公司和商社拥有澳大利亚铁矿石企业 40% 左右的股份,日元升值更是抵消了以美元计价的铁矿石涨价的很大部分,日本几乎不受铁矿石涨价的影响。而且中国对铁矿石需求的增长,是铁矿石涨价的直接借口。可以说,铁矿石涨价刀锋直指中国[50]。

由此,我们不禁要问:铁矿石涨价事件背后到底折射出怎样的游戏规则呢?

持久的价格战

自 2005 年铁矿石涨价事件以后,国内业界对争夺铁矿石定价权的呼声愈发强烈,在其后几年的铁矿石价格谈判中,中国的声音也开始有意识的建立和巩固在谈判席中的地位。如在 2006 年的谈判中中国的"话语权"已明显增强,2007 年中国钢厂在连续 4 年参与全球铁矿石价格谈判过程中,首次取得了首发定价权。这些转变说明我国在争夺定价权的过程中,取得了一定的进展。

但是,我们也要清醒地认识到,这注定是一场持久战,在与国外巨头的抗衡中，我们还有很长的路要走。

我们知道，自2004年起，宝钢作为中国钢铁业的代表，开始参与亚洲铁矿石价格谈判。然而，从2003年铁矿石涨价开始，中国根本没有能制止住上涨趋势，基本处于被动接受价格的处境。究其原因，在于中国缺乏与铁矿石巨头对等的谈判权。在这样一种不对等的谈判体系下，只能是"人为刀俎、我为鱼肉"的下场。

铁矿石谈判体系开始动摇

2009年度的铁矿石谈判之战已经打响。专家认为，新年度谈判与以往最大不同在于，对铁矿石供需是否平衡的争论已退居其次，定价机制是否进一步改变成为焦点。

一年前，澳大利亚必和必拓公司就开始推广其打破传统铁矿石谈判年度价格机制，以现货价格指数为参考来定价的理论。之后，必和必拓在2008年9月19日与澳大利亚钢厂博思格钢公司（BlueScope steel）达成了一份新的10年铁矿石供货协议，协议在定价方面比传统的年度基价体制更加灵活，由此一年一次的定价机制被完全打破，"创新价格谈判机制"迈出了实质性的第一步。

传统的铁矿石长期年度合同谈判定价机制已经运行28年，包括"三对三"格局、"首发跟风"模式、"长协、离岸、同涨幅"原则。在2008年度铁矿石长期合同谈判中，澳大利亚两家矿山公司拿到了比巴西淡水河谷更高的供应价格，从而使现有的定价机制出现破裂的迹象。

新合同规定博思格每年将从必和必拓购入430万吨块矿和粉矿，另外，博思格每年还将接受额外73万吨粉矿。在定价方面，与博思格钢公司和必和必拓签署的现有合同相同采购量部分的铁矿石价格，按每个季度来确定，其确定的依据主要基于必和必拓当时获得的亚洲合同矿价以及同期现货市场矿石价格的均价，而额外增加的73万吨粉矿价格则完全按照铁矿石现货价格指数来确定。

铁矿石年度价格谈判体系正面临严峻考验。早在2008年，必和必拓方面就提出，由于现货价格与长期合同价格的差距非常大，目前的铁矿石谈判应该参考动力煤的定价方式，即以现货指数为参考基准。而必和必拓CEO高瑞思（MariusKloppers）在接受《第一财经日报》专访时也透露，必和必拓认为目前对供需双方来说最好的合同方式是保持长期合同在供应量事先确定的同时,价格则根据现货指数来定。随后,国际钢铁信息提供机构 Metals Bulletin 和 Steel Business Briefing 也开始积极响应,推出了铁矿石每天的现货价格信息公布。而中国钢铁工业协会曾代表国内钢厂,对这种新的定价方式明确表示反对。国内钢铁资讯提供商"mysteel"的人士则表示,该协议将进一步表明,必和必拓将远离传统的铁矿石基价体制。与此同时,力拓也在推崇"混合"或现货合同,并声称不再签订更多新的基价合同[51]。

对于已经遭遇"钢价下跌、订单不足、需求不旺"的中国钢铁企业来说,应该如何去应对铁矿石定价体系的裂变,如何在这样一个错综复杂的定价体系中占有一席之地,避免掉入价格陷阱?需要我们深思。

铁矿石谈判何去何从

2009 年的铁矿石谈判可谓一波三折。

一开始,澳大利亚力拓公司于 5 月 26 日在其网站宣布,已与日本新日铁公司在新一年度长期协议铁矿石价格谈判中达成一致。其中,铁矿石粉矿价格下降 32.95%,铁矿石块矿价格下降 44.47%。这是今年达成的首个铁矿石价格协议,也是近 8 年来全球长协价谈判的首次降价。由于我国粉矿进口量占到铁矿石进口的 70% 左右,因此这一协议价并没有达到中方 40%—45% 降价幅度的要求。中方随后宣布不跟随首发价,并坚持自己的底线——降价 40%。

为何中国在此次谈判中身板如此之硬?

究其原因,中方有以下几个重要砝码。首先,在金融危机下,全球钢产量下降明显,我国是世界矿石第一大消费国,这使得中方的话语权明显增强;其次,中方拥有自有矿山,港口还有大量铁矿石积压,钢企自身也有一定库存,这使得铁矿石需求减少;再次,在现货矿和长协矿两个体系下,33% 的降幅使得长协矿比现货矿价格还要高,因此中国也完全可以不接受长协矿,直接以现货购买。

表面上看来,今年的谈判形势似乎对中方十分有利。然而,深究国内因素,国内大小钢企没有形成利益共同体是此次谈判的软肋,对于中小钢企来说,它们无法享受长协价格带来的实惠,因此,也就没有动力和意愿去争取长协价格。于是,就出现了 38 家国内中小钢铁企业"集体倒戈"现象,与巴西淡水河谷签订了总量为 5000 万吨的长协矿合同,使得中钢

协在谈判中处境极为尴尬。国外铁矿石巨头也正是利用这一软肋，很轻松地就将中国钢企各个击破。

日前，铁矿石谈判已经过了6月30日这个传统的截止日期，最终还没有达成一致的结果。其谈判也开始从心理博弈升级为正面交锋，三大巨头不仅要求中国钢企按照此前力拓与日本达成的首发价来"预付"今年的长协矿，并且在6月中旬停止了现货矿的供应，以此对中方施压。面对复杂多变的铁矿石谈判，中钢协的处境艰难且尴尬，其要想获得话语权不仅要在态度上表现强硬，更重要的是要弥补国内行业体制上的漏洞，只有国内钢铁企业在利益上一致了，才可能与国际矿业巨头抗衡[52]。

6.5　原因及解决思路

原因

交易制度缺陷

中航油巨亏事件，以及中储棉、国储铜和中盛粮油等事件发生后，外界纷纷进行了深入报道和重点关注，当然其中不乏对这些企业进行违规操作的指责。其指责的依据是2001年我国颁布的《国有企业境外期货套期保值业务管理办法》（下称《办法》）。《办法》虽对我国国有企业进行境外期货套保业务的资格取得、风险控制以及外汇管理等方面进行了全面而细致的规定，但这一系列事件仍暴露了我国企业境外期货交易方面的制度缺陷。然而随着全球经济一体化的日益推进，我国经济全球化程度越来越高，如何在此大趋势下顺应市场发展需求，完善制度管理，以保护我国企业境外期货交易利益显得越加迫切。

在我国企业境外期货交易实践中，《办法》遇到的难题主要集中在以下四方面：(1) 制度适用主体过于狭隘；(2) 企业套保方式单一；(3) 企业可选择的套保合约种类受限；(4) 企业境外套保外汇管制过于严格。

可喜的是，这些问题得到了有关部门的高度重视，国家外汇管理局对《办法》进行了修改和补充。修改后的管理办法，不仅简化了工作程序，

6 国际期货市场大宗商品交易的巨大失败

还允许企业保留一定比例外汇备用金，收回的资金也不必立即结汇，而是给予适当的持汇时间。这无疑对我国企业境外套保业务的顺利开展起到了积极推动作用。

我国企业境外期货交易的利益保护，从微观来讲，以企业自律最为重要。因为再完善的内控制度，如果企业不落实或执行不力，利益保护问题也就无从谈起。而从配套环境来说，完善的管理制度和发展成熟的国内期货市场，又可以使企业交易成本进一步降低。再从国家经济安全角度看，加强对海外资源的投资，则是保护国家和企业经济利益的长远发展战略。因此，我国企业境外期货交易利益保护是个系统工程，只有上述多方面相辅相成、良性互动，才能产生合力[53]。

金融制度缺陷

虽然我国的金融制度通过不断的改革和创新，已经逐步趋于完善。但是，就目前来看，还存在一定的缺陷，特别是在支持开展国际期货业务上，还处于起步阶段。这些不足主要体现在金融组织制度、金融市场制度和金融监管制度方面。

金融组织制度方面。相对于"大一统"的传统金融组织体系而言，改革后建立的多元化、功能互补的金融组织体系不仅符合市场规则，而且强化了金融竞争机制，提高了金融效率。但是，这种组织体系架构依然存在不合理因素。从金融生产力的代表看，大多数金融机构是传统金融生产力的代表，它们的业务范围、业务运作方式、操作手段都局限于传统金融领域，真正体现现代金融生产力的金融机构十分短缺。如既缺少能够推动企业资产重组、收购、兼并的投资银行，又缺乏对中小企业发展起扶持作用的风险投资机构；既缺少规范的体制外信用监督机构体系，也缺乏规范的货币经纪商、信用评估机构等市场中介组织。

金融市场制度方面。市场结构失衡，金融市场功能扭曲，市场发展深度不够。在计划经济体制下，资金供给制是金融资源配置的基本特征，在这一制度安排框架内，企业一直具有"免费资本幻觉"。基于改革时期的"转轨"性质和改革者的传统思维惯性影响，这一幻觉的"刚性"一直未能削弱，反而由信贷市场一直延伸到资本市场，使意图推进现代企业制度建设的股份制改造变成了国企"圈钱"、"脱困"的工具，整个金融市变成了政府的"钱袋子"。

金融监管制度方面。严格的分业经营和多元化监管模式限制了商业银行等金融机构的发展空间，也使金融监管不能适应现代金融发展的需要。金融监管内容重点不突出，监管内容不全面以及金融监管方式过分依赖行政审批和现场监管，监管手段陈旧等方面都限制了金融的发展[54]。

市场机制本身固有的缺陷

市场往往存在垄断、信息不对称以及市场固有的风险和不确定性，因此市场机制本身固有的缺陷，也是我国参与国际期货市场必须考虑的一个重要因素。

国际期货市场错综复杂、变幻莫测。中航油、中储棉等一系列事件拉响的警报无疑是全方位的。以中央企业为代表的大型国企整体上何去何从是一个更大更复杂的问题，而要遏制中航油、中储棉等这类恶性事件一再出现，必须先填补制度漏洞。当然，影响我国积极参与国际期货市场交易的因素，除了以上提到的交易制度缺陷、我国金融制度的缺陷以及市场机制本身固有的缺陷等制度性原因外，还有政治因素、经济因素、文化因素等。这些因素综合交叉在一起，使得我国近几年在国际期货市场上屡屡受挫。

巨亏背后的游戏潜规则

上述针对中航油、中储棉、中盛粮油等一系列事件所作出的解释是有一定道理的，但这些并非是导致亏损的惟一原因。

"中国因素"成众矢之的

2001年中国加入世界贸易组织后，许多商品的国内外价格迅速接轨，中国成为世界制造业中心，成为推动世界经济增长的发动机，需求增量对世界经济的贡献已经超过美国，但伴随而来的是中国所需大量进口的大宗能源、原材料价格暴涨。

以铜为例，每年进口精铜都在120万吨以上，除此之外，还进口大量的废杂铜和铜精矿，如果折合成年进口200万吨精铜，按每吨涨价1000美元计，就将导致20亿美元的支出增加。另外2004年因价格上涨，我国为进口的石油多支付了上百亿美元，为进口大豆多支付了15亿美元；2005年年初的铁矿石涨价使得我国较上年度要多支付34亿美元。专家预

6 国际期货市场大宗商品交易的巨大失败

测,仅为高油价一项,2005年我国将多付出150亿美元。

"中东有石油、中国有稀土",可近些年来石油成为"黑金",稀土却只能卖个"土"价钱。1990年到2004年,我国稀土出口规模扩大了9倍,平均价格却下滑了46%。中国进出口成了非常明显的"高进低出"格局。在这一背景下,国外基金利用中国的需求增量,炒作"中国因素",正如有人所言:"中国因素给中华民族带来的是什么?是灾难!"当然,此言过于夸张,但其从侧面映射了中国在国际资本市场上的无奈之情[55]。

潜规则下的"金钱游戏"

金融衍生工具天生是与风险相伴的。初入国际资本市场的中国企业往往更多地看到巨额利益,却忽视了背后的风险。而退一步讲,在经营中遭遇风险,发生亏损也是正常的,本不必大惊小怪。问题在于,作为国际资本市场的"后来者",中国企业能否了解现有的游戏规则,尽可能减少风险,获得盈利?

交易总是双方的或是多方的。仅仅从交易者自身角度寻找原因很难掌握全部的游戏规则,尤其是潜规则。只有从其他交易者的行为,特别是该市场中大交易者的行为来考察才能够全面了解国际资本市场的游戏规则。新加坡普华永道会计公司在针对中航油新加坡公司发生期权亏损事件所作的调查报告中并未提及中航油期权交易对家的名字,也未调查这些挪盘合同条款的公平性。事实上,这也为人们留下了悬念。

从资本市场的二级市场来看,资本间的博弈属于零和博弈。那么,中航油的损失就是其交易对手的盈利,"合同条款公平与否"就构成了交易对手的盈利是否"合法"。

零和博弈是指参与博弈的各方,在严格竞争下,一方的收益必然意味着另一方的损失,博弈各方的收益和损失相加总和永远为零,双方不存在合作的可能。通俗的理解,可以认为,自己的幸福是建立在他人的痛苦之上的,二者的大小完全相等,因而双方都是"损人利己"的。零和博弈的最终结果是一方"吃掉"另一方,一方的所得正是另一方的所失,整个社会的利益并不会因此而增加。

从经济学一般原理来看,在一个成熟的市场体系中,"后来者"直接受到原来市场参与者("在位者")的阻碍。因为"后来者"会"威胁"到"在位者"的利益和市场份额,所以"在位者"要给"后来者"设置障碍,通常通过技术壁垒或价格壁垒提高"后来者"的"进入"成本。

另外,"在位者"还可以通过市场势力进行无契约的"串谋",这种串谋主要是依靠市场默契进行的,由于没有凭据,也就不违反各国的垄断法。这种默契是靠在市场中多年"摸爬滚打"的经验形成的,是一种对市场整体把握的感觉,有时甚至是一种直觉。因此,尽管国际国内市场会出现背离,使得过去的经验并非完全有效。但是,中盛粮油根据过去的经验(正常情况下,国内精炼油的价格紧密跟随国际市场的大豆以及毛豆油价格)进行操盘符合有限理性,无可厚非。中盛粮油凭借以往的经验不是错误的根源,而是判断失误。正如英国经济学家凯恩斯所说,"宁可接受模糊的真理,也不要精确的错误"。另外,值得一提的是,在离岸金融市场上,各国法律监管都比较松弛,因此,各种"擦边球"时有发生。这些擦边球有人理解为"创新",有人理解为"陷阱"。关键看这种擦边球是否为行为主体带来利益。中国企业作为国际金融市场,尤其是金融衍生工具市场的"后来者",理所当然地受到"在位者"抬高门槛的"待遇",迫使中国企业(无论是国企还是私企)不得不额外缴付高额"学费"。这种抬高"后来者"门槛的做法,有人认为这是针对中国企业的,因而是国际市场上的一种"阴谋"[56]。

解决思路

我国在国际期货市场上的惨败经历,很大程度上是由于我国缺乏大宗商品定价权。我国已经成为全球最大的有色金属、农产品、能源等国际大宗商品的生产和消费国之一,但是我国缺乏自己的国际商品定价中心,在国际商品贸易中处于不利的地位。

人民币国际化路径

推行人民币国际化是我国经济强盛的内在要求,同时人民币国际化的实行有利于国民经济持续发展。货币一体化是经济发展、贸易深化及信用扩张的必然趋势,但哪种货币能够成为国际一体化货币则是多元货币竞争的结果。在我国企业积极实施"走出去"战略的同时,也需要人民币走向世界,到国际舞台上发挥国际货币的职能,为我国的经济发展争取更大的空间。

货币国际化是指一种货币在国际范围内发挥价值尺度、支付手段、价值储备等货币功能,最终成为被国际市场广泛使用和持有的国际货币的过程。

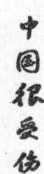

借鉴

美元作为国际社会广泛认可的、最有影响力的国际货币，是随美国的经济强大而确立。在第二次世界大战期间，美国因远离战场积累了全球4/5的黄金，在布雷顿森林体系建立后，使美元的国际地位得到了法律上的认可。其国际化的特点是：依托全球性汇率制度安排，成为惟一的国际计价单位和与黄金地位相同的国际储备货币；与黄金脱钩失去制度基础后，依赖先入为主的存量优势，在世界信用货币体系中处于优势地位。这种情况人民币难以效仿。

欧元的诞生是"欧洲统一大市场"建立，独立国家间货币合作的结果。其给世界各国货币国际化的启示是：让渡货币主权，放弃独立自主的货币政策，采用趋同的财政政策，形成区域共同体，单一货币必须以共同的政治、经济利益为基础，以相近的文化背景为纽带，单一货币区内各成员国须满足最佳货币区理论构建条件，区域经济在世界经济体系中具有较大的影响，在区域货币生成过程中，有核心货币起主导作用。

日元的国际化在其经济发展的不同阶段具有不同特点。在20世纪70年代后期，日本是在美国的压力下，于1980年开始进入资本项目可兑换的进程。日元国际化和金融资本市场的自由化同步迅速发展，欧洲日元市场的放开和东京离岸市场的建立是日元国际化的关键步骤；在其经济鼎盛时期，国际贸易中对日元的需求大量增加，日元的国际化进程是自然发展的。但是在日本经济出现衰退后，日本政府开始积极地推动日元国际化的进程，借助日元国际化的进程带动国内金融改革，改变了日本经济二重结构的特点，从而提高金融业的效率[57]。

路径选择

人民币成为国际货币尽管有利有弊，但它毕竟有助于提升我国的国际地位，降低我国的外汇风险，而且可以获得铸币税。

应当说人民币的国际化目前才刚刚起步。有人曾测算，若以美元国际化的水平标准为100，则欧元的国际化程度为40，日元为28.2，而人民币仅为2。可见目前人民币国际化程度之低。虽然人民币现金在周边国家和地区有一定的流通量，但在国际贸易结算、国际贷款市场、国际债券市场和直接对外投资方面使用人民币计价的数量几乎为零[58]。

虽然，人民币要实现国际化还有很长一段路要走。但是纵观国际经济发展历史，结合众多发达国家的货币发展道路来看，当一国经济实力增强以后，本国货币必然要走国际化道路。那么，在我国经济持续快速增长的背景下，人民币国际化也是必然的选择。人民币实现国际化可以分以下几个步骤进行。

首先，实现人民币在经常项目下和资本项目下的自由兑换，为人民币国际化提供制度保障。通常来讲，一种国际货币必须在经常项目和资本项目下可自由兑换。人民币国际化涉及人民币的可自由兑换、人民币汇率制度改革和国内金融体系改革，这要求政府职能部门根据中国经济发展的新特点和外部经济环境的变化，逐步放松外汇管制，逐步使人民币资本项目下可自由兑换。

其次，作为人民币国际化的中期目标，先实现人民币的区域化。人民币区域化是人民币在亚洲被广泛用于商品计价、结算和支付货币的过程。人民币区域化是人民币国际化进程中不可逾越的阶段性目标，二者是相互融合的过程。

再次，在人民币区域化的基础上，最后成为真正的国际货币。成为真正的国际货币是人民币国际化的最高阶段。人民币在亚洲区域作为核心货币地位被确立，再凭借中国强大的经济和政治实力做后盾，加上我国政府主动参与世界货币体系改革，采取推进人民币国际化的策略，进而向外延伸，辐射至全世界。当然要实现这一目标需要经过相当长一段时间[59]。

人民币成为国际货币，推进国际货币多极化，对美元来说，意味着增加一个新的竞争对手。由于中国在改革开放后积累了比较雄厚的经济实力，给人民币国际化奠定了良好的基础。但人民币要在国际货币舞台上扮演重要角色，不是朝夕之事。其中，既有中国与美国等发达国家经济实力上的差距，也有金融一体化的风险等因素。因此，要加快人民币国际化，必须进一步增强经济实力，完善国内金融体系，在加快实现人民币区域化的基础上，推动人民币国际化进程。

另外，有学者指出，要特别注意的是，人民币的国际化可能会引起"中国威胁论"的复活，随着人民币国际化趋势越来越明显，西方国家对待人民币的矛盾心态将会更加强烈地表现出来。一方面，他们希望通过人民币的升值来"解决"全球贸易的不平衡；另一方面，人民币的持续升值可能促使人民币对其他货币的替代也是他们所不希望看到的。目前，国家间经济竞争的最高表现形式就是货币竞争。如果人民币对其他货币的替代性增强，不仅将现实地改变储备货币的分配格局及其相关的铸币税利益，而且也会对西方国家的地缘政治格局产生深远的影响。面对这些，我们应该保持清醒的头脑，注意防范少数别有用心的国际利益集团歪曲事实，蛊惑煽动，阻挠和破坏人民币在国际货币体系中地位的上升[60]。

就目前国际金融体系来看，此次国际金融危机为加快推进人民币国际化进程提供了一个绝佳的契机。

加强监管

所谓监管，就是将政府的管理建立在法律的规范之上，使监管的规则明确、权利明晰、责任确定。境外期货市场监管是资本市场监管的重要组成部分，我国法律对境外期货市场的监管最主要是通过对经营主体资格以及行为的规范而得以实现的。其具体通过以下手段开展监控：一是设定准入门槛，只有获得境外期货业务许可证的企业才可以进行交易；二是持续监管。规定要求从事境外期货交易的持证企业应将前一个月境外业务中已占用的期货交易保证金，持仓期货合约的品种、数量、持仓方向、浮动盈亏金额，期货交易平仓合约品种、月份、数量、买卖方向、价位、平仓盈亏金额等在每月前10个工作日内向监管机构报告[61]。

既然我国对从事境外期货交易的企业制定了相关的制度约束，为何"中航油"、"中盛粮油"等企业会接二连三地付出惨痛代价。其实，这些代价恰恰与监管制度的漏洞、缺乏有效的实质性监管直接相关。在中航油事件中，中国航油集团管理层对中航油操作过程中的纵容、犹豫和对法律法规的漠视，在本应立即对违规操作进行制止的情况下，不但没有去阻止，反而是"推波助澜"，最终使事件恶化。中储棉事件暴露出了多个部门负责，多个部门又都控制不力问题，迫切需要对中央企业的出资人归口和监管归口进行新的调整、划分。国储铜事件中刘其兵一人把十几万吨期铜空单抛向了市场，其间长达数月之久，竟然无人查知，监管漏洞暴露无疑。中盛粮油在CBOT豆油市场一度持有约1万手的高空头头寸，其操作到底算是套保还是投机行为，监管者又何在。

在体制转轨的市场化过程中，政府机构到底有多少该市场化的没有市场化，有多少该监管的没有得到有效监管。市场经济在释放出人们极大能量的同时，也释放出了原来被计划经济压抑着的很多私欲，并暴露出了许多转轨过程中的权力真空。

对此，我们该如何去实施有效监管呢？实践表明，加强监管应该从国

有资产管理、公司治理、企业运作以及内部控制等角度着手,建立科学有效的风险管理体系,包括市场风险的识别、量化、监测和控制体系,以及与风险管理相适应的内部控制体系和内部激励约束机制。要求有关企业建立和落实内控制度,严格自律。从前几年我国个别国有企业发生的境外期货事件看,根本原因是企业缺乏有效的内控制度,疏于对期货操作人员的管理。这些企业的期货管理制度或者形同虚设,或者很不完备,甚至根本没有。企业决策层、经理层、期货部门或操作人员之间,没有严格的监督机制,期货操作情况也缺乏完善的反馈机制。企业必须制定严格的内部管理和风险控制制度,坚持人员、结算和风险控制人员权限分明、互不交叉的原则。在企业自律的基础上,监管部门监督其落实情况,并强化监管过程。监管部门要根据有关规定,对有关企业的管理和操作人员资格、期货头寸和资金收付、套期保值计划的执行情况等进行定期和不定期检查,使期货交易的每个决策人员、交易环节都置于有效监管范围内[62]。从处理国内外期货风险事件的经验教训中可以看出,企业完善与落实内部风险控制制度是防范期货风险的根本措施,监管部门依法加强监管是防范风险的必要手段。

参考资料

[1] 刘翔峰:"日益凸显的国际大宗商品金融属性及对策",《国际贸易》,2008年第7期。

[2] "美元的商业模式",《第一财经日报》,2008年8月5日。

[3] 鲁世巍:"美元霸权的历史考察",《国际问题研究》,2004年第4期。

[4] 同 [2]。

[5] 唐鹤群:"石油美元环流的由来与影响",《国际金融报》,2004年12月20日。

[6] 鲁世巍:《美元霸权与国际货币格局》,中国经济出版社2006年版。

[7] 冯跃威:"次贷危机对国际资本流动和石油市场的影响",《国际石油经济》,2008年第5期。

[8] 金融界网。

[9] 同 [2]。

[10] 王健君:"人民币国际化图景",《瞭望》,2007年第47期。

[11] 卢克群:《中国资本市场发展的理论与实际问题探索》,中国经济出版社2000年版。

[12] 孙丽丹："对我国虚拟经济发展和深化的研究"，论文，华东师范大学。

[13] 谢卫群："20万亿市值意味着什么 怎样由大到强"，《人民日报》，2007年8月8日。

[14] "我国必须在两个领域争夺国际大宗商品的定价权"，《第一财经日报》，2005年6月9日。

[15] 赵庆明："建立期交所就能拥有定价权?"《中国证券报》，2005年4月9日第十一版。

[16] 新浪财经。

[17] 张荐华：《金融战争》，中华工商联合出版社2008年版。

[18] 新浪财经。

[19] 《财经》2004年第24期，12月13日出版。

[20] 张永兴："普华永道提交中航油石油期权亏损第一期调查报告"，新华网。

[21] 牛文文、程苓峰："谁搞垮了中国航油"，《中国企业家》，2005年第2期。

[22] 新浪财经。

[23] 邓瑞燕："亏损已达近10亿 中储棉巨亏问责农发行"，《南方都市报》，2005年1月22日。

[24] 郝亚超："巨亏10亿断言尚早 中储棉今年5月或可扳回败局"，《法制早报》，2005年1月19日。

[25] 新浪财经。

[26] 陶冬："国储VS对冲基金"，《财经日报》，2005年12月17日。

[27] 网易商业报道。

[28] 付少华："国储风波与株冶、中航油事件的差别与启示"，《期货日报》，2005年11月30日。

[29] 喻猛国："国储舞剑意在商品价格定价权"，《新财经》，2006年第1期。

[30] 同[26]。

[31] 李磊："国储铜事件凸现定价权之争"，《经济观察报》，2005年11月21日。

[32] 中国经济网。

[33] 向葵："错误判断重创中盛粮油"，《东方企业家》，2006年第7期。

[34] 赵彤刚："中盛粮油演绎美国版'中航油'事件"，《中国证券报》，2005年7月28日。

[35] 同[34]。

[36] 赵红梅、申兴、林继善："折戟外汇期权 中信泰富巨亏逾150亿"，《经济观察报》，2008年10月27日。

[37] 新浪财经。

[38] "失手燃油期货 国航三季巨亏",《东方早报》,2008年10月16日。

[39] 肖汉平:"油价上涨对全球经济的冲击:理论、经验与对策",《中国石油和化工经济分析》,2006年第8期。

[40] 同 [7]。

[41] 《2008年第二季度中国货币政策执行报告》。

[42] 张苊:"国际石油价格上涨对中国经济的影响",《研究参考资料》,2004年第133期。

[43] 国际能源署(IEA)根据国际货币基金组织分析预测。

[44] 新华网。

[45] 新浪财经。

[46] "铁矿石涨价风暴影响及其应付",商务部网站。

[47] 网易财经。

[48] "一季度钢铁企业库存变化情况简要汇总",中国物资采购网。

[49] 新华网。

[50] 李志能:"铁矿石涨价折射中国经济'命门'",《南风窗》,2005年第9期。

[51] 陈姗姗,《第一财经日报》。

[52] 新浪财经。

[53] 饶红浩:"我国企业境外期货交易的制度缺陷与利益保护",《期货日报》,2005年7月8日。

[54] 杨玉明、郑良泽:"我国金融制度缺陷及创新",《云南财贸学院学报(社科版)》,2005年第4期。

[55] 同 [29]。

[56] 李欲晓:"巨亏背后的游戏潜规则——在位者与后来者的博弈",时代经贸网。

[57] 戚修华、唐爱朋:"论人民币国际化战略的路径选择",价值中国网。

[58] 张琦生:"人民币国际化进程的路径探析",《金融理论与实践》,2007年第7期。

[59] 同 [58]。

[60] 同 [10]。

[61] 井涛、叶映洲:"'国储铜'期货实践剖析",《检察风云》,2006年第3期。

[62] 中国证监会网站。

7 非对称金融全球化、全球新型金融危机与中国的角色转换

本书第二部分分析了中国制造业的得与失,第3—6部分主要涉及的是中国的国内外金融问题。毋需置疑,中国的制造业需要结构性调整和转型升级,但中国金融"小国"身份的转变则需置于非对称金融化过程来考虑。第二次世界大战之后到1989年冷战期间的全球贸易金融流动量难以与此后期间相提并论,20世纪90年代全球经济金融发展的重要特征就是全球化。一方面,全球化带来了全球性经济增长(即双赢增长),尤其是新兴市场国家的经济高速增长,而另一方面,依附于经济全球化的金融全球化却出现了"差异化增长",也即非对称金融全球化。它指的是在金融全球化过程中,由于金融脆弱性和风险溢价等原因,发达国家与发展中国家之间不对称的风险分散机制,在国际货币体系中的不对等地位,在金融市场功能、金融制度建设和金融资本规模上的不对称"势力"等。

本部分从影响中国经济发展的国际制度性框架来思考中国的"金融小国"问题,分析非对称金融全球化的概念、表现和经济后果,以此为视角审视以美国为首的发达国家次贷危机和全球新型金融危机产生的原因和作用机理。并分析非对称金融全球化中中国的角色转换,从被动风险承担者转变为主动分散者,成为虚拟经济和实体经济协调发展的真正经济大国的机制和途径。

7 非对称金融全球化、全球新型金融危机与中国的角色转换

7.1 非对称金融全球化的概念、表现和经济后果

金融全球化是指不同国家的金融市场融为全球一体化市场的过程[1]。具体表现在资本流动、货币体系、金融市场、金融机构、金融协调和监管的全球化[2]。金融全球化能够使得不同国家的不同投资者在国际资本市场上配置风险，发展中国家能够借助国际资本市场解决国内资本短缺问题而促进经济增长。而非对称金融全球化是指在金融全球化过程中，由于金融脆弱性和风险溢价等原因，发达国家与发展中国家之间不对称的风险分散机制，在国际货币体系中的不对等地位，在金融市场功能、金融制度建设和金融资本规模上的不对称"势力"等。它意味着发展中国家比发达国家要承担更大的成本和风险，意味着发展中国家丧失金融业的主导权。其具体表现在：

不对称的成本和收益

随全球经济和金融化一体化程度加深，发展中国家经常账户的逆差往往伴随着资本账户的逆差和储备流失，发生金融危机。20世纪90年代的墨西哥危机、巴西危机以及东亚金融危机等无不说明保持经常账户顺差和充足外汇储备对发展中国家金融和货币稳定具有十分重要的意义。东亚地区爆发金融危机中，各国外汇储备枯竭，名义汇率大幅度贬值。危机后，东亚发展中国家在整顿国内金融结构的条件下，收窄了汇率波幅，以低估的汇率保持经常账户顺差，稳定资本和外汇市场，吸引资本回流，增加国际储备，使经济出现了稳定增长[3]。东亚国家这种低汇率、高储备政策是自身金融脆弱性的要求。相对于发达国家较为完善的金融体系，丰富的金融产品和金融创新来说，发展中国家的金融业及其规模还相对落后，经济易受金融投机资本冲击。金融脆弱性要求发展中国家保持资本账户一定程度的管制，将汇率低估以获取贸易顺差，累积外汇储备抵御和防止金融投机资本冲击，避免金融危机。

在金融全球化过程中，正因为金融脆弱性，发展中国家不但难以获得

收益，反而要承受其成本。沙奈认为："金融全球化的一个主要原动力就是通过操纵在'新兴'金融中心进行的金融投资，实现让他人支付一部分发达资本主义国家退休人口社会保障的目的。为此它们就需要建立起稳定的和经常性的'获取'利益的机制：向发展中国家特别是向那些工业化起步较晚但至少有所作为的国家提出打开和放宽金融市场，允许这些国家的银行与国际银行建立直接联系，允许后者在当地立足。这些发展中国家是否可以从中获得好处呢？它们是否无论如何必须靠这种手段求生存呢？在我们看来答案是否定的[4]。"

金融全球化需要考虑货币、资产和要素价格的灵活性，法律和监管等制度运行的质量。具备国际化货币、浮动汇率制度和合理监管制度的国家能够成功融入全球金融市场[5]，而在发展中国家这三个条件不具备，但很多国家都已经实现了金融自由化。有研究表明，尽管从总体上看，金融全球化对发展中国家是有益的，但显然存在着一条金融全球化的门槛。只有当国内金融体系稳定性和货币资信得到加强时，发展中国家放松资本管制，采取浮动汇率制才能获益[6]。反观发达国家，其金融体系和金融结构较为完善，美国差不多每隔十年就会发生一次金融领域的混乱，但美国强大的风险吸收能力使得每次危机都成为美国金融业自我调整、自我完善的最佳试验事件。东亚金融危机后，各国普遍恢复相对固定的汇率制度，采取低汇率、高储备政策以稳定货币和金融，以牺牲本国福利获得宏观经济稳定的做法，正是不对称金融全球化的写照和结果。

国际货币体系中的不对等地位

货币风险溢价表示投资者持有本币而非外币资产要求的额外收益，反映金融资产收益与财富所有者的收入和消费所受的其他冲击之间的相关性。如果遵循利率平价理论，货币风险溢价等于国内外利差减去预期汇率变动率。与发达国家相比，发展中国家的利率和价格波动通常较大。发展中国家累积的以美元计价的短期外债增加，汇率波动风险对其产生的影响就越大，会导致持有发展中国家资产所有者要求更多的补偿，即追求高溢价[7]。然而，美元和欧元是国际价值标准，在商品、服务贸易以及大多数国际资本流动中作为计价货币，以及美国经济在世界经济中的"领导者"地位，在高端技术上所占有的优势能够形成投资者对美国经济良好预期，这些致使投资者降低持有美国资产以及其他发达国家资产的风险溢价。很

7 非对称金融全球化、全球新型金融危机与中国的角色转换

显然，发展中国家资产的高风险溢价和发达国家资产的低风险溢价影响国际资本流动方向和规模，影响发达国家与发展中国家在金融全球化过程中的相对地位。

非对称金融全球化还表现为发达国家与发展中国家在国际货币体系中的不对称地位。具体来说，发达国家主导着国际货币体系，美元和欧元是世界贸易和大宗商品计价结算货币。美元、日元、欧元、英镑和法郎占国际债券和货币发行的97%，其中美元和欧元占84%[8]。尽管日本是世界第二大工业化国家，但在东亚地区的一般贸易和亚洲内部的贸易往来中，主要是以美元而不是以日元计价的[9]。发达国家货币还是发展中国家外汇储备中最主要的币种。2005年各国官方外汇储备结构中美元所占比重为66.4%，欧元为24.4%，英镑和日元都为3.7%，瑞士法郎0.1%，而其他货币总共只占1.8%[10]。与之相对应的是，许多发展中国家本国货币不能用于国际借款，只能用"强货币"融资。可能会出现国内投资存在币种上的不匹配（获得人民币的投资项目需要美元融资）；期限结构上的不匹配（长期项目需短期贷款融资），这被称为国际金融体系的"原罪"[11]。"原罪"会导致这些国家产出和资本流动大幅度波动、信用等级下降和货币政策难以保持独立性[12]。这更是加重了发达国家和发展中国家在金融全球化过程中的不对称的成本和收益。

金融资本的不对称"势力"

非对称金融全球化还表现为国际资本流动及其规模的非对称性。例如，发达国家间资本可以自由流动而且金融投资和投机资本规模巨大，而发展中国家之间资本不完全流动且金融资本规模很小。从1982到2005年，发达国家金融资源在全世界所占份额逐步提高，而贸易份额呈下降趋势，2000年以后尤其明显。而且，全球FDI流入规模中，高收入国家占了较大比例，而发展中国家较小。而外汇市场交易中投机性交易占很大比重。

其他非对称性

非对称金融全球化还表现为金融市场规模的非对称性。世界金融中心、世界货币市场和债券市场都集中在发达国家。非对称金融全球化还表现为区域金融一体化程度的非对称性。最明显的例子是亚洲区域金融合作还缺乏有效框架和机制，而欧洲区已形成欧元。

按照经济学理论，国际金融市场扩张、国际资本流动加快、金融机构及业务跨境交易等金融日益全球化趋向能够使不同国家生产、消费、贸易和金融风险分散，资金能够配置到资本稀缺国家，导致所有国家福利水平提高。尽管发展中国家金融自由化程度在不断提高，参与国际金融市场的交易活动也日益增多。然而，非对称的金融全球化意味着发达国家可以任意将金融风险分散给世界其他国家，从各国持有的外汇储备资产规模（包括次贷产品）就可见一斑，而发展中国家只能是金融风险被动的承担者。最鲜明的例证就是在东亚金融危机后，发达国家私有部门的私人资产流入东亚国家购买东亚国家出售的实物资产和股权，从而加剧了这些资本未来回撤风险，而东亚国家的政府和银行购买美国、欧盟和日本政府及机构的证券，将发达国家金融资产风险转嫁到自身。因此，非对称金融全球化意味着发达国家和发展中国家在金融危机和金融风险面前的不对等地位，发达国家能够主动进行金融资源和金融风险的全球重新配置，而发展中国家只能被动接受。

7.2 非对称金融全球化与全球新型金融危机

在金本位制和布雷顿森林体系时代，国内货币发行受到各国中央银行所拥有的黄金储备约束，所以不会出现因为货币供给过多而导致的过高通货膨胀。但布雷顿森林体系之后，美元逐渐充当国际贸易和商品交易媒介，成为各国外汇储备重要组成部分。美元在国际货币体系中的主导地位被麦金农称之为"国际美元本位制"。正因为非对称金融全球化，美元主导着不同于布雷顿森林体系的国际货币制度和大宗商品市场，美国能够将其发放信用货币的范围拓展到全球，结果是全球范围内的流动性泛滥。很多研究都表明，美国货币政策影响国际资本市场[13]，影响新兴市场国家的宏观经济波动[14]。庞大的货币供给量压低了美元汇率和利率水平。美国扩张性货币政策会促使美国之外国家的经济繁荣，其传导机制更多是通过世界低利率渠道而不是通过贸易渠道。低利率会导致企业融资成本降低，投资和消费增加，从而导致产品市场流动性充足，同时也推高了房地产价格和股票价格指数,与此相关的证券化产品也大量充斥于美国国内和其他国家,使得投资者(企业、个人、机构投资者)的虚拟财富增加,但这种虚拟资产不是以生产和投资者均衡消费为基础,而是资产市场(或金融市场)流动性膨胀结果。与之相伴随的是大宗商品尤其是石油、粮食价格的疯狂上涨。两者一结合就出现了全球范围内的通货膨胀,而这需要紧缩经济。美联储提高利率,产品市场上企业融资成本提高,企业面临着流动性紧缩,而在资产市场上会导致资产价格(房地产和股票)下跌,住房抵押贷款居民的还款成本增加,企业和个人投资者都面临着流动性约束,同时房价下跌又弱化了未来收益预期,进而导致住房抵押贷款违约率上升,银行信用危机出现,发生挤兑行为,银行也面临着流动性约束。次贷危机由此爆发。

正因为非对称金融全球化,发达国家有较为完善的资本市场和投资产品而发展中国家相对缺乏,资本才会从穷国流向富国,"特里芬悖论"才演变为"新特里芬悖论"。"特里芬悖论"认为布雷顿森林体系的稳定完全建筑在对美元的信任上,而布雷顿体系的构架使这一信任难以长期维持。"新特里芬悖论"则表现为美国经济账户逆差要依赖于发展中国家资本的输入,而发展中国家的储备主要来自美国的赤字。美国要保证其国际货币本位和国际金融风险中介地位,必须要以其国际投资地位为基础,保证其经常账户的平衡。但美国净债务国地位的不断加强,经济增长乏力显然无法支持这一地位,最终要迫使美元贬值,以均衡风险。在欧盟和日本无法吸收美国需求冲击时,美国就会采取压迫发展中国家货币相对升值的方法改善经常账户。这既有可能使美国无法得到国际收支融资,也可能导致发展中国家经济不稳定,使美国风险投资资本受损,导致全球经济和金融动荡。

正因为非对称金融全球化,美元本位制,所以美国能够把美元负债输送到主要贸易伙伴,而后者把产品销售到美国。随后,美国的贸易伙伴将其贸易盈余(如东亚地区的巨额贸易顺差、中东国家的石油美元等)重新投资于以美元计价的资产,从而使美元回流美国。这在一定时期内有助于改善美国的国际收支[15]。但是,美国贸易伙伴的贸易盈余大量增加,美元储备资产也随之增加,从而导致这些国家内部银行信用膨胀,股票、房地产等资产价格暴涨,并经历从繁荣到衰退的泡沫破灭过程,对该国银行体系和政府财政造成打击,出现金融动荡,甚至金融危机。

正是因为非对称金融全球化，金融风险分散与承担的非对称地位，发展中国家需要通过自身贸易顺差累积的外汇储备抵御金融危机，但这会加剧发达国家尤其是美国经常项目的逆差以及全球经济不平衡，进一步增强了美元贬值预期。再加上美国低利率和欧洲中央银行为抑制通胀的高利率政策，美元贬值在所难免。因为流入东亚的高额外汇储备被这些国家主要用于购买看似高质量的美国政府和机构债券，这固然能够对美国资产价格下跌起一定缓解作用，但其自身价值易受到美元波动影响。美元大幅度贬值，则这些国家的外汇储备财富也会大幅度缩水，外汇储备抵御和防范金融危机的功能大大降低。另一方面，美元贬值也使得国际大宗商品价格，尤其是石油价格大幅度上涨，在全球能源供求不平衡的条件下，能源价格上涨势必会造成全球通货膨胀水平提高。紧接着所有国家会采取紧缩性宏观经济政策应对通胀，2007年美国次贷危机虽然限制了美国的紧缩性货币政策实施，但次贷危机将美国和世界经济拖入下降轨道，流入发展中国家的资本开始回撤，资产价格下降。资本流动的逆转使得全球资产市场开始出现深度调整，发展中国家持有的外汇储备大幅度下降，本国货币紧跟贬值。在实体经济方面，经济下滑会导致财政赤字和经常项目逆差。如果发达国家经济，尤其是美国经济能够维持稳定增长，美元从贬值转换为升值通道，则美元资产的吸引力会提高，美元从发展中国家回流，发展中国家持有的外汇储备也会出现大幅度提升。世界银行的统计结果显示：2007年，发展中国家国际资本尤其是证券投资资本流出急剧上升，而且这一趋势至少会维持到2009年[16]。

因而，伴随着发达国家金融资本回流、金融资源和金融风险在全球范围内重新配置和发展中国家外汇储备规模及其价值增长的不可持续性，发展中国家防范和抵御金融危机的能力下降，经济就易受投机资本的攻击，金融危机就会出现。此次危机不同于以往金融危机，它是"全球新型金融危机"，它是在非对称金融全球化背景下，以美国为首的发达国家次贷危机和以发展中国家外汇储备缩水为特征的金融危机的混合体。

以往金融危机是发展中国家自身或发达国家自身经济发展缺陷或外部冲击的结果，而全球新型金融危机是非对称金融全球化累积、对称流动性从膨胀转换为紧缩的结果；以往的金融危机多表现为局部危机，要么是发达国家自身，要么是发展中国家出现金融危机。但全球新型金融危机不仅出现在发达国家而且在发展中国家出现，只不过全球新型金融危机具有非

对称性，在发达国家表现为银行危机和信用危机，而在发展中国家更多的为汇率危机和资产泡沫破灭危机；以往的金融危机为单一危机，要么是货币危机，要么是银行危机，而全球新型金融危机表现为综合性危机，是货币危机、银行危机、信用危机和能源危机的结合体，是一种系统性危机和全面危机，单个危机的影响很小而综合性危机影响较大，资产价格会大幅度下跌，消费和投资会降低，经济会进入下降轨道。从这一角度看，对于危机的处理方式，我们不能总是孤立地对单个危机提供旧式的解决方案，而是应该把其他危机考虑在内；以往的金融危机和能源危机"脱钩"，而全球新型金融危机伴随着能源危机。全球新型金融危机对实体经济的影响力更大，作用机制更复杂。

7.3 非对称金融全球化与中国的角色转换

在非对称金融全球化中，发达国家可以将金融风险随意分散到发展中国家，而发展中国家只能是被动的风险接收者和承担者。中国作为发展中国家中的大国，经济改革成果的一个明显特征就是实体经济国际竞争力和总体规模大大提升，已经跃居世界前列，但虚拟经济相对落后，金融制度建设滞后，抵御和防范金融风险的能力还较弱。毋庸置疑，中国要"和平崛起"为大国，就需要解决非对称金融全球化中的被动地位。因此，我们要思考：中国如何在非对称金融全球化下防范和抵御金融危机，如何增强金融领域自身的抗风险、吸收风险的能力，如何提升在非对称金融全球化中的地位，如何转换在非对称金融全球化过程中的角色，从被动的金融风险分散与承担者转变为主动的分散者，成为实体经济和虚拟经济协调发展的真正经济大国。要解决上述问题需借助如下机制和途径：

完善国内金融体系，夯实金融基础工程

之所以出现非对称金融全球化，最重要的原因就是发展中国家国内的金融脆弱性，薄弱的金融业基础设施建设使得抵御金融风险和金融危机能力较低。因此，完善国内金融体系，夯实国内金融基础工程是转换非对称金融全球化下角色的最重要的一环。具体来说：

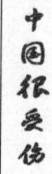

（1）推进金融体制改革，增强国内金融业金融创新能力。推进金融体制改革，发展各类金融市场，形成多种所有制和多种经营形式、结构合理、功能完善、高效安全的现代金融体系。提高银行业、证券业、保险业竞争力。优化资本市场结构，多渠道提高直接融资比重。加强和改进金融监管，防范和化解金融风险。

在防范风险的前提下，采取多种手段和方法促进国内金融业金融创新，努力营造有利于金融创新的内部和外部环境，加强金融业的体制创新、制度创新和业务创新，注重培养高级金融人才，增强金融业自主创新能力。

（2）优化金融业结构，发展比较优势的金融产品和服务。要优化金融发展的地域结构，促进城乡金融的协调发展和金融资源的优化配置。大力发展农村金融，完善农村金融体系；要优化社会融资结构，促进直接融资和间接融资之间的协调发展。大力发展多层次资本市场，引导中小企业融资渠道；要优化金融业内部结构，促进银行、证券、保险和其他金融机构之间的协调发展；要优化金融开放结构，促进对内和对外开放的协调发展；要结合区域经济差异和自身优势，开发体现各地区比较优势的金融产品和服务。

逐步推进人民币国际化进程，增加黄金储备

非对称金融全球化最为突出的一个表现或者原因就是发达国家主导的国际货币体系，而人民币游离在国际货币和国际大宗商品定价权体系之外。只有人民币成为国际货币，成为其他国家外汇储备的一部分，才能在国际资本市场和商品市场取得主动权和主导权。

考察国际货币演变历史，可以发现，美元和欧元之所以能成为世界储备货币，很大程度上是由其黄金储备地位决定的。换句话说，拥有黄金储备越多，在国际货币体系中的发言权就越大。因此，人民币要实现国际化，需要改变目前黄金储备只占1%的局面，增加黄金储备，走"先区域化，后国际化"道路。

逐步推进资本账户自由化，加强短期国际资本流动管理

非对称金融全球化下，相对于发达国家规模巨大的金融资本，发展中国家金融市场易受短期资本流动冲击而出现金融动荡。因此，需要加强和

改善对短期资本流动的管理,稳步推进资本账户开放,有效防御国际资本对本国金融市场的冲击,维护经济和金融稳定。

坚持金融业控制权和主导权,坚持金融业发展的"双轨制"

转换非对称金融全球化角色需要坚持政府对金融业的控制权和主导权,坚决抵制金融业的过度市场化和自由化,这样能保持货币发行权和货币主权,保持货币政策和其他宏观经济政策执行渠道顺畅。同时,逐步放开中小企业融资和民营银行准入限制。

参考资料

[1] Arestis, P. and Basu, S., 2003, " Financial Globalization: Some Conceptual Problems", Eastern Economic Journal, Vol. 29 (2): 183 – 190.

[2] 戴相龙:"关于金融全球化问题",《金融研究》,1999 年第 1 期。

[3] 陈志昂、王义中:"基于金融脆弱性的东亚新重商主义",《金融与保险》,2005 年第 5 期。

[4] 弗朗索瓦沙奈:"关于金融全球化的若干问题",《当代世界与社会主义》,2000 年第 4 期。

[5] Augusto, T., Yeyati, E. L. and Schmukler, S. L., 2002, " Financial Globalization Unequal Blessings", International Finance, Vol. (3): 335 – 357.

[6] Prasad, E., Rogoff, K., Wei, S – J and Kose, M. A, 2003, "Effects on Financial Globalization on Developing Countries: Some Empirical Evidence", IMF Occasional Paper No. 220.

[7] Goyal, R. and Mckinnon, R. I. 2003. "Japan's Negative Risk Premium in Interest Rates: the Liquidity Trap and the Fall in Bank Lending." The World Economy, 26 (3): 339 – 363.

[8] Wyplosz, C. (2004). Financial instability in emerging market countries: causes and remedies, Paper presented at the stability, growth and the search for a new development agenda: reconsidering the Washington consensus, FONDAD, Santiago, Chile.

[9] 麦金农:"东亚美元本位、浮动恐惧和原罪",《经济社会体制比较》,2003 年第 3 期。

[10] Lim, E. G., 2006, "The Euro's Challenge to the Dollar Different Views from Economists and Evidence from COFER (Currency Composition of Foreign Exchange Reserves) and Other Data", IMF Working Paper, WP/06/153.

[11] Eichengreen, B., Hausmann, R., 1999. " Exchange Rate and Financial

Fragility." NBER Working Paper 7418.

[12] Eichengreen, B., Hausmann, R., Panizza U., 2002. Original Sin, The Pain, The Mystery and The Road to Redemption. Harvard University and UC Berkeley, Unpublished manuscript.

[13] Mann, T., Atra, R. J. and Dowen, R., 2004, "U. S. monetary policy indicators and international stock returns 1970 – 2001", International Review of Financial Analysis, Vol. 13, pp. 543 – 558.

[14] McKinnon, R., 2001. The international dollar standard and the sustainability of US current account deficits. Brookings Papers on Economic Activity, Vol. 2001, No. 1 (2001), pp. 227 – 239.

[15] 管清友:"流动性过剩与石油市场风险",《国际石油经济》, 2007 年第 10 期。

[16] The World Bank, 2008, "Global Development Ffinance" (GDF), May.

后 记

本书并不是批评和否定中国经济增长模式，出发点只是想指出中国经济增长过程的"得与失"，明确中国在世界经济的交往中，在哪些方面吃了亏，吃了多大的亏。我们坚信中国能够克服未来经济发展过程中的不利因素，在非对称经济金融全球化中进行角色转换，实现中国经济、政治和社会的协调发展。

本书是集体工作的结果，参与编写的人员除金雪军教授外，还有浙江大学经济学院的王义中、陈亮亮、姚颖盈、倪晨晨、关健、刘雨果、李笑娜（排名不分先后）。本书的编写借鉴了国内外大量的研究成果以及许多媒体上公开的资料，本书得以出版离不开中国财政经济出版社财经教材分社郑保华社长和张军编辑的努力和大力支持，在此一并表示衷心的感谢。

本书所引用的数据和资料可能存在着误差，不足之处以及可能的错误敬请读者指正。

金雪军　王义中
2009 年 7 月于浙江大学